禅在红尘

时尚主编问禅家

林谷芳
徐　巍
——著

漓江出版社
桂林

林谷芳

禅者，音乐家，文化评论人，台北书院山长。

六岁有感于死生。高一见书中句“有起必有落，有生必有死；欲求无死，不如无生”，有省，遂习禅。同时间，亦因一段因缘走入中国音乐。

四十年间，于音乐，始终观照“道艺一体”；在修行，则“出入禅、教、密三十年，不惑之后，方知自己是无可救药的禅子”，遂对向上一路，多所拈提，常以剑刃上事砥砺学人，标举宗门不共，所做恰可治时人“以禅为生命妆点”之病。

在禅与艺术之外，1988年后又以海峡开放恰可印证生命所学之真实与虚妄，频仍来往两岸，从事文化观察与评论。著有：

禅 /《禅 两刃相交》《禅家身影——剑客、诗人、老婆》《落花寻僧去》《春深子规啼》《千峰映月》《画禅》《诸相非相》《茶禅》《归零》《观照：一个知识分子的禅问》《一个禅者眼中的男女》

乐 /《谛观有情：中国音乐里的人文世界》《宛然如真：中国乐器的生命性》《茶与乐的对话》《生命之歌》

文化评论 /《十年去来：一个台湾文化人眼中的大陆》《又・十年去来》

徐巍

资深时尚媒体人、时尚产业观察者、女性生活方式研究者。

毕业于中国人民大学新闻系，1994年进入《三联生活周刊》担任记者，1995年加入时尚集团，参与《时尚先生ESQUIRE》杂志的创办，2001年调入时尚集团旗下发行量最大、影响力最大的女性时尚杂志《时尚COSMOPOLITAN》任主编，历任《时尚COSMOPOLITAN》杂志主编、出版人、董事总经理，时尚集团副总裁，带领《时尚COSMOPOLITAN》杂志成为最受中国女性欢迎的时尚生活方式杂志。

从事时尚媒体行业20年，亲历世界奢侈品牌逐鹿中国市场、中国时尚产业和中国时尚媒体初创和发展的全过程。热爱研究时尚消费文化，热爱媒体，热爱文字。著有《像爱奢侈品一样爱自己》《醉美瑞士自然之旅》。

序

红尘中的自主

林谷芳

禅家自述生涯，常一句“孤峰顶上，十字路口”。“孤峰顶上”意谓须有峻烈严厉的修行工夫，你才能不落两端；“十字路口”则指若没能在十里红尘中作境界锻炼，也就难知所证是真是假。前者是“高高山顶立”，后者是“深深海底行”。正如此，没有只在“孤峰顶上”的禅家，也没有只在“十字路口”的禅者，关键只在行者因其情性与因缘将风光映现在哪边而已。在禅，“孤峰顶”与“十字路”正乃一事耳！

正因一事，这些年所写禅书也就分别于此应缘。其中，举“孤峰顶上”禅家之见地行履——如《禅　两刃相交》诸书者，为显宗门不共，固须自体写就；应“十字路口”而有者如《归零》《观照：一个知识分子的禅问》及本书《禅在红尘》，则因应缘，都以问答体而出。

问答，强调有叩有应，应病与药。以此，针对生命诸境，而有回眸处满目青山的“归零”拈提；面对知识与生命之矛盾，也就拈出“观照”

的宗门基点。至于本书，缘起于主流时尚的生命困惑，问题固具体乃至细琐，却更框住了许多人的一生，而针对这些由精英引领、精英自己却又困惑在其中的种种是非，禅，能给的，也就“自主”两字。

在禅，修行，修的就是“生命的自主”。你于诸境中能自主，有也对，没有也对；不能自主，有也错，没有也错。自主，你“百花丛中过，片叶不沾身”；不自主，别人看你风光无限，你自己却惶惶不安。

本来，回归原点，大道至简，此书的百问其实也只一问，此书的百答其实也只一答；但回到生活，人既习于在两端中摆荡，百问也就有百问的价值，百答也就有百答的必要。由此，有缘者于此书中何只能于一事中明晰，在问答的相互参照、基点的相应提撕中，哪日或有根柢的跳出亦未可知。

禅，以用显体，这用，是“十字路口”，你能识得此“禅在红尘”中的宗门之机，有日，或就能攀登禅家的“孤峰顶上”。

序　生命问题无小事

徐巍

因缘之不可思议！

如果人的一生诚如林老师所说，生命可以想象，生涯不能规划，那么无论当年的我如何想象，我都不会想象作为一个大陆时尚媒体人的自己和一位白发白衫的台湾禅者会有如此深的因缘。

正如我的第一本书书名叫作《像爱奢侈品一样爱自己》，当朋友听到我第二本书的名字《禅在红尘》时，都满脸讶异又尴尬地替我自圆其说着：哈，看来现在谈禅很时尚啊……

禅在今天的中国确实很流行，以禅为主题的艺术空间、茶室、餐厅越来越多，茶禅雅集到处都是，各种禅修、禅文化的讲座在很多精英书院举办，宗教人士的“打禅七”外人也趋之若鹜，互联网上更是充斥着各种网红版“问禅师”的搞笑段子……

而我跟林老师的结缘却与此无关。

我第一次知道林老师是偶然买了一本他写的书《一个禅者眼中的男女》，吸引我的是书的名字：一个修行人怎么会写男女之事？但那本书对于爱情、婚姻、男女、性的观点颠覆了我之前全部的认知，给我留下了深刻的印象。但也仅此而已，我从没想到会和作者有任何交集。

2009 年 8 月，我所就职的时尚集团发生了一件大事——时尚集团创始人吴泓先生因病去世，年仅46岁。当时作为主编的我在《时尚COSMOPOLITAN》杂志上开了一个专栏《客座总编辑》，每期邀请一位嘉宾和我对谈，于是在那一期的杂志上我突发奇想，邀请一位宗教界人士来谈谈“生死”这个很少在时尚类杂志上出现的沉重的话题。恰逢林老师那个时间在大陆为他的新书做宣传，于是自然而然就联系上了。本以为他会拒绝与他完全不搭界的一本女性时尚杂志的访问，没想到林老师居然接受了。座谈的地点选在了我们集团的书吧时尚廊，为杂志拍照时，出出入入的时尚编辑们看到一身时尚装束的我和一身白衣的林老师合影，都投来了奇怪的目光。而当我和林老师握手话别的时候，我以为这位长者从此走出了我的生命轨迹，不会再相见。

因缘之不可思议。

2015 年，我的图书编辑也是我的好朋友符红霞女士有一天突然问我：“你还记得林谷芳老师吗？我以前看过你们俩的访谈。我现在在出版他的书。有没有兴趣见个面？”哈，兜兜转转，有缘人总会见面。那时的我是《时尚 COSMOPOLITAN》杂志的董事总经理，正面临前所未有的职场困境：传统媒体如何转型、集团人事纷争不断……至今还记得在北京老城一个温馨的四合院再次见到林老师的情景：依旧是白衣白发，精神矍铄，时隔 6 年再见竟没有任何隔膜之感，而是分外的亲切。

机缘巧合之下，我和一些志趣相投的朋友跟林老师学习了4年的禅：禅宗历史、禅与中国文化、禅与艺术、禅宗公案……禅活泼泼的生命情性、直指人心的剑客精神、道在日常功用间的如实本质深深吸引着我，改变着我。这中间，我们和老师一起上课，一起游历，更多的是把各种困扰、捆绑、纠结我们的问题抛给老师，而老师或机锋，或棒喝的回答每每让我们有醍醐灌顶、峰回路转之感。

学习期间和林老师、符总编闲聊中碰撞出“出版一本‘禅在红尘’访谈录”的想法，如林老师所说：急速变化的大陆社会从修行来讲，既是个“大魔窟”，又是个“大道场”，越是所谓精英所谓秀异人士问题越多。而“禅，无事不涉，不叩不应，有叩有应”，正可以应病与药。

但说心里话，当林老师建议由我这个整天出入红尘的时尚人士来跟他做对话的时候，我是惴惴不安的。一是我并非禅宗实修人士，没有每天做打坐、参公案那些真实的工夫锻炼；再者虽然跟林老师学习了4年禅，看了一些禅宗的书，但深恐对禅理解不深，问的问题流于表面。

而最终鼓起勇气接下访谈者的角色，有以下几个理由说服了我。

一、因为主题是“红尘”，所以敢问。禅，为什么要在生活里锻炼？因为只有生活才是方方面面的，它从各种角度琢磨你，不按牌理出剑刺向你。只有在活生生的生命经验里去体会生命的实在意义，你所有的修行行为才不会异化。所以从生活的角度谈禅与从学者、修行者的角度谈禅具有同样的意义。

二、因为禅是谈“及身”，所以必须问。林老师说：修行从来不是上达佛法，下度众生，更不是为了一味追求开悟、成佛，修行是从观照自身的无明开始的。不观照无明，不观照你生命的原点，无从谈修行。

不及于身的问题，对生命而言都是虚妄的问题。

三、因为禅是“万古长空，一朝风月”，所以不怕问得不够高大上。红尘涉及的话题林林总总，生活中的困惑也是芝麻绿豆的小事、俗事，我曾经担心问题太烟火气太过具体琐碎，让一个禅家、一个修行人来答会不会有高射炮打蚊子之感。而林老师严肃地告诉我：生命问题无小事，就像罩门没有大小之分一样。罩门就是我们练功练不到的地方，即所谓的“死穴”。每个人罩门都不同，对这个人可能是轻而易举可以解决的事情，对另一个人搞不好一生都不能解脱。我们每个人面对的生命问题，基本上都是个体的问题，是“如人饮水，冷暖自知”的问题。所以，如果一定要把问题客观化成哪个是大问题，哪个是小问题，你就已经离开了自身，已经跟修行无关了。

四、因为“禅是消解问题，而不是提供答案”，所以可以没有负担地问。红尘在变，问题在变；因缘在变，答案也在变。本书只是一个观照的开端，而不是提供答案，更不是提供所谓大师的标准答案。以心逐物，追逐本身就是无明的开始，就是一切烦恼的根源。追逐仁波切、禅师、上师，追逐念珠、佛像、佛牌，跟追逐名牌财富最后的痛苦是一样的，你今天会因为一个神通或依于哪个上师而得利，你哪天也就可能死在那里。

红尘浩渺，问题难免挂一漏万。但归根结底，本书最终回的结语其实正是《禅在红尘》这本书的初心所在：无论红尘如何，我们应该永远相信，人的自觉先于气象，“千年闇室，一灯即明”“一灯照隅，万灯照国”，我们每个人都是茫茫红尘中一个微弱的光点，但也许有一天，光光相连，就连成了一片光明。

目录

第一部分　引子："大魔窟"VS"大道场"

第二部分　禅概念的误解

第四部分　禅 & 事：禅是一枝花？禅是一把剑！

一　生命境界

二　成长与自由

六　科技

七　贫富

八　结束篇

第一部分

引子：『大魔窟』VS『大道场』

大陆社会从修行来讲，既是个“大魔窟”，又是个“大道场”。说它是个“大魔窟”，是因它把你所有的欲望都勾起来；但它也是个“大道场”，用禅宗的话讲，它让“境界现前”，只有在这里你才晓得自己的修行，自己所建构的神圣世界、文化自信到底在不在，到底坚实不坚实，自己的修行能否面对诱惑，或者自己是否真有能力带动更多有心人重构一个生命和社会的秩序。

1

红尘就是最大的道场；
禅，无事不涉

徐：禅在红尘是一个大的话题，策划这个访谈的初衷不是想从政治、文化、社会层面探讨禅文化，也不是具体指导宗教层面的禅修行，而是从普通人的角度谈谈如何看待禅以及禅之于红尘中人的意义是什么。

我最近看了宗萨仁波切的《八万四千问》，那里面有很多普通人对他的提问。其中书的序言里有一段话我很有感触，他说，他在几次拜访中国的时候，发现有关中国的“悖论”和“矛盾”给他带来的困惑从未停止：“PRADA 专卖店比书店更多，但同时却在机场、火车站畅销书柜台上看到很多关于精神性的，特别是佛教的书籍。有年轻人卖肾去换 iPhone，也有很多年轻聪明的大学生能够瞬间抛弃世俗荣耀去追寻精神层面的真理。”

看到他的话，我感觉今天的中国不只年轻人是这样，精英阶层也同样如此：一方面辗转腾挪名利场，一方面拜上师抄心经戴手串，追求所谓“信仰”。您这几十年来往返大陆很多次，您对中国的这种“悖论”和“矛盾”有同样的感受吗？

林：如果只从现象来看，目前大陆的确普遍存在着上面所说的情形，不过，我并不愿意用“悖论”“矛盾”这样的字眼来形容它。

首先，在比较两岸的社会发展时，我常有这样的一个比喻：台湾的发展类似从手摇扇到电风扇到凉风扇，然后箱型冷气、分离式冷气，最后才到中央空调，在这逐步的社会演变中，人就有时间调整自己的步伐；但大陆不是这样，大陆是从手摇扇、电风扇就直接跳到中央空调的，变化这么快，你在里面就不容易找到自己的头绪，生命就难以从容，也必然会出现两极化的发展。说来，这其实是个“正常”现象。而当我们用“矛盾”或“悖论”来说它时，是把社会看成一种固态式的整体，其中既出现了两极式的现象，就觉得它悖反它矛盾，但社会本来就是一个个的个人构成的，每个人对急剧变迁的反应也是不一样的，有些人可能会返过身来寻找心灵的安顿，有些人就更加沉迷于对物欲的追逐，在芸芸众生，这种种反应都属“正常”。

只是我要提醒大家，“正常”并不就代表“合理”。“合理”，是指它在身心上是有观照的，对我们生命的开展或安顿，是指涉着一种皈依处的。

徐：如您所说除了对比台湾和大陆，这种急速变化的现象在其他地方也发生过，只是程度不同，不像在当今的中国变化如此剧烈。

林：是的。尤其在21世纪，人类进入不只是网络，还包含人工智能飞速发展的时代，上述现象在世界各地都可能发生。一方面我们越加地认为自己可以掌控外在的世界，且通过网络技术的改变与操作，自己也可以成为社会精英，但另一方面，我们又得面对当知识与资源更加操控在掌握尖端科技的人手里时，社会比过去又更加固化的事实。这样的矛盾是个普遍的存在，所以世界各地都出现两极分化的现象，只是这种情形在我们中国大陆更加严重。

这严重来自于我们曾经有过一段非常长的闭锁时期，一旦开放，以我们的体量之大，能量就以井喷的方式来改变一切，动能大，矛盾也就更大。

再有，现世既然永远是残缺的，生命自然会企求终极的安顿，而在这里,其实也只有少数特殊人格的人才有办法在现世里依着人间的学问、革命意志，或某些主义作究竟的安顿，一般人多只能寄托于超自然，就以“彼岸”作为自己生命的寄托。在西方，你可以看到有基督教的信仰在支撑；印度更不用讲；即便同是中国人，在台湾，也有儒释道，尤其是释道两家一定程度地在这里作支撑，大陆的问题是我们传统的支撑稀薄了，即缺乏基底来应对这个大变化，就容易出现上述的两极化现象。谈两极化，这是个根本原因。

徐：关于这一点我在自己的时尚职业生涯里也很有感触。在物质层面，经历了物资极度匮乏之后的国人随着中国经济的腾飞、个人收入的增长，随着中国的对外开放，开始大肆炫耀式消费世界名牌奢侈品，使得中国短短十几年就成为很多国际品牌最大的市场。那些有着百年历史的奢侈品牌面对这样一个庞大的急速发展的市场，他们的品牌推广策略、营销理念也受到很大的挑战。

同时在所谓的“精神层面”，大师、上师、仁波切……是另一种“名牌”——精神名牌，同样也被各种炫耀式消费着，各种大师鱼龙混杂满足着各色人等不同的需求。您作为一个文化学者、禅者，对此也深有感触吧？

林：当然。我把你这个问题分成两部分来回答。

首先，面对物质世界的急剧发展，为什么连外国的奢侈品牌在这里都面临挑战？因为他们面对的是一个秩序性尚未重新建立起来的社会。秩序性是文化能够稳定发展的基底，由此，使得我们在“人与人”“人与自然”“人与超自然”的各种关系中，可以有预期性，我们就晓得我们奋斗的目标，而这目标又有着彼此的共趋性在，大家有着共同的价值。也因此，你说的所谓推广策略、美学高度、生活品质等等，就有着共同的基准。而目前这些奢侈品牌的迷茫，就是来自面对一个秩序性尚未重建完成的社会不知该如何取舍的困惑。

你接下来有关“精神名牌”的问题其实也是因这而有的。原来，所谓的心灵追求在传统中也是个有序的世界，在这世界里，你能透过系统的修行达到生命的超越，但现在，要以自己有序的信仰去面对一个尚未形成秩序的社会时，对传统的“大师”而言，就是一项新的试炼。这试炼从消极面来讲，是你能不能接受失序社会的冲击；若再要求高点，就是你能不能够透过自己依持的有序性来影响当今的社会。

而在这时，因缺乏秩序，很多人见有机可乘，也就以大师自居乃至神道设教了。不是有个流行段子说“北京朝阳区有仁波切三千，但其中95% 都操东北口音”吗？

正如此，我常说我们大陆社会从修行来讲，既是个“大魔窟”，又是个“大道场”。说它是个“大魔窟”，是因它把你所有的欲望都勾起来；但在另一方面，它也是个“大道场”，用禅宗的话讲，它让“境界现前”，只有在这里你才晓得自己的修行，自己所建构的神圣世界、文化自信到底在不在，到底坚实不坚实，自己的修行能否面对诱惑，或者自己是否真有能力带动更多有心人重构一个生命和社会的秩序。

徐：这正是我们当初一起策划《禅在红尘》这本书的一个缘由。红尘就是最大的道场，我们这本书就是想给红尘中的普通人分享一些寻求心灵安顿的知见。您怎么理解“禅在红尘”这四个字？

林：要谈这四个字，还不如从我们的缘起谈起。尽管我们有师生的情分，但接受这样的一本书与访问，其中也还有着我禅者的基点。

首先，“禅，无事不涉”，除非没缘碰到，有缘碰到也就不回避，回避就是遁逃之机。在生之旅途中，我们尽可往自己顺向的情境去走，甚至自以为是一切，但这算不得生命的锻炼，算不得修行。禅家不叩不应，有叩有应。我过去写《一个禅者眼中的男女》这等看似深入红尘之书，也是缘来则应，因一个学生的叩问而写的。

其次，就我个人情怀而言，既然目前的大陆社会是你说的这样一种状况，而这里又是我的文化源头，我又有这么多的学生和朋友在这里，我自己还常来这里采风办事，也就必然会跟一些有缘接触，会面对来自学生以及各界朋友的许多问题，如果他们在这变动的社会里因我而能得到一些启发，能多少安身立命，这事情的本身也就是“禅在红尘”的映现。

所以说，一个禅者能不能以自己的修为让自己出入红尘而自在，一个禅者能不能以此智慧而接诸有缘,是我最初愿意接受访问的两个基点。最后也才扩及到第三个层次，如果有一天成书，希望让那些跟我不直接有缘的，也可以受惠于这“禅在红尘”的一些观照。

2

为什么要出入红尘？
为磨剑刃事，不辞入世深

徐：我第一次与您结缘是看到您写的所谓深入红尘之书《一个禅者眼中的男女》，我当时很奇怪，一个修行人怎么会写男女之事？之后邀请您接受《时尚 COSMO》杂志专访，本以为您会拒绝一本完全与您不搭界的时尚杂志的访问，而您居然也接受了。您自己的身份也是多种多样：音乐人、文化人、禅家。曾经也有人质疑您，说您太过于出入红尘，这似乎与大家对禅者世外高人、行者隐士的想象相差太远。您怎么回应这种质疑？

林：在台湾，倒没有人如此质疑过，大陆这边有人如此看，一来应该是对禅的不了解，另外也是对我的不了解吧！禅就是为破生命的执着而存在的，执于一方就叫执着，执着于凡固是执着，执着于圣也是执着。因此，用一个固定的模式把禅者想成是怎样的人，本来就是对禅的误解。

习禅，为什么就要在生活里锻炼？因为只有生活才是方方面面的，它从各种角度琢磨你，不按牌理出牌刺向你，只有在这时你还能应对，还能全身而退，甚至能反执来者之矛对准来者，那才是真正的禅者。我在60岁的一首自述诗里曾这样写道：“为磨剑刃事，不辞入世深。”禅者入世，就是为了砥砺禅这“剑刃上事”，而这砥砺磨炼，对我，有相当一段日子就在写文化评论，当时近乎“无役不予”。“举笔高议论，应缘显爱嗔”，但所有这些事在禅也都是应缘的。那这样的“江湖”对我能有什么锻炼呢？正乃“半生观起落，卅载看浮沉”。而也就有了这样的锻炼，到了这个年纪，我才敢很自信地讲一句：百花纵袭人，片叶何沾身？

出入江湖，一直是禅家过去的传统，并不是现在才谈出入江湖的；出入江湖是为了锻炼自己，不是为了给别人看的。禅有一句话：“孤峰顶上，十字路口。”没有只在“孤峰顶上”的禅家，也没有只在“十字路口”的禅者。我入世，是禅者“十字路口”的锻炼，但如果看过我《禅两刃相交》《禅家身影——剑客、诗人、老婆》这两本谈禅家核心锻炼的著作，你也就晓得把禅家孤朗、严厉之姿如此峻烈举出的，台面上也只有我了。

徐：其实我在准备这本书的时候还有些担心，我准备问的那些红尘中的问题，对于老师您来讲是不是太过于琐碎和具体了？甚至感觉很多关于爱情、性、时尚、科技之类的问题，问您一个“禅家”都觉得有点不合适，您觉得红尘中的问题有大小高低之分吗？

林：没有，就像罩门没有大小之分一样。“罩门”就是我们练功练不到的地方，所谓的“死穴”，现在的说法叫“软肋”。每个人罩门都不同，对这个人可能是轻而易举可以解决的事情，对另一个人搞不好就一生都不能解脱。我们每个人面对的生命问题，基本上都是个体的问题，所以，若一定要把问题客观化说成哪个是大问题，哪个是小问题，你就已经离开了自身，已经跟修行无关了。

徐：从红尘中看，禅在当今中国确实很热。以禅为主题的美术馆、艺术空间、茶室、餐厅越来越多，茶禅雅集到处都是，各种禅修、禅文化的讲座在很多精英书院举办，宗教人士的“打禅七”很多外人也趋之若鹜。这某种程度上意味着禅的复兴吗？

林：老实说，我们现在以禅为名的事物太多，但真涉入的又太少。在古代，尤其是宋之后，基本上单举一个“禅”字，就指“祖师禅”，它是专有名词。祖师禅就是初祖达磨西来开创到六祖慧能将之中国化的禅宗，后来“一花开五叶”，被称为“南禅”的系统。

在佛法修行上，祖师禅有一个特定的道路，这个道路最根柢而不共的特质，我们可以用四句话来概括：不立文字，教外别传，直指人心，见性成佛。

“不立文字”，不只是说禅没有什么特别所依的根本经典，而是禅认为所有的观念、学问都只是概念世界的事，不能用来解决生死问题，不能让你超越生命根柢的困顿。因为只要落于概念，我们就在二元分割的世界里，而人类烦恼的根源正是把一切事情二元对立，在这里妄心追逐，以致不能够契入一如的世界。

“教外别传”是说，其他佛教宗派修行的方法基本上是依于佛陀的教法，一定程度还是在概念世界中打转，而禅却要跳出此“教下”——

法教之下，直接打破二元分割的习气执着。那要怎么打破呢？它有方法——“直指人心”。

“直指人心”是说，如果你能回到我们“能观而不动”的那个“本心”，这本心，能如镜鉴物，如实照见万物，如此，你就不会因无明追逐而异化。

“见性成佛”是说，你能证悟本心，那成佛也就只是早晚之事。

说到如镜鉴物，《庄子》里有一段文字就谈到这“镜体”，他说“至人之用心若镜，不将不迎，应而不藏，故能胜物而不伤”，禅就是让你的生命活在这样一个“胜物而不伤”的状态。因此禅不会用概念将事物做一个截然二元的分割，它不跟你截然地说，哪一件事情该做哪一件事情不该做，禅只要你如佛家语所说的“返观自照”，看自己能否自主，能不能“胜物而不伤”。从以上诸点来看，我们现在市面上这些禅修、茶禅雅集等等，无论它多精进，无论它多么呼应着一种固定化的道人道风想象，其实绝大多数都跟禅无关。

徐：您认为世人对禅的理解是不是也过于简单、表面化甚至是误解？比如说禅就是做减法，禅就是活在当下，禅就是一些情趣技巧、诗情画意……尤其网上流传杜撰的各种“问禅师”的段子更是让人感觉在耍嘴皮抖机灵。

林：大概有来自几个层次的误解。第一层的误解就是把禅在文化中的外在映现当成它的核心。比如我们都看到受到禅风影响的建筑线条是简素的，我们就把简素当成禅，不晓得简素是禅映现的一个“相”。就这点，我在上禅艺术课时，总会要大家去分清楚：禅的简朴简素跟抽象几何间的差异。

差异在哪里？现代画里抽象几何的线条也很简素，但它还不是禅，禅有生命的轨迹，而抽象几何只有线条、色彩之间的简素关系。今天做一个禅建筑，如果它的简素里没有生活或生命的轨迹，也就是它不能“用”，不能以“用”来显“体”，它就只是生冷的抽象几何建筑，还不是禅建筑。所以说，把禅某部分的映现就直接当成禅的主体来看，是对禅的第一个误解。

第二层误解就是我们往往不谈禅的基点，不谈禅的锻炼，就直接谈禅的悟后风光。关于悟后风光，我们都耳熟能详青原惟信那句出名的禅语：“老僧三十年前，未参禅时，见山是山，见水是水。及至后来亲见知识，有个入处，见山不是山，见水不是水。而今得个休歇处，依前见山只是山，见水只是水。”我们就觉得“见山只是山”跟“见山是山”没什么分别，其实这是一种误解。这里我要提醒一下，是“见山只是山”，不是“见山还是山”。“还是山”的意思是你看到的依旧是当初那个山，“只是山”的意思是我们能够不以自己任何预存的主观，直接以镜体去映照外在的世界，让“胡来胡现，汉来汉现”，皇上来我也照着他，乞丐来我也照着他。而二元分割既是我们与生俱来的执着——俱生我执，要打破它，你就须有一番“寒彻骨”的锻炼。今天我们许多人都把青原惟信的禅语一定程度地简化，甚至误解，这个误解就跟我们只欣羡悟后风光却不谈或不知道悟前锻炼有关。

第三层次的误解是，禅能让我们各种烦躁的人心获得一点清凉，所以许多人会假禅为名，说这东西跟禅有关。譬如你刚才讲的茶禅雅集，其实多的是对美的一种浮幻缥缈的追求，跟禅无关。我们所说的禅，不是心灵鸡汤，是“少室门庭冷似冰”，是“禅为剑刃上事”的禅，禅的修行根柢有剑客论剑的本质，是在这剑客的本质上才显现其独特的诗情风光，才显现“老婆禅”“道在日常功用间”的琢磨。如果只是把日常功用和诗情直接等同于禅，没有从剑客的本质来契禅，都是本末倒置的。

3

禅从来不谈末法时代，千年闇室，一灯即明

徐：世人对禅常用的一些词语也有很多误解。我们后面会专门有一章来谈谈对禅语的一些误解：平常心、初心、当下、减法……这些词语很多人都挂在嘴边，但实际上都被简单化甚至根本是误解，跟禅的本质相差十万八千里。

林：讲禅是一种减法，禅是一种归零，这都对，但是大家要注意，我们不能说减法就是禅，归零就是禅。怎样的减法才是禅？是使你能一丝不挂的减法才叫禅。什么叫禅的归零？归零是你回到没有二元对立的世界，不是一时的归零。

同样，我们今天就把“当下”用成“现在”的同义词，但在禅里，“当下”，是生命契入直观世界的当体，在这里，不起分别、执着，这样的状态才叫“当下”。总之，类似的误解还很多。

徐：就是因为禅字现在被用烂了，反而让很多人远离了禅。其实不光是禅，谈论宗教信仰在今天的中国似乎变成一件很时髦的事，同时宗教界的各种乱象又让真正追寻的人感到失望，现今的宗教界仿佛是另一个大的名利场。身为禅者您曾经说过一句话：看尽道场怪现象而不失道心。如何能够做到呢？

林：“现今的宗教界仿佛是另一个大的名利场”，这样来看当今的许多宗教界现象，这种心理可以理解。但真要说名利场，又有哪一个场不是名利场呢？当然，我们对宗教界会有这样的感慨，主要还因为宗教标举的是神圣，当里面涉及名利时，那种矛盾和落差就让人更不能接受。但事实上，在文化的诸多面相上，也都有神圣性与名利“并生”的现象，学术界很多，艺术界更多，我们不能以这种现象就否定了它核心的价值。宗教衍生出一些怪现象，跟宗教修行对生命可能有的意义，还是两个层次的事，就好像我们不能因看到多少艺术家的异化，就说艺术的存在没价值一般。

此外，从生命锻炼来讲，宗教修行总会标举一个圆满究竟的世界，但其实我们众生——包含修行者，都还在路上，且这条路还不是一路平坦的。在路上，要面对我们最深的无明最深的执着，也就是佛教讲的“俱生我执，无始无明”，会进进退退也是正常的现象，其中圣凡、身心的拉扯往往比外在世界想象的更为剧烈。

我为什么说自己是个“看尽道场怪现象而不失道心”的人？修行就好像我们一起走路，我走一百步，你们只走五十步，我不会笑你们差，反而因为我们的路径不太一样，你们也就能变成我观照的对象。同样，看到某些道人出现怎样的误差，我也就警醒自己遇到这种事时要小心。

能如此，道场怪现象对道人就是一种“境界现前”，对个人修行其实是一个很好的参照。

徐：我经常听到周围一些修行的人忧心忡忡地讲，现在是一个末法时代。您认可这个说法吗？对一个普通人来说，您觉得是否因为这是一个末法时代，追求心灵安顿就成了一种奢求？

林：在这里你倒是问到了一个禅家最根柢的态度。末法时代尽管是佛经上提及的，但禅从来不谈末法时代。

首先，禅有一句话：“千年闇室，一灯即明。”一个房间不会因为暗1000年，所以你得花1000年的时间让它明亮，刹那间你就可以让它由暗转明。而这灯是什么？就是我们有一个不生不灭、不受污染的本心。也许这个大家比较难理解，但这么说吧，无论我们的罪孽多深，人总会有向上的追求，所以无论多黑暗，总不会完全掩盖可能的光明。而禅，就是让那光明出现。正因“千年闇室，一灯即明”，你既随时可明，禅就不讲末法。禅的修行、禅的契入，是横断三际的。“三际”就是过去、现在、未来，“横断三际”就是在过去、现在、未来上，没有追逐分别。而我们凡夫则是拘于过去、现在、未来，才会讲正法、像法、末法。

再有，不谈末法的另一个原因是，修行上，禅永远讲自性自悟。修行是个人的事，我们太多人对生命问题常犯的一个根本错误，就是用统计学的结论来期待自己，这个时代是什么样子，于是我就是什么样子。我常讲这个时代是什么样子跟你有什么关联，它可以有关联，也可以没关联。就像有一个修行的老朋友某日发了个简讯给我，他说：老师，魔焰炽盛啊！我不假思索就回了这话给他：“魔焰炽盛，亦可全真！”全不全真是你的事，跟这时代无关。我们太多人用社会的脉络来决定我们自己的未来，那你还谈什么修行？修行就是能够在各种脉络里自主，你如果让脉络来决定自己要不要修行，已离修行远矣！

徐：其实我们在时尚圈也一样。外界经常把时尚圈描绘成一个光怪陆离的名利场，我自己也曾经为此苦恼，觉得自己入错圈了，而现在越来越释然：哪个圈不是名利场呢？

林：如果你的状况拉扯不大，怎么会对生命形成勘验，怎么会形成修行的意义呢？你一个人在一个无菌室里修什么行？所以为什么要讲"大魔窟"就是"大道场"，你今天在一个稳定的名校里当教授，你的学问可能也真的不错，你几十年就这样过了，没有人挑战你，你怎么知道自己的剑法上场是真能用的？时尚圈是什么？虽然我是行外人，但这里多无情！首先它是生意场，成则成，败则败，这就是考验生命的"两刃相交"。再来，时尚中的起落变化、相关物质的有无拉扯又那么大，它当然容易销蚀你的生命，但如果今天你有道人锻炼的心，那它就是个道场，如果你还是俗人追逐的心，那它就是个魔窟，就这么简单。

徐：我自己的感觉是，境界现前的时候才是真的考验。禅对红尘中人的意义到底在哪里呢？

林：所谓生命智慧并不是说它就直接教你一个方法，它提醒的是，你要能照见自己的生命状态，让你学会观照自我。譬如说因为修行，过去你对一个业绩的达成可能会非常焦虑，甚至崩溃，但现在不会。甚至有一天你在职场出出入入时，你会发觉竟然有一个镜面的自己在看着外在的自己起起落落，知道这起落也就是个现象，禅教你的就是这样。现在也有很多课程讲禅管理什么的，直接就跳到这样的主题，先不说是误解，至少是浅化了禅。

禅是生命的智慧，它不是成功学。禅是让你在生命面对诸境时能自主。诸境是什么？它牵涉到别人别件事，所以习禅不代表你会成功，习禅是让你自主。它真正让你不败是你自体的不败，不是外在世界的不败。外在世界有很多佛家所讲的不可思议之因缘，禅怎么能决定客观世界的成败呢？所以如果你习禅，除了我们刚才讲的用心若镜外，你既能体会因缘的不可思议，会不会就比一般人更从容呢？

徐：听到您一直在强调“观照”，是否可以这么理解：虽然我们仍然在红尘里起起落落，但是如果我们随时能够观照当前的生命的状态的话，就能够让自己朝着一个更好的方向迈进。

林：更好的意思就是更自主，外界更加不容易冲垮你，不容易折损你。

徐：我曾经看过一篇文章里面对您的描述：眼前见禅林，身后隐江湖，手中拈尘世，心里见人生。那么从禅家的观点来看，禅与红尘是不是本身就是一体两面呢？是我们自己把它们对立起来了？

林：回到我们刚开始讲的。第一，禅如果是生命根柢的智慧，是我们回到镜体观照万事万物，回到如实的一种生命状态，那它本来就不会排斥万事万物的。第二，你的生命到底有没有就到这个程度？禅最讲勘验，寻求一个“明白”，不会自我欺瞒，而当你有更多的境界勘验时，你也就会更明白。那什么是最好的勘验？就是生活。所以禅如果最终要打成一片，就要直接在生活里锻炼，只有这样，有天才能通体无碍。

生活原来就是红尘，只是有些时候、有一些场合，我们必须奋力而为，比如说争名逐利时，我们才意识到它原来是红尘，许多时候，就因生活太普通、太零碎了，柴米油盐，我们就忘记了它是红尘，忘记了其中可观照的地方依然很多。而真说到底，又有哪里不是红尘呢？

4

禅不是头上安头，骑牛觅牛；
禅是不离人间而行超越

徐：说到禅在红尘的话题，曾经有宗教界人士说，中国和很多国家不同，中国有着追求更高真理的传统，这里孕育了一些地球上存在过的最伟大最有智慧的人，比如老子、庄子，但是您却说，中国文化的特质之一就是“人间性”。为什么说“人间性”是中国文化一个很重要的特质？从这个向度来说，中国的宗教文化是否也是很人间性、离红尘很近的文化？

林：虽然中国产生过一些立于世界哲人之林也熠熠生辉的人物，但人间性仍是中国文化最根柢的特质。这主要体现在两个向度：

首先，比诸西方的创世纪与原罪观念的生成，中国自古缺乏对宇宙与生命起源及其意义深刻观照的创世神话。缺乏明晰的彼岸世界是中国文化的一个特征。

另一方面，就从历史的向度来说，也没有哪一个文明像中国般，是以儒家为代表的这种人间性文化作为主体的。在西周，中国文明的这种人间性特质已很明显；从汉代开始，政治上的独尊儒术又进一步加强了中国文化原有的这个特色。

谈中国文化里的宗教超越，我总会提到所谓的“不离人间而行超越”，超越跟人间是合在一起的。这样的好处就是它能够通透无碍，坏处则是你容易在这里混杂遁逃、真伪不分。从禅的角度，如果我们把世界就分成“凡”跟“圣”，分成“此岸”跟“彼岸”，也就没有真实的解脱可言。只有把这二元的对立完全打破，你才能出入无碍，解脱缠缚。禅的这种超越，也只有在中国这种人间性的文明中才能大成。

这里再强调一下，我们谈中国文化时，人间性的两面性还都要观照到。如果没有超凡入圣就直接讲超圣回凡，人间性就是非常务实，是极度眼前的，也就是像西方所讲的，中国人不够敬天畏人，较缺乏一种终极性的关怀。

徐：在跟您习禅之前，我曾经认为自己靠读书、靠生命经验的体悟也可以增长智慧，构建自己生命、生活的价值体系，为什么非要去追寻宗教？必须要有所谓的信仰？我相信这也是至今徘徊在宗教门外的很多人的一种疑惑。

林：从理上来讲，所有学问都是一个量的增长，不是一种质的转换，它所解决的事情都是此岸的，而非彼岸的。

那为什么要有彼岸呢？因为此岸有着根本的局限：我们面对死生是不自由的，“生从何来”，为什么生成这个身份不是我们能决定的；“死往何去”，什么时候辞世也不是我们能决定的；还有其他太多太多的因缘都不是我们能决定的。就是这样一个此岸世界先天的局限，你才会产生对彼岸的追求。而这个局限并不会因为你的学问、你的知识，因为你建构了什么系统而改变。我们对死生的焦虑，对死生不自主这样的一个领略，跟我们有多少知识其实是无关的。这也就是为什么你会看到有那么多的知识分子信教以后竟然也出现某些“反智”现象的原因。知识可以作为一种助缘，让人可以参究一些东西，找到一些线索，但它本身却不就是答案。

徐：如您所说，人们寻求宗教的一个根本原因是对于死生不自主的困惑，可是具体到“了生死”，我之所以到今天一直还在宗教门外徘徊，一是我确实受儒家“未知生焉知死”说法的影响，另一方面我觉得把此生活得淋漓尽致,到死的时候无怨无悔不就可以了吗？干吗非要去“了”，去思考生死这么沉重的问题？

林：生的时候活得淋漓尽致，死的时候洒洒脱脱，真做到这样，其实你已是“死生一如”的禅者了。但没遇到事情时我们都觉得做得到，事情真来了，你就发觉做不到。有一句话叫“菩萨畏因，众生畏果”，众生是果报来临时才知道原来自己哪里不足，菩萨是在因地就能觉察到自己的盲点。

徐：但另一方面，因为畏惧死亡，我看到一些修行人为了追求一个死后所谓好的果报或者轮回把此生弄得天天都是在磕大头、打坐、放生中度过，把好端端活生生的人生变成了“求好死”的人生。

林：这也是一种误区。你怎么晓得你这样做真能超越死生？这种做法只是一种心情，它不是一种智慧。这也说明了，我们对死生无论是迷惑还是解脱，都跟知识无关，是与你内在的情感、内在的境界有关。

宗教当然是因为对死亡的观照而存在的，站在生的立场，因为死是未可知的，它就像是一切的幻灭，对幻灭的恐惧或对生的不舍，人就在这里“自然地”产生了宗教的观照。但说宗教修行，解脱却也不一定就非在彼岸不可，解脱跟彼岸还可以是两回事的。禅者，“步步向生，时时可死”，他就是在当下把死生打成一片的。当然，从传统佛教讲，人因于他的轮回、他的生命层次，还有种种业力，让我们不能一下子达到佛陀的境界，但这都无碍于我们当下的解脱，而有了一个当下就会有下一个当下，永恒，其实是由当下串联而成的。

从禅来讲，真正的解脱是你放下二元的对立，只执着于生是错，只执着于死也是错，它只是从这个烦恼跳到另个烦恼而已。如果真正做到死生一如，你也不会离开现世去求那缥缈的彼岸。

5

修行不能只讲上达佛法，下度众生；修行是从“及身”开始

徐：修行的目的是什么呢？有人说是为了让自己怀有敬畏之心，有人说是为了追求生命的安顿，有人说是为了了生死，您认为这些答案都对吗？

林：宗教或修行是来自于问题，不来自于答案。我们生命中有什么问题，比如说我有一个死生的困惑，我去追寻宗教，先要我有问题，而不是先要有答案——我想求得什么？这一想求得什么，可能就让你求得的东西跟你生命的问题无关。我们许多人学宗教都是这样，是上师告诉你，你必须这样去做，结果本来是好事也被我们搞坏了。

心理学家弗洛姆在比较基督教跟佛教时，曾说基督教是个“价值的宗教”，也就是说，在基督教里，人生的价值是由上帝来判定，而不是由你自己来做决定的，上帝已将答案放在那里，你要做的就是去与答案合一，也就是你必须去皈依基督。相对之下，佛教是一种“本质的宗教”，

是因为你观照到生命的本质才去学佛。也就是当你不警觉生命有这些根本问题时，所有相关的答案对你其实是没意义的，而常常，这样的答案又会成为你另一层的枷锁。

徐：我也有这样的感触，我周围有些佛教徒，你听他们谈起修行来感觉不是从观照自身的问题做起，而是为了更“宏大”的目标，比如开悟，比如成佛。

林：要开悟，要成佛，是因为到了这种境界，问题就解决了，而不是离开了问题它本身还有客观绝对的意义。

所以人家来跟我习禅，我会这样问他，你幸福吗？他说幸福。你安然吗？安然。问了几个问题他答案都如此时，我就说干脆我跟你学好了，因为你就是佛了嘛。当然禅或佛法会提醒你：你可能觉得目前很安然，但为什么有时候会无来由地觉得不安呢？或者你一直觉得很安然，我这个禅者可能会残酷地问你：你的安然在哪里？安然是因为你现在年轻，你现在美丽，你现在有钱，你先生很爱你……那我会把这些剥离，问你如果先生不爱你了，如果孩子不孝顺了，如果破产了，你还能安然吗？就这样，你才晓得原来这所有的安然是建立在许多外缘上的，是如此不自主的，而有了这不自主的领略，你才能说我想去追寻生命自主的境界。

所以说，不能离开生命根柢问题的领略而直接谈我们修行要达到怎样伟大的目标。红尘中你要的东西已经太多了，现在许多宗教又让你求更多的东西，我们人生已经够累了，回家还为了自己的妄念，念佛念得累，那干吗？！

徐：您说过，修行要从解决“及身”的问题开始，这对于修行人的意义在哪里？

林：首先是，你只有在活生生的生命经验里去体会生命的实在意义，你的修行行为才不会异化；其次，就因为你能从自身、从根柢的处境观照起，你才有理解众生的能力。当我们能观照到自身被各种的人性幽微所困时，也才知道要去修行，也才会知道我们必须体谅他人，也才会善巧方便去接引众生。你上面所讲的一些极端例子，都是用一种固化的观念去对待事情，也就没法有同情别人、理解别人、对机应机的能力。

徐：我观察到周围一些修行的人谈起佛经来头头是道，感觉他似乎是一个在信仰上很有追求的人，但同时又觉得他谈论的修行都是跟自身无关的事，只是为了显示他的深奥和博学。为什么涉及追求信仰这些精神层面的问题时，我们反而更容易去盲目追求理论、系统、知识，而不去面对真实的自我？

林：这也是一个很寻常的心理。生命的解脱原本就是一个艰难的过程，需要时时返观自我，甚至面对自身的不堪，因此，如果今天可以用上师的能量或恢宏的理论让自己在这里得到一种优越、畅快乃至暂时的安然，何乐而不为呢？但常常戏演久了，逃避太久了，自己也就弄不清或不想去弄清真假了。在宗教界里很多所谓的大师其实最先也不想扮演上师的角色，只是扮演久了也就扮演出乐趣来了，后来就更真的以为自己有那个本事了，活在自己设的一场戏中，还自以为真，而旁边的人也不说破，信众更都作圣义解，这样下去，当然就会出现神棍。

我就知道有道场是师父跟弟子之间有男女关系的，如果这个师父本身是因性的吸引而越轨，坦白讲在宗教界也不是多罕见，因为只要是社会都难免良莠杂处，问题是这些弟子现了出家相还自愿献身，为什么？因为在那个圈子久了，你没有办法也不想去拆穿它，因为一旦拆穿，生命就要崩解，只好一个谎言上面又叠上一个谎言，说“这是上师的加持，这是我亲自供养上师”。这样的事在宗教界其实不止一桩。

所以我还是那句老话，我以前在寺院里上课，学生都是出家众，我就告诉他们，如果我来的时候脸色发白，就说明老师需要休息，老师也就是凡夫一个，不要说什么“林老师示现病容，以化众生”。

徐：说到“及身”，我记得您在课堂上讲过，我们人生的很多问题是不能如实观照而引发的纠缠。佛教提出“法尔本然”，人一定要对客观世界如实领略，而不要想象问题，所以佛教不太解决宇宙的本源这类问题，比如“佛入轮回不入轮回”“宇宙是有限还是无限”……就好像有人射杀你，我来救你，你问我：箭从哪来？为什么射我？所以如果一个人不去观照“如实”的问题，而总去问那些“边际性”的问题，就是无明。我当时在听到您讲这些的时候就有一个疑问，我们科学的很多课题都是探讨宇宙本源的问题，文学上也有“生存还是死亡”这样的终极问题，这些都是无明的问题吗？

林：这有两个层次。第一个层次是，科学的问题不等于人生的问题，知识的问题不等于生命的问题，把这搞清楚就不会认为科学探索是无意义的，但把科学探索直接当成就是人生问题的解决，也是把两件事情搅在一起了。第二个层次就是，如果我们对当下所能领略的各种感受不能如实地去观察，还去妄想解决那些所谓高深的问题，是永远解决不了生命困境的。所以我才会在《观照：一个知识分子的禅问》那本书里提到，修行的一个关键词叫“及身”，不及于身的问题，对生命而言都是虚妄的问题。“及身”就好像我摸到你你有感觉，其他的问题都在“及身”的问题中衍生出来，而不是离开“及身”去把一些抽象问题客观化。修行不能只讲上达佛法，下度众生，修行是从观照自身的无明开始的。不观照无明，不观照你生命的原点，无从谈修行。

6

知识分子在讨论“中国的出路在哪里”，禅说，社会的解脱和个人的解脱是两回事

徐：无论面对禅宗还是其他宗教法门，知识分子反而更难以进入：到底是先信还是先做，这是一个问题。我也问过一些学佛的朋友为什么决定信仰佛教，得到的回答是：“你不用想这么复杂，你就先去做，去磕头、去念经、去放生，慢慢你就达到那个境界了。”我记得您说过一句话“信为能入，智为能度”，我的困扰是，我不信我怎么能入呢？

林：回到前面的问题，你如果没有问题，你干吗要去求答案？只有你有了问题却找不到答案时，某个法门的论理和做法对你有点说服力，你才会说“我去试试看”。但这试，若只是理上的相信也还不够，你得去做，因为做了以后它跟你的生命才会有关联，真受用了，你才逐渐地真往那条路走。在这里，信，指的是实践，因着法门而实践。

但真要信有多难啊！灵云志勤睹桃花而悟的诗是怎么写的？“三十年来寻剑客，几回落叶又抽枝。自从一见桃花后，直至如今更不疑。”

真正的悟道是“不疑”。我们所谓的“信”哪里是“不疑”？在禅，如果没有开悟却信而不疑，就有盲信的成分。我们的“信”其实都还是将信将疑，真正的信心是要由实践而来的，如此越实践越有信心，越有信心也就越去实践，到有一天就像禅家的见性开悟一样，你才真的不疑了。如果像你刚才所讲的那种信法，我们就看不出正信跟迷信的差别，分不清正教跟邪教的差别。信，不是他们所讲的那样，要回到最初的基点：没有问题的观照，你不要去求答案。

徐：您觉得知识分子这种不轻易把自己交出去的质疑精神，对寻求信仰来说，有时候是不是一个障碍？

林：如果从实践上来说当然就是知识分子的误区，知识分子往往实践力比较低，但也有个好处，他盲信迷信被误导入歧途的情形也比较少，所以事都有两面。容易起信的人也许在修行上比较快，但你怎么晓得你跟从的老师是明师还是邪师？何况在这样一个变动的时代里，遇到后者的可能性会大上许多。

徐：知识分子往往更加热衷于探讨中国社会的出路，谈论的关注的也都是这些事情：时政、经济、社会……对个体生命安顿的观照反而并不那么在意。

林：在大陆尤其如此。这里我特别要提到的是，中国的人间性文化是一种泛氏族的社会文化，是用人际的网络来界定自己，是在天地君亲师里界定自己，是在历史长河里界定自己，所以我们讲“人死留名，豹死留皮”。这样的一种文化体系，宗教就没有那么明显的作用。而在传统的社会网络里，个人既紧密联结于群体，出现的生命彷徨也就不会太大，尽管个人也可能对因果对死生有某种的感怀喟叹，但毕竟从小就被教育在家族宗族的脉络里界定自己，这种感怀喟叹一般也不会太深。但当这样的脉络在当代急速解体时，中国人相对地也就较难找到个人的心灵安顿之所，这是我们大陆的现况，而你在西方就较少看到这种情形。

再加上中国文化一直较缺乏一种“终极性”“彼岸性”的观照，在这世间法里，大家就容易像宋代禅师五祖法演讲的那句话：“世人似发疟一般，寒一上、热一上，不觉过了一生矣。”他要么抓 A 要么抓 B，不抓此就抓彼，抓来抓去，只是换个形式而已。而这个时代又恰是有史以来知识最普及的时代，所以我们就尽可能地搬弄诸多理论来掩盖我们生命的彷徨。在当代中国有那么多的知识分子好谈大文章多少也跟这有关系，许多人只是用另一种方式来掩饰自己生命的不安。

徐：您有一句评论知识分子、文化精英的话我觉得很精彩：一门深入，常为一门所夺。意思是：你越是在哪个地方擅长，你越可能死在那里。就好像我从事时尚行业，自认为很懂时尚，但恰恰时尚也有可能成为我自身生命发展最大的障碍。

林：从某种角度说，他们就是因为生命有深度的彷徨，不敢面对自己，只好用外延来填补，就好像有些人竟日出入江湖，不敢安静下来般。这些知识分子的共同特征是他独处的时间特别少，他不敢面对自己。正是因为这样，我们大陆才出现两极现象，知识分子大谈那些大概念，其他许多人则直接扑向迷信。

徐：我也有同感，我周围的一些知识分子，尤其是男性，他们每天讨论的都是“中国向何处去”的大问题：教育制度、法治制度……似乎如果中国社会没有达到他们心目中“理想”的状态，个人也就没有解脱的可能。但是您前面也说过这个观点：社会的解脱和个人的解脱是两回事。

林：你说的是知识分子生命中常见的一个大盲点。坦白讲，在一个信仰比较深刻，信仰在文化上已根深蒂固，尤其是一神信仰的地方，这个问题比较少，因为他最重要的问题是他跟上帝之间的联结，他知道他生命的皈依，但我们中国较缺乏这一块。要知道所有的生命安顿一定是自心的安定，你不从内心去找而往外面去寻一个论理架构、一个系统，就是“心外求法”，就是把自身的问题跟其他的问题绑在一起。

生命的问题其实就是一句老话：说食不饱，是自家吃饭自家饱的事。至于你饱了之后，你要用什么样的机缘来行道，在这行道里面如何勘验，跟众生有什么关系，是不是就在社会的脉络里勘验你悟道的境界，那是第二层次的事。但首先的第一层次是：生命的问题就是你自身的问题，没有人能代替你感冒，治好没治好也是你自己的事。

7

修行是修个随缘？
禅说，修行是修个自主

徐：关于修行，我曾经以为寻求信仰就是相信宿命论，这也是我经常在周围佛教徒口中听到的：“人生无常，要随缘，要认命，命里有时终须有，命里无时莫强求。”但是您却说我们在生活中太多地提到随缘，却没有提到作主，修行的终极目的是让生命自主。

林：“随缘作主”在禅家本来就是一个完整的用语。谈作主，如果没有缘起缘灭的观照，作主就只是一个我执的放大；而如果随缘没有内在自己的出入自主，这种随缘在佛法也就叫“自然外道”，它只是顺着自己的性子在走。因此这两个词一定要合在一起讲：“随缘作主”。我们也常把这四个字和另外四个字连起来说，“随缘作主，立处皆真”，它指的是“生命能于诸境中自主”，处在哪个状态你都没有失掉你的本心，你都能以一个最清朗之姿在活着。随缘作主，它就是一个词语，拆开来说，就容易出现问题。

我在《春深子规啼》一书封面上的那句话可以看出一个禅者的人生态度："得其当下，尽其一生"。"尽"非常重要，我们不是尽其一生以后求诸来生，"尽"的意思是所有的意义就在这里完成。

徐：我曾经觉得自主就是一种积极主动的生活态度，我们去跟命运抗争，做命运的主人，后来发现实际上禅家所说的自主不是这个概念。

林：你刚才讲的积极消极、好跟坏，从禅来看，它都是一个对立性的两面，也就只有相对的意义。常常，面对一件事情，从这个层面来讲是积极的，从另一个层面来讲又变成消极了，所以积极消极就只是个对应的称呼，它不应该是种绝对性的观念。而什么样的生命态度叫积极，什么又叫消极，更不是一个可以孤立于外缘的观点。比如明明一件事情从各种向度来看已经无可救药了，你硬要去冲，冲到头破血流，冲到身败名裂，那叫积极吗？

世人对积极消极常有一种固定的成见，这个成见就是把一个人的态度孤立于外缘单独来看待。我们晓得佛法最重要的就是讲缘起，"孤法不生"，对缘起活生生的体现在禅门叫"应机"，如果没有"机"，就无所谓积极与消极。而要如何体得"机"，就牵涉到智慧。让你的心回归"镜体"，如实地照见万事万物，这，就是智慧的当体。

离开了如实就无智慧可言，也就会有各种颠倒烦恼，无论这种颠倒烦恼是以积极还是消极的样态出现，它都是你的烦恼，它都会越来越让你的生命不堪，越来越催逼你的生命。谈禅，超越、跳脱我们惯性的二元分割是随时要提起的一个觉照，这样你才不会这边积极一下那边消极一下，一下好一下坏，永远在起心动念，没法如实地观照外在世界跟你的关联，也就谈不上真正的应缘。

徐：在跟您学习的这几年里面，听到您说得最多的就是“因缘之不可思议”。您说过，学佛最重要的是学“缘起”，那么我们对生命、对爱情乃至对所有事物的认知是不是都须基于缘起观？

林：缘起观当然是佛教的一个基础，但你如果把缘起观就当成一种信条，其实也背离了缘起。缘起是无尽的缘起，无尽的宇宙有无尽的缘起，所以有句话说：缘起为甚深法，惟大菩萨能解。它的复杂度远远超越于“杀鸡就变鸡”的那种世俗认知。

我们对于法的理解，其实是从实然的观照来的，而不是从接受一个法义而来。世尊不是接受哪一个佛的法义而说缘起法的，世尊是观照宇宙的万法而体得缘起法。禅家又被称为“佛心宗”，就是要回到那“能观的主体”，更去观照万法之间的缘起关系，而能这样，你就会有“因缘之不可思议”之叹。就像日本茶会讲的“一期一会”，我们今天在这里上课，只要一点点小因素的差异，在座的就已经不是同样的这些人了。而当你真正能领略“因缘之不可思议”时，也就会油然而生一种生命根柢的谦卑，有了这谦卑，很多事物你就不会只在我执、法执上一味议论与计较了。

我常用一些坐标让学生看看自己的人生有没有进步，其中一个坐标就是能否更能体得“因缘之不可思议”。

徐：关于应缘，我记得自己在刚刚接触宗教懵懵懂懂的时候跟很多初学者一样，面对不同宗教不同法门感到无所适从。我也问过周围一些朋友为什么选择信仰这个宗教、皈依这个法门，有的人说朋友介绍这个上师就跟着信了，有的人被某些教众拉去参加活动糊里糊涂就信了，或听说这个大师很有名慕名也就皈依了。我记得您在谈到这个问题时说，可以根据不同的“生命情性”选择不同的法门。从“生命情性”这个角度去关注修行法门是我从来没想到过的。

林：禅，超越二元，当然也超越药病这种二分的对立，所以它认为“药毒同性”。一个药用得好就是治病的良药，用得不好就是毒，还是得回到刚才讲的应缘应机的基点。

我们每人天生的情性、天生的禀赋都不同，现代教育越来越强调“适性的生长”，你如果扭曲一个人原有的本性，教育就事倍功半。同样，佛法也讲“根性”，修行这样一个彻底的生命转换更加需要对应你的情性，不同情性要给他不同法门，他才能应机，才会真正地受益。

我们现在谈修行，先不说外行，很多内行的也常抛开对象无谓地去比较法门的高低，却忘记了这个法门是适应怎样的人。就好像我们拿药来比哪个更好，却忘记了有些药是治心脏病的，有些药是治感冒的，怎么能说治心脏病的药就比治感冒的药好呢？但目前法门间的许多比较却就是这样胡乱比的，更就在这比较中增长了自己的贡高我慢。当然这里面也牵涉到各教派间地位与资源的竞逐。

我上课常打这样的比喻，从生命究竟来讲，菩萨的位阶如果像博士后，那我的程度就是幼稚园大班，你们就是幼稚园中小班，我们在这里夸夸其谈地论列圣者的世界、法门的高低，情形也就像一群幼稚园学生在评论哪个学校的博士后论文比较好般，你不觉得可笑吗？那些比较顶多就是我们的一种参考，时时地自我观照才是根本。尽信书不如无书，会有那么多的盲信就是如此。我们处在一个低阶的位置却把一些东西尽往高阶去谈，甚至妄论其中的高低，其实只是满足我们低阶的心理需要而已，可叹的是，这却是宗教界的普遍现象。

还是那句话，真实的修行永远是自家了自家事，适合别人的不见得适合你。自己的情性在哪里是个观照的根本，若涉及别人，也须先观照当事者的情性在哪里，这永远比孤立地去比较不同法门的高低更重要。

徐：即便发现法门不适合自己，很多人也不敢换。如果一个普通的老师你觉得他不合适你可以换，但是当我们面对一个教派或者一个上师的时候，也许是因为对“圣”的畏惧心理，即使不适合自己，很多人还是会说“我尽量让自己再去修”，不敢质疑自己是不是选错了法门。

林：就因这情形如此普遍，所以释尊生前就强调“依法不依人”，而我们现在就是过度的“依人不依法”。当然，宗教因为涉及到安身立命的问题，师徒之间就存在着一个更深的生命关系，这也导致你不敢质疑你的上师，甚至你已经发觉他有离经叛道的荒诞行为，你还在帮他做圣义解。

这一点，禅就非常特殊，它非常如实，讲究师徒相勘。过去禅宗兴盛的时代，“师访徒三年”，不是每一个徒弟你都能教的，首先是情性的相应，其次也看各种机缘是不是能和合，如此，徒弟才能够领受你的益而不是你的害。同样，也须“徒访师三年”，做学生的不只在各个丛林里访师，就单个老师也要详加观察，真确定这个老师可以，才正式皈依。

过去的禅门，师徒互鉴是个常态。也因此如果你在所谓的禅门里看到更多的权威，或最少跟外界一样有那种权威的存在，其实已经离禅远矣。禅可能是诸多修行里对权威权力观照最深的一个法门。

8

禅能给我们什么答案？
禅不是求得答案，是消解问题

徐：您觉得什么样生命情性的人更适合习禅？

林：从情性来讲，个性干脆利落，快刀斩乱麻，想要直取本源而不是在相上堆叠的人就适合习禅。

因情性不同、机缘不同，有些人在堆叠繁荣的世界里才容易感到安全或觉得自己有所皈依，习禅恰好相反。禅，要有一种澄澈的裸露，要能放下各种外缘的负累，以此契得一种畅快、一种了然，有这样个性的人就适合习禅。

禅家的基本个性就是剑客。你要做剑客，就不能有那些不必要的想法、不必要的牵连、不必要的装饰。一把剑握在手里，唯一的用处是什么？诛敌！而不是去想剑鞘装饰了多少，这把剑有多贵，招式出来美感如何，看起来像不像高手，等等。禅家是把我们习性的、后天的各种装饰都放掉，回到那事物的原点。

徐：这也是您那本书《禅　两刃相交》对我最大的改变和冲击。我以前理解禅就是生活禅，极简美学、生命减法之类的，但是从您这里我才知道原来禅的本质是剑客，要有如实、直面生命的勇气，在生命两刃相交时无所躲闪。所以禅的修行不只需要虔诚，更是一个需要极大勇气的事情，敢于直面自己的无明。

林：是如此。为什么我们说有问题才会想找答案，任何离开问题的答案都是虚妄的？一个人会发勇猛心，是因为他有一种烦恼的催逼，无论他能否观照到这烦恼的催逼是缘于无常或死生，但烦恼就在，为解决烦恼才会有一种毅力，才会生真正的勇猛心。虽然人在世间法里对很多事也会生勇猛心，但这时的心理是处在一种亢奋激越的状态中，修行的勇猛心不同，它一定有一种逼迫感在，不解决问题，他就心不得安。

徐：在诸多宗教诸多法门里，人们都是因为要解决心中的困惑才去接近宗教，您觉得禅作为一个法门与其他宗教的法门在解决问题的方法上有什么根柢的不同？

林：很多宗教法门是给你答案，而禅的特色是消解问题。

其实，原来整个佛法也都是这样讲的，只是在佛法的流布中，由于宗派的产生以及必须面对不同文化不同阶层的众生，它就逐渐发展成一个大的体系，但体系一大，也就常让我们忘记了它的原点。禅宗为什么叫“佛心宗”，就是强调要回到佛陀的本怀。佛陀的本怀就是佛陀证悟到众生的烦恼是来自于我们思虑的分别，简单地说就是“以心逐物”，我们的心作不得主，我们的心在自己的惯性习气里分别“这是对的那是错的”，于是就被习气拉着走，就在那里颠倒烦恼。作为一个修行者就是要把这样的一个“逐”字截断，把它停止，回到“能观而不动”的本心，回到能够照见万事万物、与物无隔的佛性上。

佛教讲的就是这样一个简单的道理：你的烦恼是因为你在思虑二元的世界里妄心追逐，你只要不妄心追逐，当下放下，你就得到解脱，禅只是把这样的一个立意讲得更清楚说得更明白而已。你觉得真有一个答案在，而执着于这个答案也是一种负累、迷惘和执着，仍旧是以心逐物。其实，人是有问题才会求答案，但问题是什么？问题是你制造的。生命的困境不是答案太少，而是问题太多。禅的目的是要消解问题而不是求得答案。

徐：在消解问题方面，我印象最深的就是“香严上树”的公案了。香严智闲和尚说，当一个人在树上，口衔着树枝，手不攀枝，脚不踏树，这时树下有人问他，什么是祖师西来意？若不回答他，有违他发问求知的一片苦心；若回答他，自己立时丧身失命。当这种情况发生时，应该怎么应付？大多数人都在求答案——回答还是不回答，而禅家会问：为什么会上树？怎么会把自己弄到这样的地步？这看似没解决问题，但却让我明白，只要上树，就是无解的。

由此更进一步想到，我们的人生怎么会一次次把自己逼到上树的地步？比如我们假设人生有什么（金钱、权力、美色）才会怎么样，这些假设其实都是伪命题，都是在让自己不断地“上树”。类似的公案，禅宗有很多。最初有点看不懂，后来越来越明白禅宗的立场，禅不光不给你标准答案，有时候连答案都不给你。消解问题，就是不必有答案，直逼事情的原点，是对生命状态的一种提醒和棒喝。

林：禅，是不给答案的。禅的意思是原来就没有问题，何来答案？

徐：您说过很多问题都是伪问题，都是一些主观假设的问题，把不是问题的问题当成问题，这些问题有些至今还被人津津乐道，类似“生命是有限的，艺术是永恒的”这样的问题，讨论者还自认为探讨这样的话题很哲理很高深。

林：对于艺术永恒的问题，我艺术学所的艺术家学生也喜欢讨论，我就问他们一句话：如果世界上只剩下三样东西——黑猩猩、香蕉、毕加索的画，哪一个是最无用的？什么艺术是永恒的？鬼扯！艺术是因为人而存在的，艺术是人创造的，没人，谈什么艺术！产生艺术永恒这样的妄念，根柢来说，就是佛陀所讲的“我执与法执”。一般人不会说艺术是永恒的，只有艺术家讲艺术是永恒的，这个就是“我执”，因为只有这样我才能够呈现自己的价值；又或者是“法执”，也许讲的人真的是太爱艺术了。但无论是想呈现我自己的价值，或我太爱艺术，其实都是蒙蔽了对事物如实的认知。

徐：类似这样的问题还有很多，比如关于“普世价值”。我记得阔别多年第二次见到您的时候，正是《查理周刊》事件备受关注的时候。2015 年 1 月 7 日，以刊载讽刺性政治漫画为特色的法国媒体《查理周刊》因为刊载了侮辱穆斯林领袖的漫画而遭到恐怖分子袭击，导致 12 人死亡，300 多万人上街游行。对于这个事件，我周围的朋友也分成了两派，一派认为法国万岁，誓死捍卫自由、平等、博爱这些“普世价值”，另一派认为法国媒体侮辱穆斯林领袖的做法值得商榷。两派论战打成一团。

我当时有缘与您再次见面，问了您一个问题：我既反对恐怖主义，同时也认为《查理周刊》过激的做法不妥当，但又很纠结：自由、平等、博爱以及伏尔泰所说“我并不同意你的观点，但我誓死捍卫你说话的权利”这样一种主张难道不是“普世价值”吗？不应该被所有人接受吗？您的回答是：为什么你认为自由、平等、博爱理所当然应该被所有人接受？这个假设的前提存在吗？

林：现在很多大陆公知爱大谈特谈普世价值，我对于谈普世价值这件事，一方面当然有禅家应病与药的观照，也有我过去人类学专业的训练。从我们人类学来讲，普世价值只有两个标准：一是它有一个近乎先验性的基础，没有它人类不会存在，比如近亲结婚就不可以。第二是我们从目前现存的两千多个大大小小不同文化的调查中发觉它的普适性，每个文化都出现它的存在。譬如说台湾有人曾提出“多元婚姻”，认为婚姻就只是彼此的关系协议，可以跟性别无关时，我就会提醒大家，在过去的研究里，所有的社会，一夫一妻的“家庭”都是它的构成基础，没有例外的，这就是普世性。除开这些，其他价值都是发展出来的，都有它的历史形成原因。

我们晓得人类行为的复杂度绝对不是我们站在单一向度的观点上可以完全理解的，许多人在谈“普世价值”时有一种自以为是的知识与道德的优越感，但这些价值是否普世，并没有经过一个客观的检验，这里面往往存在着极大的傲慢与偏见。生命与社会原就是一个复杂的复合体，用单一的价值凌越其他价值常就会出现问题。

当年陈映真与龙应台曾在台湾打过一场笔战。陈映真因为是一个社会主义的坚持者，而且还是比较老派的那种社会主义，所以在论理上常会让人觉得过时，而龙应台笔锋原来就锐利，再加上谈的又是自由民主又是所谓的“普世价值”，态度上更加咄咄逼人，但最后是台湾成功大学一位教授写的文章结束了这场笔战。他其实讲得很简单：你们谈的这些都是生存之后的问题，如果今天是一个埃塞俄比亚的难民，这些问题都没有。

所以很多问题的存在或者它的意义，还必须回到“人可以为人、人的生存”这个基点来看，只有回到这个基点才能有它的坚实性，其他的都是相对性的。当只是相对性时，大家讲话也就不要说得这么满。

就像自由、平等、博爱，看来是放诸四海而皆准，但里面也都有个度的问题，你空泛地谈它，其实也是一种“以理杀人”。

徐：关于消解问题，我最大的感触是禅对于二元对立思维的打破，不光是对于普世价值这样的大问题，也包括很多生活中纠缠我们的小问题。我原来做的《时尚 COSMOPOLITAN》杂志面对的读者是 25 到 30 岁的女性，我发现这个年龄段的女性很多的困惑都是二元对立的：找一个你爱的人还是爱你的人？女人要干得好还是嫁得好？……这些话题在今天的网络媒体上仍然比比皆是。为什么人们喜欢用二元对立的角度去思考问题？

林：因为要找个依附，简单说就是这样。如果我们今天不是二元对立的，除非你通达而圆融，否则你就找不到一个明晰的依靠。换句话说，当我们活在一个二元对立的世界里，某种程度也就映现了我们内心的不安。因为我们急于找到一个清晰的依靠，所以我们一定要分清正邪，一定要分清彼此。但如果你是一个内在圆满的人，这些东西对你来讲都是应缘，可用就用，不可用就丢，它没有绝对的意义。

徐：我们往往在答案那里讨论得死去活来，却没有发现问题本身就是伪问题：为什么不能找一个你爱而且爱你的人？干得好跟嫁得好真的矛盾吗？会发现确实如您所说，禅的目的不是给你答案，而是消解问题。

林：我们认识世界一个便捷的方法是透过分类，学问也是建立在分类上的。分类有它的方便，但也有它的副作用。就拿你所举的感情问题做例子，我们对感情的分类常常是太粗略了，人是多复杂的生物啊！还记得《归零》里我那句话，“夫妻，恩怨情仇；朋友，爱恨交加”，但我们就把感情分成爱情、友情、亲情，好像这个分界线是截然的，其实不是。我们的感情可以是很复杂的，对一个人的感情更可以是几种情感不同比例混融的结果，而这比例还不是可以清楚分析的，它是一个化合物。

徐：异性之间有没有纯粹的友谊？您以前上课也举过这个例子。您说，怎么定义“纯粹的友谊”啊，这本身就是个模糊的概念，本来两个人还挺纯粹的，被你一问就不纯粹了。类似二元对立的例子还有很多。“不二”其实是佛教的一个基本概念，并不是禅独有的。您觉得禅家在应对这种二元对立问题的时候，跟佛教其他的法门在应对的时候有什么不同？

林：在禅看来，“不二”不是一个教理，不是一个训条，它不只是行者要实证的究竟之地，它更是生命的本然。只要你把原来的习气去掉，你就回到这不二的本然。我们透过各种外在的教诲，包含佛法中的一些法门，要来设法契于不二之境，在禅看来还是有危险性的，因为你还在追，你还立了一个“圣”，这个“圣”又跟其他的“凡”对立起来。禅告诉你，凡圣皆破，你把这些都放下，就回到那个不二的本然。

9

禅不回答没有主语的问题，生命如人饮水，冷暖自知

徐：您还说过，禅不回答没有主语的问题。我发现我们经常会问一些没有主语的问题，把一个具体的事情概念化、笼统化。比如以前我们杂志带着读者的问题请教两性关系专家：怎么找一个好男人？专家反问道：具体对你来讲什么是“好”男人？是老实叫好，还是事业成功叫好，还是性能力好叫好？……后来我发现这种思维方式非常普遍：考研好还是找工作好？去大公司好还是去小公司好？结婚好还是单身好？……您觉得人们在问没有主语的问题的时候，是不是也是对自我的一种逃避？

林：全称性地说问题，看来是让自己底气足，其实也反映了内心的虚。我反复强调，面对生命问题，禅的立场就是“如人饮水，冷暖自知”。只有应机才有对或错，只有有对象才有对或错。很多佛教徒动不动就说众生如何如何。“众生”是一个宽泛的概念，蛇咬了你，蛇也是众生啊。我常常跟学生讲，如果某个上师告诉你：有一个法可以通万事，你就不

要理他了。现在理论为什么会越做越高大上？我们可以看见学界有许多人理论讲得洋洋洒洒，生活层面却一无是处。按理说如果他的理论是真因体践而来，即便有落差也应该不大。会有那么大的反差，就说明无论是专家还是一般人都对理论过度地依赖与信仰。总之，我们对理论与自己生命的关系要有一个观照和辩证，这样才不会太被无谓的问题所拉扯。

徐：把生命的事情抽象化、概念化、数字化、理论化是我们常常会犯的错误。您举过一个概念化的例子我印象特别深。云门禅师说：日日是好日。想想我们自己也常把“春有百花秋有月，夏有凉风冬有雪”挂在嘴边，但是您问了几个问题：什么是好？你有这个念头会好吗？你经常被现象所左右，这是好吗？

除了概念化，还有数字化，现代人很喜欢把自己的感受套在概率的数字化里去衡量。经常会听到这样的感叹：某某明星某某神仙眷侣都离婚了，所以我再也不相信爱情了。其实别人的爱情，那些离婚率的统计数字跟你有啥关系啊？

林：现在到处都在谈大数据，现代人基本上就活在统计学里。比如你得了病，我们有太多人告诉你，你这个病百分之多少会好，其实你属于会好的那一部分，你就是百分之百会好，你属于不会好的那一部分，你就百分之百不会好。对我们个人来讲，没有一种病叫作 15% 会好，85% 不会好，没有。但我们往往就把这些统计上的东西当成自己生命的实然。

学问多是分类、归纳来的，归纳来的结论跟活生生实然的存在都有一段距离，我们现在却把这两者混在一起。混在一起是使我们的生命有轨迹可循，但问题是这轨迹有它颠倒的本质，是不能尽拿来用的。

徐：您在上课时提到，禅在回答问题的时候是“没有立场的立场”，同样一个问题应对不同的人有不同的答案，有很多类似的公案。

林：对此，我比较常举的例子是西堂智藏的问答。有人问他：有天堂地狱否？他说有。那人再问：有佛法僧三宝否？他也说有。这样继续问了好多问题，西堂尽都说有。这人最后疑惑地问：和尚这么说，是不是错了？面对疑惑，西堂回问这人：你曾见过高僧吗？这人说：我曾参过径山和尚。西堂再问：那径山是怎么说的？这人回道：他说一切皆无。西堂接着问：那你有妻否？这人说有。西堂再问：径山和尚有妻否？回说无。最后西堂说：那径山说无也就对了。

这样因对象、因机锋啐啄而说有说无，更典型的例子是“即心即佛与非心非佛”。即心即佛，是一切都从相容性、相即处入手，谈肯定；非心非佛，是一切从相离处、相违处切入，谈否定。从我们世间的学问和方法来说这两者是完全悖反的，但禅不然，它应病与药，因机而发。不只不同的禅师各说即非，即便同一禅师，也有时说有，有时说无。

法无定法，禅从来不会告诉你一个定法。日本禅家铃木大拙曾在书里谈到 20 世纪 60 年代一个真实的故事。一个美国年轻人受嬉皮士影响到日本习禅，早上起来看到禅寺和尚在恭敬地礼佛，因为在美国习禅要你很直率地表达，他也就讲出了他的感受，他说：在我们美国习禅，早上起来就是对着佛像吐口水的。听了这话，禅师却平静地说：那你吐你的口水，我拜我的拜好了。在禅，是不会离开对象而去论列吐口水和礼拜谁是谁非的。

徐：这需要一个人内心的独立自主，当自我定力不够或者心怀恐惧的时候，我们常常会扑向一个大师，把他当作心灵的拐棍。我身边就有这样真实的故事，一个创业的朋友前一段时间卖了公司的股份，我问他为什么选择今年卖，他说他皈依了一个仁波切，这 3 年来每年见仁波切都问对方自己要不要卖股份，之前仁波切都说不要，今年说可以了。他在说这个事情的时候，没有觉得有任何吊诡之处，反而觉得因缘是天意决定的，而且颇有一种“我有上师加持”的得意感。

林：搞不好那个仁波切是被他问烦了！之所以会如此问，还是因为人们急于求得答案。南怀瑾有个学生曾经问我：林老师，你一生修行最大的得力处是什么？每次遇到这样的问题，不同人我是给不同答案的。而这次我的回答则是：一生习禅，从来没有做彻底透脱的打算，只愿意永远走在道的路上。他当时眼泪就掉下来了。我们许多人原来以为可以赶快找到一个依靠，然后从此安然，但事情不会是这样一条线的，禅者会提醒你，你只要如实地走在道的路上，尽管没有到达究竟之地，但你如实地活着，就有虚浮活着所没有的，那种近乎彻底的安然。也就是在我们了了分明于自己贪嗔痴起落的当体，本身就是一种安然，而不是一定就要离开贪嗔痴找到一个没有贪嗔痴的地方。我只是提醒他：你不要想寻求一个究竟的安然，你如实活着的当体就是安然。

10

修行与哲学有什么不同？
哲学只需要知道，修行需要做到

徐：作为一个跟您学习了 4 年禅的人，我自己的感受是禅的如实让我不会有一种逼迫感。之前很怕接触宗教，感觉都是让你要彻底放下，要断舍离……当我还在红尘打滚、在职场出入无法做到那些的时候，您告诉我：观照是出离的开始，日常作务就是修行。我身处时尚界，有时候觉得那个外表光鲜、盛装奢华的我并不是真实的我，以前我会分裂会纠结，习了禅之后我更加释然：我会观照这种纠结，明白自己是在戴面具扮演一个角色而已，知道那并不是完全真实的自己。人最可怕的是面具已经撕不下来，和脸血肉模糊粘在一起。

林：修行是一个过程，还是回到那句老话：作梦中佛事，建水月道场。你晓得虽然是梦中之事，但你做起来还是会有一种很明晰的觉知，知道在这里面既可应缘又可锻炼，我讲过“不辞入世深”就是这样，入世，其实不是坏事。因此学佛尤其习禅，在每一个行业里都是可以的，只要你保持这样的觉知，有这样的心态。

徐：修行的过程中，在面对自己的无明的时候，是不是通过它比压抑它更好？赫尔曼·黑塞的《悉达多》写的就是这样一个故事。古印度贵族青年悉达多孤身一人踏上求道之路，在繁华的大城中结识了名妓伽摩拉，并成为一名富商，历经各种肉欲、财富、名利的享乐，最终抛弃世俗的一切，在试图结束生命的一刹那得到顿悟。书中说，任何人无法通过教义获得救赎，人必须要经验自身。这种追寻的勇气是很让我震撼的。那么我们该如何面对自己的欲望？压抑它还是经历它、通过它？按照自己的欲望走是不是禅家所说的出出入入呢？

林：不能就这样概泛地谈，如何做还是个体的问题。禅家会提醒你，如果你要从这里解套，不是去压抑它，压抑它可能就会把自己闷死；也不是顺着欲望走，顺着它走你也可能走到完蛋。我们为什么要讲观照，就是观照你的起心动念，你要逐渐能够观照一件事物的轨迹、它的来龙去脉，清清楚楚了解自己在干吗，其实你已经一定程度地超越了，或至少是不那么迷迷糊糊地为它所转了。

比如说我们都要成功，但我们没看成功的内涵是什么，那种成功跟我的个性、跟我个人的关系的意义是什么，而尽说些所谓成功学的理论。没有观照，就没有解脱的可能。我有一句话，你可以参下：*不是有一个光明，是知道黑暗的本身就是光明*。这种观照是持续一生的事，直到有一天你不会为欲所使。

其实修行就是个人的事，修行不会保证你在这一世一定会成就，修行更没有各种对未来的保障，但修行就是可以看到自己的步履斑斑。我记得有一年我在台湾慈济演讲，有人问我修行这么多年最大的成就是什么，我回答说：今年 47 岁，我可以很有信心地告诉你，47 年来今年最好；明年 48 岁，也可以告诉你，48 年来今年最好。这就是修行了。

徐：我自己的一个感受就是这些禅宗的道理我们听您说过很多遍，也自认为明白了，但是一遇到生活中活生生的问题的时候还是经常会完蛋。比如明白每一个人的因缘不同，世间法的成就不是努力就可以达到的，但是如果你的老公挣钱比你少靠你养着你能够欣然接受吗？比如明白人生无常，但你真的得了癌症还能坦然接受无常吗？我相信老师您在修行过程中也经历过很多具体问题的修炼，有什么经验可以分享吗？

林：什么是修行？修行是“化抽象的哲理为具体的证悟”，这是修行者和哲学家的区别，哲学只需要知道，而修行是要做到。

证悟是要把抽象的化成具体的，它不是一个瞬间的转换，都是透过一件件事情锻炼而来的，所谓“以事显理”。修行如果想着一蹴而就，靠个信仰就可以改变你的身心，是把生命看得太简单了。

谈锻炼，有些锻炼来自于一种不同向度、不同层次的观照，比如你刚才提到老公挣钱的问题，人要老公不是只为了钱，根柢还是他爱不爱你、你看他顺眼不顺眼的问题。夫妻的关系本就是一个丰富而复杂的关系，你为什么要用单一的线条把它串起来？有些事情就是透过这样的一种反思而得到纾解，你才能把它放下。

还有一些锻炼途径则更根柢更直接，比如打坐。打坐是一个把抽象哲理化成具体证悟很重要的手段，它除了可以让心更澄澈之外，更可以回到“生命的不动”，只有回到生命的不动，你才能察觉哪些动是妄动。

如果你只在动里看动，不是入于这个动就是入于那个动，其结果也就只在“此亦一是非，彼亦一是非”中转。当你回到禅坐的不动，你才晓得这些起心动念都只是自己的妄念，都是自己在那里攀缘附会的。这样的一个实际锻炼是禅者修行的基础。

徐：我以前不理解为什么要做工夫，打什么坐？念什么经？我甚至觉得这是一种愚信的人佛头佛脑的一种行为，因为我确实看到周围有一些人天天磕大头、打坐、念经，但是你听他的谈话、看他的行为都离佛远矣。经过跟您学习，我才深刻地理解修行不只是拥有智慧，更重要的是把智慧化作行动，真正地知行合一。知行合一是一个特别难的过程，而且不是一日做到，要日日做到时时做到，所以要想不退转，确实需要做一些工夫，让自己随时能尽量回到禅那种不动的镜体状态。所以我现在理解了日日修行、观照、打坐、做工夫是多么重要，而不像以前认为修行是一件很容易的事。

林：在修行这条路上当然各种类型的都有。因为生命情性不同，有些人必须先在理上有一定的领会才会在事上有一定的体现，而有一些人则是得从事上有一点相应才会去追寻理的领会。但无论是什么途径，修行总有一个比较本源而不是只在相上做工夫的做法，打坐就是这样。

打坐永远是一个修行人必须去做的功课，无论你用什么样的形式，它跟你刚才讲的磕大头、念经这些还都不一样，打坐就是冷然地看着自己，冷然地坐着，于是能够以本源的不动观照我们外在的动，这是一个修行者要了知自己、了知万法必要有的生命状态。你今天磕大头、诵经，你也可能就像追逐名牌一样还是一种追逐，因为没有一个不动的东西在里面。

打坐是让人回到一个心平如镜的状态，于是能够如实地照见万物，这个万物还包含自己的起心动念。我们晓得，从哲学上来讲，自我是最有意思的，它可以同为主体与客体，它可以自己看到自己，打坐是让你自己看到自己，但其他的修行方式不见得就能让自己看到自己，它们可能会增强你的信息，可能会让你某些方面更加精进，但是在照见自己上就没打坐那么清晰。

徐：我今天还不是一个真正意义上做工夫的实修者，一直在修行的门外晃悠。因为我还是会有一种执念，我不知道这叫不叫狂妄：难道非得通过打坐、做工夫这样的实修才能达到某种境界？难道就真的不可以通过智慧的修炼达到一种定力进而做到知行合一？

林：虽然我们讲顿悟，但还有一句话：“理须顿悟，事资渐修。”生命是一个身心的和合体，你想改变它，就一定要透过锻炼而得。这个锻炼就是让你的身心进入某种状态，否则你所谓的智慧就是佛家所说的“干慧”，干慧是发不出源头活水的，它更可能是妄念的一种装饰，因为你没能把自己沉静下来，没有让自己的身心入于某种状态。我们在人这个层次，心一定受身的影响，身也受心的影响，整个生命又无时不在思虑中，只有让身心回到某种状态，你才真能“契于法性”，如果没这，就只是量的差别，不会产生质的跃进。

徐：我跟您学习一个最大的收获就是我重新理解了什么叫修行。我曾经认为修行就是热爱智慧，跟哲学是一样的。我在上大学时杂七杂八读了一些跟宗教有关的书，很受奥修的影响，认为宗教性存在于万事万物之中，当你看到日落之美，当你看到一朵花开，你的内心会升起一种宗教性的情感，所以何必苦修？

我最初的宗教观还受一个教外国文学的老师的影响，他说宗教终极的意义就像天上的月亮，不同的教派就是指向月亮的手指，不要过多纠缠于手指，要关注月亮。而我认为这个月亮可能就是所有宗教都倡导的一些真善美的东西，一些宇宙终极真理的东西。

所以很长一段时间我觉得不必修行不必信仰什么宗教，只要拥有这些智慧，只要追求真善美的东西就是有信仰了。但是通过跟您的学习我了解到修行要做工夫，修行一是修的见地，二是修的工夫，你所体悟到的智慧如果不能实践到你的行为，不能在生命两刃相交时解决你的问题，那么知道做不到等于不知道，这也是我今天辨别真假修行者的一个准则。

林：有工夫，你的境界才不会出出入入。当然，也许在你看天边晚霞的那一刹那，你果真是契于直观圆满的世界，但一阵风过来，你又出来了，这样还是一个起落的生命，你还是在颠倒。我们为什么讲做工夫，无论悟前的工夫还是悟后的工夫，都是让生命坚固。就是说这样的一个状态成为你本然的状态而不是偶发的状态，不是在特定的因缘下你才能够出现的状态，今天晚霞很美，你就契于本然，明天风狂雨骤，你又慌慌张张，这不是修行。所以我一直强调不能用美感代替禅，那是最丧身失命之所，容易因这眼前的美而忘记了你得下工夫才能使生命真正坚实。

11

宗教都讲超凡入圣，禅宗独讲超圣回凡

徐：您说过，禅是一个彻底的自力法门。这是不是对修行者要求更高？

林：自力或他力，当你把它看成是趋向解脱的一个重要条件时，在心理上，许多人就不免会排斥自力这种自己承担的方式；但当你能领会我刚才讲的：如实地走在道的路上就是生命最大的坚实，那自力就是最大的殊胜。在强调他力里你往往不能如实地领略现前的一切，不能活得如此鲜明。

日本禅家喜欢用“鲜烈”这个词，鲜明而炽烈的一生，鲜烈地领受自己的存在、自己的轨迹，能如此，自力就不会形成负担，因为你是如实地活着。但如果你寻求的只是彼岸或他方的解脱，自力就会变成一种负担，你会觉得不如就拥抱一个他力好赶快到西方极乐世界去。

所以谈自力、他力，要看它是不是成为负担，是不是障碍了你的某些生命领略，它们在应机上各自的优劣还要从不同的向度来看。譬如说，

我也修过其他法门，修时也都还有一种所谓宗教上的相应，但后来我都把它放了，我反而不是像一般人整天把解脱挂在嘴边，对我来讲就是如实地活着，这实在，不是一般人说的我踏实、接地气地生活，是“清楚”地活着。

徐：您提到自己屡次被问到这个问题：您开悟了吗？您说，开悟不只是山崩地裂，不只是我们想象的狂喜，某种“渐渐地明白”也是悟。

林：在禅门里一般来讲，临济“看话禅”的开悟跟曹洞“默照禅”的开悟是不一样的。临济的开悟会有狂喜，“千年闇室，一灯即明”，有一个暗跟明的瞬间转换，是瞬间“照破”的；曹洞的开悟就像我们微调的开关，是渐次而明，甚至到完全明了行者都没有明的观念，是自然地浑然一体。

徐：相比起其他法门，佛教的诸宗经常讲超凡入圣。我就亲耳听到一个佛教徒在谈到为什么信仰佛教时说“我想成为他（佛祖）”。而禅宗一直在讲“超圣回凡”。您觉得超圣回凡是一个修行者在进入宗教之后非常重要的观照吗？

林：从禅来讲当然非常重要。因为如果你还在圣，圣凡还是两端，还不是不二。但几乎所有的宗教都讲超凡入圣，不太讲超圣回凡，舍离凡是行者一生追求的翻转，要从此岸到彼岸。但禅讲，我们的烦恼都来自于以心逐物的二元分割，所以诸家的超凡入圣就不是一个终极的解脱，你一定要把凡圣都打破，一定要超圣回凡，要凡圣一如，这样才能真的回到我们自性的当体。镜体，是没有圣凡之分的。

禅门的公案、机锋都是对行内人讲的，是针对那些超凡入圣的行者讲的，因为对修行者来说凡情的东西对他不形成太大的吸引，所以你不必告诉他要舍掉凡情，反而从禅来讲，还更强调超圣回凡，凡圣一如，提醒“见山不是山”的行者，要往前一步，“见山只是山”。

徐：《禅者的初心》里有一段话我印象很深：“佛陀开悟了，并不就因此摆脱了业的羁绊。当他的国家与强国开战时，佛陀告诉弟子，他的内心无比痛苦。开悟了也仍然会有痛苦，仍然要继续修行。但是开悟却让他对生命的观点变得无可撼动。”所以是否可以说，开悟是我们生命的一个支点或者一个起点，而不是因此一切都解决了？

林：对，悟后起修指的就是这个。悟是什么？我们常常把开悟想象成一个境界，跳过了一个境界就会如何如何，但禅门修行用另一个字眼来描述这样的状态也许会更精确，那就是“见性”。“见性”，就是你亲证那不生不灭的本心，回到这本心，外在的烦恼其实就只是相上的东西。你能亲历这样的生命状态，就知道人原来可以如此，对修行，你就有一种真正坚固的信心在，所谓“直至如今更不疑”，往后所做也就是一步步把你多生的习气给消除掉。

从这一点来看，“见性”是真正修行的开始。前面的修行还在为自己的这些烦恼起落不清不楚，“见性”的时候就清清楚楚。“不疑”的意思是不退转。我们刚才提到很多宗教界的怪现象一定程度是来自信心的不足，我们必须依存某些现象才能坚固我们的信心，一旦现象不存在了，我们的信心就会崩解，就会退转，但真“见性”是不疑的，你晓得就是这样，也就一直走下去。

12

追逐仁波切念珠
跟追逐名车财富最后的痛苦是一样的

徐：中国人对于禅是很亲近的，除了因为禅宗是佛教传到中国后中国化的产物，更如您所说禅跟中国人的生命情性更加接近。那么禅在应对问题的方法上更强调直观，是不是也带有东方神秘主义的色彩，与西方更强调理性的哲思有很大不同?

林：其实，神秘主义这样的一种分类比较上是西方概念下的分类。对西方来讲，人类认知事物要诉诸理性，上帝所创造的宇宙必然是井然有序的。尽管爱因斯坦的相对论一定程度也是超越了西方古典物理学的设定，但他下面的这句话却非常古典，他说“上帝不玩掷骰子的游戏”，也就是说上帝是明确的。对西方来讲，明确是必要的，明确，才能够验证，并由此而体得造物主的存在；不明确的东西，基本上是离乎上帝的，因此神秘主义这样的一个词语在西方是有贬义的。

但对东方文明，尤其对其中的代表——中国跟印度来讲，他们不是这样来看的，他们都不设立一个终极的造物主。尽管印度看来有一个类似造物主这样的神，比如梵天，但不会将它一神化，也不会认为人类透过理性能够接续于梵天的旨意。也就是说尽管中印很不一样，但有一点是相同的，就是都认为人类的感知是有限的，不能只用理性、感性了知宇宙的当体，必须透过特殊的管道才能体得大道。从西方角度来看，神秘主义就是东方这两个文明的根源。

徐：虽然中印文明都带有神秘主义的色彩，佛教更是发源于古印度，为什么禅却在中国产生呢?

林：从西方狭义的观点来看，禅所印证的“直观”，他们以为就是神秘主义，但其实禅的直观——“悟”，与印度教的“梵我合一”，还有本质的不同。禅的这个直观必须是“两端俱截断”才能契入的，而这种契入会在中国大成，则与中国文明的人间性有关。

尽管从西方的角度来看中国和印度都是神秘主义的国度，但中印文化的基本个性还是非常不一样甚至是两极的。印度是一个彼岸之国，非常强调超越性，所以我们就看到印度人对现世种种的不公可以有一种极度的接受力，毕竟现世一切的意义都在指向或反映那个超越的彼岸。但中国文明像我们前面提过的自来就人间性极强，它没有一个清晰的彼岸可言，它只有个“天”，这个天是一个既清晰又概泛的存在，而天的一切又体现在人的身上，正所谓“天人合一”。从这样一个角度来看，人的生命其实就已蕴含着天，人间就蕴含着超越。而禅常讲要凡圣一如，要此岸彼岸是同一件事，这才是大成。中国人间性的超越就为禅的发展提供了一个这样的文化土壤，禅才会在中国大盛。

徐：谈到神秘主义，包括禅在内所有宗教在中国的一个怪现象就是怪力乱神的事情非常多，很多人亲近宗教，拜各种师傅也都是为了让师傅去保佑去加持，给自己算命、改名字、改运势，等等。您在谈到自己的经历时说虽然您也有过神秘的体验，也见过一些超自然的经验，但是您并不愿意谈这些神通的东西。

林：为什么会有那么多的神道设教？就是因为我们拿圣来达成我们凡的目的。我们去拜拜时不是求取我们的超越，拜观世音菩萨就是为了保佑我们名利双收，保佑各种东西，这就使得神道设教有可乘之机，他不是把你往超越上引，而是假超越之名来喂饱你俗世的需求。这在中国是一个比较普遍的现象，所以很多人才说中国人的宗教行为多属于交换性的行为。

我不太喜欢去谈神通，不是我否定神通。就好像生命不灭是我们人存在的一个心理基点一样，我们要超越的一个预设基点是什么？就是有超过人的生命状态的存在，要不然就无所谓超越，你就把人活得好好的就好了。但人活得好，我们的基底困顿都还在。所以说，当你有一个宗教或修行的追寻时，不管你怎么讲，其实也已预设了有其他更高生命状态存在的可能。从这样一个角度来看，在理上，所有的宗教必然关联到神通。所谓神通，神之通也，人所不能者谓之神通。坦白讲，故意排斥神通去谈宗教是不懂宗教，我们汉传佛教很多人斥责神通瞧不起神通，我是不赞成这个态度的。少谈神通针对的主要是在我们这人间性的国度里谈神通会带来许多的流弊。

徐：都会带来哪些流弊呢？

林：首先，神通原来指涉的是这种超越性的存在，但当我们把所有的神通都拿来为世俗服务时，这超越性就瓦解了。

其次，从佛法来讲，神通它还不是一个究竟的解脱，它是一个在不同生命境界里的副产品，就好像人能够有预设性的思考一样，危险还没到时我们就可以想象危险到时会如何，而许多动物都是危险真到眼前时它才知道躲避。对动物来说，人的这种能力其实也是一种神通，但这个能力跟解脱无关。过度地言说神通就容易把这个副产品当成主轴。

再有，就是从禅的角度，真正的神通要是游戏神通。就是在诸相里，在各种状况中，你能出入自主，这才叫神通。为什么神通一定是两个手指头啪一下有火花才叫神通？其实，妙笔生花也可以说是一种神通，他这里也是神而通之是不是？但我常讲艺术家是“敏于一根而为一根所夺”的生命，他还是不自主，啪一下手指打出火花的人也还是不自主。总之，你作为人，还是被人的状态所夺，而做有神通的，比如佛家六道众生中的天人、阿修罗，也一样被自己那道的生命状态所夺。在禅，这都不是究竟的解脱。

徐：但作为普通人，这些诱惑很难抗拒啊，确实看到或者听到周围的什么人通过改名字啊，算卦啊，加持啊这些神道外力的作用改变了运势，于是自己也不由得会去想，我为什么不去做？

林：这还是以心逐物，会这样想就说明其实你还是没观照到：追逐的本身就是无明的开始，就是一切烦恼的开始。追逐仁波切念珠跟追逐名车财富最后的痛苦是一样的，你今天会因为一个神通或依于哪个上师而得利，你哪一天也就可能死在那里，因为你会依赖它。依赖于心外的法，永远是烦恼的根源。

佛法讲，领略无常，才会希望解脱。如果我们今天不能感受无常，就活在世俗里，我们的作为其实都跟学佛无关。

好，就算有人的确在这样的一个作为中间得利了，其实以因缘之复杂，你也不晓得是怎么一回事。到底是因为上师那句话，是因为作的那个法，还是就瞎猫碰上死耗子，从人的认知层次来看，它其实是不可测的。但正因为我们有太多的欲求，我们就会在这中间做一个因跟果的不如实连接：是因为上师那句话所以我才得利的，是因为他那天加持了所以我才改变命运的。如果这么简单，如果真有仙丹，世界上怎么还会有死亡？

徐：道理是这样，但是看到很多明星、富豪都这么做，我们常常会受蛊惑，因为比我牛、比我有钱有势的人都在做这些事啊。

林：我问你，最牛的人是谁？最牛的人就是古代的皇帝。现在有哪一个人权势像古代皇帝那么大？你只要去故宫看就会知道，有多少皇帝在里面做了多少密教的坛城，请了多少的国师，一年 365 天因时因地为他祈福，还不是该败的就败，该死的就死？如果你听到一些所谓的传奇故事，他一定有很多我们不可思议的因缘在里面，绝对不是这单一的一面。而所谓“不是不报，时候未到”，也不见得就一直好下去，即便好下去，无常仍然会来。你一直求着上师映现了什么？映现了心里的不安。如果安你还求什么？“独坐自有一灯明。”为什么我强调要打坐，当你能够决然独坐而绝无所求时，你其实已经在道中了。

徐：问您一个私人的问题，请您如实回答，在您70年的生命里，您有没有算过命改过运？我们知道很多佛教、道教大师自己也都精通易经算卦什么的。另外有没有您的弟子求您给他们这么做？您怎么回答？

林：勉强“被算”一次吧，说是“被算”，事情是这样子的：二十几岁时，朋友算命我陪着去，一坐下来，我这朋友还没问，算命师就噼里啪啦讲，说我朋友将来会有五部车三栋房子，顺带连我也说了上去，也是说有几部车几栋房子的，朋友很不好意思，我就笑得要死。

其实认识好多位职业算命师，但我一生不算命也不看风水，不是否定这里所说的一切，是禅家的态度本就如此。

如果想算命，你就去读下《了凡四训》。袁了凡年轻时算“皇极经数”，批流年无有不中，所以他相信任何事都进退有命。有一次他去栖霞山见禅师云谷会，云谷会接机是有叩才有应的，但袁了凡自认为已没什么人生问题，也就与云谷会对坐一室，凡三昼夜不瞑目。云谷会很诧异，问他：凡人所以不得作圣者，只因妄念相缠，而你坐三日，不见起一妄，到底为何？等到袁了凡告诉他“荣辱死生，皆有定数，即要妄想，亦无可妄想”时，云谷会反而笑说：我原以为你是豪杰，原来只是凡夫。你只晓得命已定，却不知道运可改。云谷会后来告诉他两个改变命运的方法：一个是自体心念上主体的改，也就是改变心性，让他持准提咒，做到“持中不持，不持中持”时，但得念头不动，命就改了；一个是外在行事上做功过格，例如：杀人一命是多少过，救人一命是多少功，积到一定功德，命就改了。袁了凡原以为自己秉性善良，只要一些时候就能积满三千功德改变命运，结果却没有，这才发觉自己平日许多行径也都在造孽，只是不自觉而已。后来他就更加检点自己，之后命也就大改了。所以 69 岁时，他才写下《了凡四训》给儿子，其中的第一章《立命之学》就是从对算命的态度谈起。如果想算命，《了凡四训》就要好好看一下，这样至少不会盲信，不会完全依赖它。

如果更进一步，你可以去读《楞严经》，看它最后所列的“五十阴魔”，佛法谈宇宙的生命形态有很多，当你有所求时，这些魔就应你的求进入你的心，所有去求上师的人都应该好好看看，说不定你的上师其实就是第几号魔。

谈到这里，我也说说我自己，有的学生也说梦到我在梦中给他提点，我只能如实告诉他，那不是我，因为我自己还没有修到醒梦一如的境地，我更无法化身无数，我自己都睡不饱了，哪有时间管别人的闲事。我会很如实告诉他，那个跟我无关，不要在那里胶着。

13

禅家棒喝不是脑筋急转弯，是为了让你跳出惯性的世界

徐：说到神秘主义，禅作为直观无别、见性成佛的法门也让很多人觉得有点唯心主义，禅在发展后期也流于技巧或者文字游戏，所以才有“口头禅”“野狐禅”这些对禅的诟病，网络上更是把禅师描述成类似脑筋急转弯的网红。您怎么看待人们对禅唯心主义的理解？

林：神秘主义的前提不是它神神秘秘，神秘主义是指照着人类这样的一个认知和感受是无法穷究大道的。禅的“直观”，就不是理性跟感性的世界，直观就像我们打坐时了了分明，是以镜鉴物，是有它的客观性在的。那么这个客观性如何被检验呢？其中之一，就是作为一个禅者，你应对世间的能力比过去更强，如果用现在的信息理论来讲，你达到了一个更高的生命境界，这更高的境界就是更大的系统，大系统当然能解决小系统的问题。所以当我们看到一个修行人不能更清晰地解决自己生命中的诸般问题时，我不能说他一定入魔，但至少不是真正契入超越的

世界。真正超越的世界可以看到我们这个世界的不足，也更能解决我们这个世界的问题。

什么叫超越的世界？是指打成一片之后，不活在自己的无明、不活在自己惯性习气的世界里，能以心鉴物、与物无隔，所以更能掌握客观世界，而这个客观世界也包含自己的起心动念。这跟脑筋急转弯无关，会有脑筋急转弯这种对禅的印象其实是误解了那些禅师。他为什么要急转弯？急转弯不是为了趣味，是为了让你跳出惯性的世界。如果没有这种拉拔你跳出惯性世界的作用，它就只是一种游戏，一种率性而为的东西，文字禅、口头禅就是如此。

徐：很多刚刚接触禅的人，容易把禅与道家老庄混为一谈，二者的相同和不同处是什么？

林：其实，生命境界上，庄子有很多话跟禅的标举有它根柢的相应处，在这里强加分别也大可不必。但两者的差别在哪些地方呢？最重要的差别就是：一个是哲思，一个是修行。庄子告诉了你一个境界，但如何达到这个境界他没有特别去提到，尽管偶尔其中的一两句也被后世的道家修行引申乃至发展出独特的修行法来，但他并非自始就有一个清晰的修行脉络，他虽然深刻地提到人的颠倒，但不太直说烦恼的“具体解决方法”，不在这个地方做一个他的起点跟重点。

第二个差别是因为老庄都乃智者，所以由他们所产生的道家修行，多数时候也都是以智者之姿跟我们人间做对比的。这些仙家的造像，一定是脸如满月、卧蚕眉、丹凤眼、鼻若悬胆、五绺长髯，一看就晓得非常人也。但是禅却特别强调超圣回凡，所以我们在许多地方看到的禅家把自己的形貌也都放掉了，禅画里常有一种自我揶揄的趣味在，在这里，禅放得更彻底。

徐：世人除了把禅与老庄混为一谈，生活禅的流行更导致大家认为美学艺术可以代替宗教去实现人生的超越。现在生活禅的各种雅集泛滥，很多人于是觉得既然一花一世界，一叶一菩提，那我为什么不可以从这里面直接契入禅的境界呢？更何况艺术也是直观的世界，我们也可以从艺术里实现生命的超越啊。

林：我们可以用道家修真的一句话来概括修行的一个基底："顺者成人，逆者成仙。"如果你顺着你原来的本性走，你顶多就是个人，也许是更好的人，但是人这个层次的烦恼也都还在。修行是告诉你一定要对原来顺向的情性有一种逆向的观照，有逆向的作为才能跳出原有的局限，超越人的层次。我们的雅集、我们读诗的领略、我们的美学其实都是顺的，顺着我们当时的感觉，只是感觉可能更精微更深入，但禅会提醒你，这反而是丧身失命之本，因为它太美太好了，你反而就在这样的一个层次里耽溺。

徐：在修行的路上，我们经常不愿意下全面的工夫，总是希望投机取巧，参加个雅集啊，禅修营啊，辟谷啊达到速成，就好像世间有成功学，修行也有成功学。但是说到全面的工夫，我有一个困惑，我周围很多学佛的朋友都是从读经开始的，但禅不立文字，那我们这些学禅的人要不要去读经呢？

林：读经也是一种工夫，我常讲修行就是知见加行履，真读经其实可以得兼两者。

首先它是一个知见的开解，因为它毕竟是佛金口所说，在此契入，领略自然就高；再来是，经，你常读常念诵，它本身也就是一种行履。所以读经当然是好事，只是说你要怎样的读法，能不能够真的达到知见与行履的目的，这个就要有所观照。就好像我们今天谈孔孟，我们如能回到其基底立场来领略，比如他讲的仁、义，他讲的伦常之间的一些观照，那你读孔孟当然就是利大于弊；但如果今天就像我们大陆许多人读《弟子规》那样来读孔孟，把一个前清秀才写的、有点颟顸的、已经不合这个时代的伦常要求就硬生生套在当代社会里,那反而就是一种愚痴。总之，什么东西你都得观照它存在的原点，也要晓得它因缘的对应。

徐：现在大陆读经风很盛，很多书院都在教所谓成功人士读经，很多精英也让小孩子读经。

林：2002 年，当时大陆读经风气还没有完全起来，一群倡导读经的人士希望我来跟他们合作推动读经，开的条件也很好，但我没答应。我说你必须回答我两个问题。第一个是，如果读经那么有效，中国读经最盛的时代就是朱学之后，把朱学定为一尊，不读你就无法在封建时代里科考及第，所以大家都去猛背这些经典，那你就要回答我，宋是更多人读经的时代，那为什么中国的历史气象在宋之后却越来越衰?

第二个问题，从个人来讲，如果读经真的是对个人涵养如此有帮助的话，那么我请问历代的士子哪一个不是把《论语》倒背如流的，但许多人还不是坏事干尽？所以说读经同样要有观照：首先经的原意是什么？用什么态度读经？你不能只为功名去读，如果是为了现实目的而读经，那就像拜观世音只为自己的钱财、只为自己的多子多孙般，经典存在的意义就不见。其次，我们要读哪些经？不应该只读儒家的经典，儒释道三家都要观照到，这样才不会过偏，甚至还应该以其他文化体的经典作参照。有了这样的观照，你读经才会受益。

14

真正的禅家是无招的

徐：任何事情都无所谓绝对的好坏，都涉及到我们对待它的态度，也就是价值观。说到这个话题，您曾经说过，您非常不理解大陆常常说的三观：人生观、世界观、价值观，难道人生观、世界观不是价值观吗？您说根柢上其实只有两观：宇宙观和生命观。为什么这么说呢？宇宙观和生命观有什么区别？生命不也是宇宙的一部分吗？

林：生命观是人与自身小我的关系，宇宙观是小我与大我的关系。生命观是因为我们自身就是个生命，不能离开这个原点，外在的事务纷杂万象，但我们最关心的仍然是我们的生命该立于何处，所以生命观是一切观点的原点。但为什么生命观之外还要谈宇宙观？因为生命不是独立存在的，它一定是含摄在一个大的宇宙中的。像西方有造物主这样一种宇宙观，有这个造物主的观念，才会产生人要怎么做的一些理念，才有亚当夏娃违逆禁令，偷吃禁果，人乃生而有“原罪”，于是必须透过救赎才能洗净罪孽这样的生命观。

总之，生命观是我们情感的一个基底，但真要解决生命的问题，还必须有宇宙观。由这两个基底，才发展出其他块面的价值观：世界观、艺术观、情感观等等。

徐：对这个话题我很有感触，我们做时尚杂志，因为是月刊这样的快餐文化，所以一直研究七招八式解决问题的招数，而宗教在我们眼里是一个太高深、远离自己的存在。但是后来我发现实际上我们生命中很多杂七杂八琐碎问题的最根本解决之道，恰恰是在于你基于一个什么样的生命观、宇宙观。

林：所谓“本立而道生”，许多问题都必须回到根柢来观照。宇宙观看起来缥缈，却是最根柢的东西，你会有如何的生命观往往是建基在你有怎样的宇宙观之上的。因为对宇宙万法的认识是缘起观的认识，所以才会产生佛教的生命观。有这个契于宇宙万法的认识，才使得我们的生命不在相上颠倒。两者的关系就像基础科学和应用科学一样，你不要以为基础科学因为无实际之用所以没有存在的必要，没有基础科学，应用科学就建立不起来。

许多人不谈根柢而尽在枝节上转，如果你今天 20 岁谈五招十招，可以，但到了 40 岁还在谈五招十招，那就过分了。中国人喜欢谈生命境界，印度人也谈生命的轨迹，即便很世间的儒家也说“三十而立，四十而不惑，五十而知天命，六十而耳顺，七十而从心所欲不逾矩”，生命境界的轨迹都是建立在对前面经验的超越上的，它也使得你越来越能掌握根柢的东西。所以说，这个世界有那么多人在谈五招十招也是正常，但不能够领军人物整天谈的也就是这些。

谈文化，我喜欢谈它的秩序性，有些人是告诉你五招十招的，但这些人要知道还有比五招十招更高的、那没有招的招；而他真面对没有招的人时也会显现他根柢的谦卑。乱的时候就是全天下就只知道五招十招，而说那五招十招的人还真以为自己是真的懂，是大智慧的人，这就出问题了。

徐：您觉得那些所谓的招数是不是不从根本上解决问题？

林：当然。我在谈禅画时说过，禅艺术的一个特征就是无法为法，无有定法。不管你怎么换招式，你往往就只是在同一路线上更换，没有真正的应机，不是真正的应病与药。所以说还有什么招数时，无论这招数是新是旧，无论是三招还是一百招，毕竟还是招数。真实的禅家是无招的。

徐：我记得第一次访问您的时候，问您最欣赏禅家的哪种境界，您的回答是“何为奇特事？独坐大雄峰”。您在上课时也屡屡提及这句话。这句话让我们想象出一个禅家朗然自在的气势，很有画面感。您在诸多的禅家诗词偈语中，为什么对这句话情有独钟？

林：禅根柢强调自主，“自主”用禅的话来讲就是“不与万法为侣”。所以我每次谈禅家之姿才会提到这句话，当然这个姿态只是他自然而现的姿态，禅家的本质是无有姿态的，“独坐大雄峰”只是他自然呈现的一个“独在”身影。

对独在的身影，艺术家也谈，但都喜欢在这里强调他的寂寞，他那不为人知的身影。禅家的“独在”不然，它是一种圆满具足的身影，直指的就是生命的本自具足，到此，才真“独坐大雄峰”。

徐：曾经看到采访文章，您对自我的描述是：孤朗朗、赤裸裸、活泼泼。为什么用这几个字来描述自己？

林：历史上，禅虽然分为五家，但真谈禅家鲜明的身影，我则将他们分为"剑客禅""诗人禅""老婆禅"三种，而他们共同的特征就是没有杂质，没有那些拉里拉杂、拖泥带水、含含糊糊、隐隐晦晦的东西，无论是剑客的直捷凌厉、诗人的无心体道、老婆的绵绵密密，我们都可以看到他们清晰的身影，所以"孤朗朗"是他们生命的一个共同特征。

"赤裸裸"也是一个禅者该有的生命状态。虽然许多人说我少负才情，中年时也曾在台湾的文化界叱咤风云，但老实说，我是50岁之后才发觉自己真是个特殊的人。说特殊，这之前虽然已经有很多人说过，甚至还去想象我的"来历"，但禅家如实，说自己有什么来历，其实都是在那里逐光弄影。50岁之后会觉得自己特殊，是譬如说我写禅时，只要一提起笔来，真就不假思索，一一自胸臆中流出，也就是全然入于直观的状态；而在这种"能力"外，同时也感受到自己的人格特质、生命情性就是一个极致性的禅宗人格，生命的如实性非常凸显。这个如实就是"赤裸裸"，对自己生命无明的观照，对自己现前状态的毫无遮掩、一清二楚，正如我所讲的"禅者不予自己生命以任何可乘之机"。

"活泼泼"也是因为在这样一个状态下以心鉴物，使得我比较不会落在世俗的思虑心里。思虑心重，人就绑手绑脚、活泼性不足。在禅，活泼指的更就是电光石火。就如我在任何场合都不准备讲稿般，主持音乐会时，每次艺术家问我说老师等下讲什么，因为他们也得配合我，我也只能说不知道，只有看到观众才知道要讲什么。这个活泼泼到现在还是如此。

谈孤朗朗、赤裸裸、活泼泼，重点不在谈我有多少成就，成就不是你来告诉大家的，你如果有观照的话，成就便是心知肚明，是自证的世界。但即便是自证，禅家也随时自我提醒，要境界真现前才晓得自己哪里还不够。所以采访我，我不会跟你侈谈禅家的内证境界，我只让你看到禅家的情性、禅家的风光——孤朗朗、赤裸裸、活泼泼。

徐：我跟您学禅最大的一个感触，就是觉得禅宗包括作为禅家的您本人让我感到信仰不是高高在上遥不可及的东西，而是就活生生地存在于日常生活里。《禅者的初心》里曾经记录一位女弟子楚蒂·狄克逊对禅师的赞辞：一位禅师就是实现了完全自由的人，而这种完全自由是所有人类的潜能。但到头来，让众弟子感到困惑、入迷和被深化的，并不是老师的不平凡，而是他的无比平凡，因为他只是他自己，所以成为众弟子的一面镜子。

林：虽然身为禅者，我自己也还在困惑中，只不过我清楚观照到自己的还在困惑，这也是我不异化的一个根源。跟许多修行者相比，这一点恐怕最不一样。那句大白话在我的书里经常出现："有就有，没有就没有。"这是一个禅家最基本的、必须坚持的态度。坦白讲我今天也可以告诉你们一些所谓的神秘经验，很多仁波切、上师最爱讲一些所谓的神迹，但问题是那些神秘经验的来去并不是自己能完全自主的，我告诉你们有个屁用？很多的上师就是把偶发的神秘经验固化它、神化它，到后来不只自己信以为真，还用在自己信徒身上。从某种向度来讲，这样的修行人生命能量强，但从另一个角度来看，无明也就比大家更大。

徐：怎么讲？

林：你生命能量强，就表示某些天生的驱动力更强，你的无明当然也可能更强。举个例子来讲，身体很好的人，他对性的需要一般就比虚弱的人要强。你是一个强者，从某个角度来说你的无明驱使也就更强，你看来很自主，很能挥洒，但其实你比凡夫可能更不自主。

凡夫的不自主是另一个向度的不自主，是他想提气都提不起来，而你是想压住气却压不住。我以前一个朋友每次喝普洱都说什么养气的，每次讲得玄玄虚虚，有一次我实在受不了，就直接跟他说，你就是气虚才觉得有气感，我们这气强的喝茶怎么会有气感？喝茶，气虚有气虚的问题，气虚就常被茶带着跑；但气强也有气强的问题，你的主体可能就盖过了茶性。一般来说，老天带给你禀赋，你所思所触比一般人敏锐，因之而来的烦恼也就更多，就看你能不能把这烦恼当成资粮。资粮就是说人总在状况来时才观照，能观照无明，你对无明也就不会那么排斥，你当然也不会排斥世间，反而觉得在世间修行是一种殊胜，因为它随时给你状况。

徐：对啊，这就是我们这本书的主题——禅在红尘。

林：后期我尤其就更直接告诉大家，如果没有一定程度的经历红尘，你就不要轻率出家，因为这样，就截断了自己锻炼和勘验的资粮。我常常说我是20岁的心理，40岁的身体，70岁的年龄，多少年的智慧你们随意去想。能这样，一定原因是在修行锻炼外，我这禅家的人生比一般同龄人宽广许多，我其实一直在红尘里。

第二部分

禅概念的误解

慈悲、智慧、初心、平常心、平等心、当下……禅宗的名词被我们天天挂在嘴边，只是过度的方便使用之后，也许它核心的意义就常被我们忽略了，或者，我们从来就没有进入过它核心的意义。

一 慈悲心

1

如果只有吃素才是慈悲的话，西藏的人都不要成佛了

徐：包括禅宗在内的佛教的一些基本概念经常出现在今天人们的语汇里：初心、平常心、慈悲、智慧……不光是挂在修行人的口中，也被很多普通人常常提起。您作为一个修行者，觉得世人对这些概念的理解与它们的原义是否有出入或者本来就是似是而非的东西？

林：在认知上，概念是个方便，概念当然也会随着时空转移它的内容，不过，总有一些核心的东西是须守住的。

先不说佛教的概念，就说我们常用的“图腾”这个词吧，它原来是北美印第安原住民族的语词，指的是一个族群认为某种自然物（大部分是动物，少数是植物，还有极少数是矿物）与他们的祖先有一种神秘的血缘连接，进而对这种自然物产生崇拜以及禁忌的行为。所以图腾就一定带有禁忌性和神圣性，这禁忌与神圣跟一个族群的存在又有必然的关联。但我们现在常随意就把一个图像叫图腾，比如一个活动或者一个乐

队喜欢用的特别图案，我们就说这是它的图腾，其实已经跟图腾的原义相去甚远了。

虽然禅宗名词的许多随俗用法没有像图腾这词的用法离得那么远，但事实上，过度的方便使用之后，它核心的意义就常被我们忽略了，或者，我们从来就没有进入过它核心的意义。

徐：因为我们对于很多宗教概念缺乏正确的理解，于是我们常常被这些概念绑架同时也绑架别人。我举一个身边朋友的例子，她是吃素的佛教徒，在以“慈悲心”“普度”另一个朋友A信佛。有次吃饭，A点了一个牛肉，她说“点牛肉会下地狱”，点个鱼就更糟了，结账的时候她把服务生叫来问，这个鱼点的时候是死的还是活的？如果是活的她就不结账。她认为这是在培养慈悲心。后来我发现，身边这样所谓的佛教徒还不少，不修还好，越修毛病越多。

林：本来就不该如此。我们讲慈悲，悲是拔人之苦，慈是予人以乐，如果对身边的人都慈悲不起来，你怎么妄言对与你没显著因缘的众生慈悲呢？这样的慈悲，还只是一个概念上的字眼而已。

徐：我身边一些佛教徒天天把众生挂在嘴边，动不动就是为众生祈福，为众生修菩提心，去烧香去放生也是为众生。我记得您在课上曾经说过，当然可能有开玩笑的成分：我从来不谈菩提心，我哪里有空？修行的人是明白的、“自私”的人，要从解决自身的问题入手。您如此凛冽的一种说法，会不会让别人误解——作为一个禅者，您不够有慈悲心和菩提心？

林：这就是为什么要有智慧的原因，为什么要从根柢去观照缘起的道理。佛陀割肉饲鹰的故事就说明了这个道理。一只鸽子被老鹰追，鸽子跑到了佛陀的怀中，佛陀保护了它，鹰对佛陀说，你保护鸽子我就没食物吃，我饿死怎么办？佛陀就割肉喂鹰。当然这个故事有各种意义，其中之一就是说明这个世界有一个法的道理，不是人来界定的，你必须如实地看到法的存在。

我如此说当然有可能会被误解，不过一个真实慈悲心的升起它是一种同体的感受，为什么叫同体大悲？同体的意思就是我们因为跟对方无别，所以对方的感受我们能完全领略，对方的遭遇就如同自己的遭遇。那如何能跟对方同体呢？如果没有观照到生命共同根柢的困顿无明，你永远活在差别的世界里，也就必然会有我他之别。我常说为什么宗教人格的特质是平等一如，因为他观照到所有的人，无论公侯将相或贩夫走卒，所有众生的苦是一样的，这个时候同情就会自然而发。总之，我们只有把自己放到跟别人同样的境地而能设身处地,才有真实同情的能力，这同情，也才不是教条。

同情，是同其情也，我们一般喜欢讲同理心，理字没有情字来得到位，因为我们通常是以情为主的。同情之心首先须从观照生命最根柢的困顿来进入，这才会有它的坚实性，这是谈慈悲的第一点。

第二点，当我们以这样一个心理面对不同的因缘时，本来就该有它的对应之道，它不是一个死法。譬如你就认为只有吃素才是慈悲的话，那西藏的人都不要成佛了，西藏的人是不吃素的，他要吃素，在还没有入道前，许多人可能就饿死了。“理”这个东西你只要把它趋于绝对，而不是应缘于诸端，就会出现这样的问题。再举一个例子，中国佛教徒吃素是从梁武帝开始的，难道梁武帝之前的佛教徒都要下地狱？这个命题很像极端的基督徒谈“信上帝得永生”般，那在耶稣宣扬上帝福音之前出生的人难道每个都不能上天堂？我就曾经遇到牧师告诉我说连孔子都在炼狱里。他这样说，先不论是真是假，但他会断掉多少人跟上帝的因缘？就像你这个朋友，她反而断了许多人的佛缘。

徐：对于吃素，佛教徒和普通人有过很多争论，您作为禅家的态度是什么？

林：禅家强调回归佛陀的本怀，谈食物也就回归佛陀当时的态度。出家众叫“比丘”，比丘是梵语的音译，它的意思是“乞士”，这称呼起因于为消掉我执，为去除分别，乃化缘乞食，化到什么就吃什么，它可能是玉液琼浆，也可能是残羹剩饭，就算拿到的是馊水腐物，你也得无分别地一体承受，这是佛教行者修行上的食物锻炼，总之就在去掉分别心。所以说即便你吃素，却增长了分别心，那就背离了佛法修行的观照。

吃素，一个根柢的宗教缘由是戒杀生。戒杀生，真正的体会不是懔于果报。请问谁看到他杀完以后有怎样的果报？即便一个杀生的人马上得到杀身之祸，你怎么可以就连接出这果报必然是导源于杀生？按经典所说，菩萨是可以印证到这个境界的，但我们又印证不到，怎可以如此就下断言？所以真正的戒杀生而吃素，其实是“同体大悲”的一个显现。因为即便作为一个人，比一只动物高明许多，但面对生命根柢的困顿却一样是无助的。因这无助的观照，我们知道所有的谁该生谁该死的分别，也就是我们妄念的分别，由此而生出一种不忍之心，而能“同体大悲”（同体就是我们是一体的），“无缘大慈”（我们看来没什么特殊的缘分，我一样对你会有一个慈爱）。这种不忍之心的升起是很自然的，是孟子所说的“见其生，不忍见其死，闻其声，不忍食其肉”。设身处地，如果今天屠刀架在我脖子上我会哀号，相信架在它身上它也会感到无比痛苦。从这样一个“同其情”的角度出现的不杀生行为，其实就是宗教的“悲心”，不一定要从轮回来看，从轮回看反而有一种在因果之间称斤论两的味道，也就不那么纯然。

吃素也有一种所谓修行的素，肉食的确会带来更多的欲望，吃素可以保持修行者更多的清醒。

徐：但是对于吃素者本人来讲，他应该因为吃素而有一种道德优越感吗？更有一些修行者因此对周围不食素的人作判断，认为其没有慈悲心。这种做法您赞成吗？

林：吃素是你的一种选择，不须也不该直接表达出这样一种很单一片面的论断，因为人有很多面，生命有很多面，你怎能用单一片面来说一件事情呢？基本态度就不对。何况，修行的涉入点有很多，有人先解A再解B，有人先解B再解A，你怎么可以说就只有这一条路呢？

徐：说到吃素，不得不谈到关于动物保护主义各种观点的纷争，也是在中国民间思想最冲突、各执一词最厉害的命题之一。比如动物保护主义者声称：狗看家护院，是人类的朋友，吃狗肉不仁道。非动物保护主义者称：文化习俗不同，在我们的文化里，狗跟任何牲畜一样是可以食用的，吃狗肉并不比吃牛肉猪肉更不仁道。再比如养狗养猫人士自称爱心人士，有人反驳质疑：你把猫狗阉割了来陪伴你太自私了，哪里有爱心？再比如素食者说：不要杀生，要慈悲。反素食者说：众生平等，植物也是生命，你为什么还吃米饭？还有类似的反皮草人士说：要爱护动物，不要为了奢华和时尚穿珍稀动物皮草。支持皮草的时尚人士说：你穿牛皮鞋羊皮衣与这有什么本质区别吗？……诸如此类的争端甚至导致很多暴力事件，比如爱狗人士拦截运狗车，动物保护主义者到时尚活动上示威游行，朋友圈很多朋友也因为对此观点不同各种互怼甚至绝交，我不知道您怎么看待这种纷争，问题出在哪里？

林：刚才你讲了这么多纷争，其实都是因为我们用一个全称性的命题来谈一件事情，而不是就一事论一事。全称性的命题就像只问你爱不爱国，却不谈具体的内容。到底该不该杀狗？好像全天下就那么一只狗，不是的，一个命题其实牵扯到很多人，很多现象是在不同的情境里发生的。当我们把一件事情概念化、极致化、全称化时，纷争就不断，我们就陷在看不到真相的无止境纷争中。

应该这样讲，作为生命之一的我们如果对生命都没感觉，你就已经丧失了宗教性。宗教性是我前面讲的，能看到生命根柢的困顿，这根柢是通于众生的，如果不能看到这一点，生命的丰厚就会出问题。

至于说像杀生这样的事情，比如玉林的狗肉节，我倒不愿意用“狗是人类的朋友”这么简单的话来说（尽管狗的确在人类的文明史或生活史中占有极重要的位置），但还是可以站在人情之常，也就是“闻其声，不忍食其肉”的角度来看，当我们有一个节日是共同来杀一类动物，怎么样都不是一件好事，因为这种集体性更会让你丧失同情的能力。我们晓得战争中的杀戮都有传染性，纳粹的许多军官是古典艺术修养很好的人，日本军阀中的那些杀人魔平时也有煦煦然君子的一面，但杀戮是会传染的。一个大规模的杀戮变成一个节日是否妥当，这一点是我们应该严肃检讨的。就好像我们今天谈到为什么有些犯罪行为越来越往青少年发展，其实跟我们的格斗游戏有关联，因为在游戏中，一个生命的消失就是按一个按钮的事。同样，如果我们偶尔看到一只狗被杀，我们还会惊觉、慨叹一个生命的消失，但当我们看到一群狗在一个时间内集体被杀，也就可能对生命的被杀戮变得麻木。

徐：对于这些动物保护主义者的一些过激行为和对别人的一种道德的判断，您怎么看？

林：没有哪个人是可以率意地用道德高度来要求别人的，也没有哪个人可以自居于道德高度将自己的行为完全合理化，除非面对的是共同价值或立即明显的危机，否则这样做都有异化的危险。对于有纷争的事，重要的还是自我的行为。自我的行为是指让别人去判断去比较，然后有所改变。

当然，因为生命有所爱，这所爱又关联于另一个生命，因此有某种急切心情及激烈行为，如爱狗人士之所为，其实是可以理解的，毕竟，他的所爱跟你爱吃狗肉不是同一个层次的事。但任何的思路与行为还有个智慧的问题，有个他者存在的问题，如果能把这两点加进去，就更容易让人感受到爱狗是很好的行为，为狗大声疾呼也是自然的行为，因为这是对所爱的一种体贴，一种感同身受，许多人也就会自然而然地加入护狗的行列。更何况，狗与人的互动是如此单纯无伪，人与狗的关系也历史久远，谈它跟谈其他动物还不一样。就像过去农人许多是不吃牛肉的，对动物，这里还有个与人远近的关系，不可一概而论。

2

增长自己的智慧
就是对自己乃至对众人的慈悲

徐：您曾经说过，没有出离心的菩提心更可怕。为什么这么说？

林：因为我们观照到苦难，观照到困顿，我们才出离，由这种出离心所求得的菩提才是真实的菩提，它才不是一个我们自己想象的干净圣洁的世界。你想想，有那么多的宗教战争也都肇因于自己坚持自己的立场，为了将自己认为是神圣的种子给别人才发生的。今天我们为什么出离？就是因为观照到自己无明的幽微、无明的炽盛，由此才体会到所有人也都在这样的状况之下，如此，我们一方面会自我谦卑，一方面也会同情别人，也就不会将概念将事情绝对化。

徐：您说过把慈悲心推到极致也可能发展成“悲魔”。“悲魔”怎么理解？

林：“悲魔”，一方面指的是它对自己的摧折，它变成你身心上的一个障碍。譬如说你可能看到一只蚂蚁死了就整天悲摧，情绪没法恢复，使得你无法修行。另外，当我们把一个事物过度的单一化，也就没有办法看到事物的实相以及跟别人的关系。两者都是情感覆盖了你该有的如实观照。

徐：所以其实慈悲心跟我们生命的很多命题一样需要用智慧去区分。您曾经在课堂上举过一个例子，您非常反感一些自由主义者把慈悲心无限放大，无论遇到犯了多么严重罪行的罪犯，总是说我们要全社会去承担，我们每一个人都有责任。

林：这就是概念化。概念化的一个问题就是它可以无限延伸，于是涉及到具体的事反而就说不清了。有时候我们一味站在道德高度时，却就扼杀了现前的一些可能性、一些清楚不过的东西。无论你是一个佛教徒，还是一个动物保护主义者、一个自由主义者，会产生异化常就是自居于道德的高度，把自己的观念行为绝对化、概念化的结果。

徐：听说您是台湾“废除死刑”的反对者，我刚刚听到时觉得很震撼，一个禅家居然反对“废死”？当您提出这个观点的时候，您有没有想过社会的反应和别人对您这种观点的批判：一个禅者怎能如此没有慈悲心地反对对一个人生命的剥夺？

林：对生命的存在有绝对的敬畏是必须的，正因如此，考虑到法的不周延、人的误判，所以慎用死刑也是必要的。但也正因对生命的存在有绝对的敬畏，我们反而不能将“废除死刑”绝对化。在这里，你真有慈悲心，就得更看到受害者。当我们有体贴之心，当我们同其情时，不能只把它放在加害者身上，更要放在受害者身上。我觉得许多人在谈“废死”时，太少将同情放在受害者身上，我们为了怕冤死一个人，为了怕审判不公平，为了要道德的高度，为了我们上帝的信仰，在标榜文明的过程中就以受害者现前的悲惨遭遇为代价，这一点我没有办法接受。如果我们觉得这个案件的确有可疑之处，我们当然尽可能不用死刑，但是当我们在谈不用死刑时，当我们在谈人类文明的进化以及成就时，我们能不能够也把我们的文明放在受害者身上？也就是说我们能不能也号召我们的社会给予“为我们维持文明高度”的那些受害者该有的补偿？我们没有。受害就受害，然后对加害者我们要保护到底。这是什么话？

徐：相对于其他的词，慈悲心好像是一个最有道德高度、最政治正确的词，似乎任何一点质疑都是不应该存在的，所以面对“慈悲”这个字眼我们就常常丧失了禅家那种了了分明的态度。

林：回过头来再谈死刑。我们看到死刑犯的可怜，但有没有看到受害者在死前那一刻所受的折磨？通常都是杀人，而且是折磨杀人才会判死刑。所以为什么日本作家东野圭吾会写《彷徨之刃》？内容是：一个女孩子被几个不良少年凌虐轮奸，其中一个不忍心继续做下去的少年电话通知了女孩的父亲，但当父亲赶到时，女孩已经死了。想到未成年人在法律的庇护下不会受到太重的惩罚，看到女儿被施暴录像带的父亲于是悲痛地走上了复仇之路。而当他最后拿枪指着主谋时，警察也已循线索赶到并喝令他放下枪，父亲没放，于是警察开枪击毙了父亲，但这时才发觉，父亲的枪里并没有子弹，临死的父亲最后说道，他就是要让那个少年犯体会他女儿在临死前是有着怎样的痛苦与恐惧。这些没有面临过死亡恐惧的人，简简单单用一个慈悲，用一个伟大的道德训条，诉求社会集体的升华解脱，却忘记了那活生生受害的个体。作为一个人，我没有办法接受。我们不能只做这种概念乃至不义的选择性同情。

徐：忽略个体，把慈悲对象泛化、概念化的现象普遍存在，就像现在很多的大师、上师也经常以“拯救天下、普度众生”为己任，认为这才是大慈悲。您认为这种慈悲心某种程度上是不是也是大师的一种虚妄？

林：首先，慈悲就像我刚才讲的，因为观照到根柢的困顿，所以升起众生平等、众生一体的情怀。有些宗教行者的确如此，或者说原来宗教行者比其他人更能如此，毕竟宗教就是根源于对生命根柢困境的观照。

此外，还有一种慈悲跟众生挂在一起，是因为我们在修行时，常会感到个人的无力，这时我们会回过头来拥抱众生。这种慈悲心是缘于一种对于个体解脱的无奈。

当然也有人是因为观照到所有的缘起都是相互串联的，由此体得没有离开众生的解脱，就像在家庭里我不可能单独成就而不管家人一样，因为不管你爱不爱，他都会牵扯着你，就把这样的一种心理扩充到整个众生，这时也会有一种与众生一起成就的心。

除开这三种，动不动就说“普度众生”，就须注意它可能的虚妄。

徐：对于那些天天把慈悲、众生挂在嘴边的人，您有什么建议？

林：我用一句话回答这个问题：增长自己的智慧就是对自己乃至对众生的慈悲。

二 初心

1

初心不就等于初发心，
是“见山只是山”，不是“见山还是山”

徐： 关于禅的概念，还有一个词现在经常被人们挂在嘴边——初心。“不忘初心”已经成为一个流行语，在企业经营管理层面，老板们也总是跟员工谈初心——发挥创业精神，不忘初心，不要忘记当初为什么出发。铃木俊隆在《禅者的初心》这本书里这样解释：“禅修的心是一颗初心，初学者的心，初学者的心是空空如也的，不像老手的心那样饱受种种习性的羁绊，它随时准备好去接受，去怀疑，并对所有的可能性敞开。只有这样的心才能如实看待万物的本然样貌，一步步前进，然后在一闪念中证悟到万物的原初本性。”作为禅者，您对初心是怎么理解的？

林： 在禅，初心就是不在二元里、不在思虑心里的心。思虑是我们的一个惯性，当然有它的价值，我们透过一种对比性的概念来认识事物，但就因它是一个分类、是一个概念，也就会被我们固化，会在这里出现惯性的取舍。这取舍不只牵动了我们的情感，蒙蔽了我们可能的新的认知，更重要的是你对它会愈为执着，于是就产生了颠倒轮回，由一念而至千万念，这样一直追逐下去，无有了时，这一切，根柢都来自分别。正如此，禅说要把分别抛下，你才能看到事物的本质，才能直接契于法性。

禅谈初心，指的是放下你的思虑心，放下你二元分割的概念世界，就像镜子在照万物一样，如实照见一切。过去宋儒有句话叫“廓然大公，物来顺应”，这句话就受禅的影响。禅特别强调，你要无执地、没有先期概念地跟万物做一个对应，所谓以心鉴物，是以心之镜体来照见万物，回到这样的一个状态叫回到初心。我们一般世俗讲的初心其实还是在起落中相对的初心，譬如说我要去发展一个事业，会有一个所谓的初发心，就把初心当成初发心。

徐：是的，很多人都认为初心就是初发心，把初心当成初衷。

林：那如果你的初发心或初衷就是为了名利而不择手段呢？那也叫初心吗？当然最初的发心可能是比较纯然的，你也许不是为了为非作歹，不是为了争名夺利，但这个纯然不等于它不带有偏见，没有执着。禅告诉你，俱生我执、无始无明，都是与生俱来的，禅宗的公案或禅家的机锋棒喝基本都是在打这个东西，打你以为没有问题的那个地方。禅门的初心指的是“本心如月”，以如月的本心照见万物，回到初心是让你的生命回到直观能力能够出现的状态。

徐：禅宗的初心跟未被污染的童心是一回事吗？

林：为什么大家认为童心会接近禅心？是因为儿童还没有被污染。

但虽说儿童没有被污染，其实也有他的“习气”在，他有天赋的秉性，秉性其实就是一种偏好，禅要把这个也断掉。童心与初心的差别就是我们前面提到的“见山是山”与“见山只是山”的差别。童心没有应对万般事物的能力，而禅者虽然看起来自性天真，却像以镜照物般能应对万事万物。“只是山”的“只是”就是让物以它的“物自性”而存在，它原来是什么样子，就回到它原来的样子，你没有夹杂自己的主观；而“见山还是山”，只是回到你原始的初衷，这初衷搞不好还是乱的。从佛法来讲，所有人都有他的盲点，都有他的罩门，都有他的污染，只讲初衷是不够的。

徐：“初心”跟我们常说的“归零”又有什么区别？

林：我在谈禅是生命的归零时一定会加三个字——“彻底的”。一般的归零只是相对的归零、阶段性的归零。彻底的归零就是一定要打破无始无明、俱生我执，连那个“我”都不见，都能够放下，才叫彻底。传说看话禅开山祖大慧宗杲大悟十八回、小悟几百回，为什么如此？是因为，有些悟能把最根柢的无明给打掉，有些悟就只像我们生命中的“有省”，忽然亮一下，它不是彻底的。虽然彻底的归零需要一种真实的锻炼，但是偶契禅心是每个人都可以有的经验，就像我们创作时忽然跑出灵感般，就是契入这样的心。只是我们跟悟者的差别在于因为没有锻炼，所以这个状态不会一直在，马上污染又来了。

徐：说到灵感，灵感是创造力的集中体现，而关于灵感与初心的关系，《禅者的初心》里有一段话我印象特别深：“你不应该说禅是什么或者我开悟了，这也是所有艺术真正的秘密所在，永远当个新手！”我自己是做编辑工作的，我这些年特别深的感受是：最有创造力的编辑不是说他在某一个领域里面经验很丰富，套路很熟悉，而是那些永远保持一颗好奇之心、永远在学习的人，生活中的任何事情（读到的一句话，看到的一本书，哪怕是街边看到的一个广告语）都会成为源源不断的选题的源泉，因为他永远把自己当一个新手。

林：我们过去武术讲“招式用老”，“老”的意思就是用了无数次，你陷入惯性，就完了；禅讲“不死句下”，不在一个固定点上固化，都是这样的意思。

徐：我们之所以在世间法里屡屡谈到初心，是不是因为现代人用脑太多，用心太少？

林：尽管世人谈初心说的还都是初发心，是对一件事物的“始发之心”，但我们也不得不说，寻常人的初发心常也更契于“无用之用”。而在离开了这初始、较单纯的“始发之心”后，我们就更多地会以“用”来做考虑、会有更多的计较，也就因此导致更多的苦恼，最后就让我们不胜负荷，是这种生命的不胜负荷使得我们重新强调初发心的，倒不一定是一个做创意的人怕创意枯竭才去强调初心。

现在不只是做创意做艺术的在谈初心，好像各行各业都在谈。原来我们对一件事物的认知即便不说很直觉，至少很直接，现在变得复杂了，一层一层像个茧一样把我们困住，现代社会比起过去无论在知识上、人际上、社会结构以及网络上的连接都越来越紧密，互动越来越频繁，事情因此就越来越复杂，我们也越来越用复杂的角度去面对它，于是就不快乐了。你说的用脑太多，用心太少，正是如此。我们用了太多观念、太多理论去认知一件事，却活活把自己困死。许多人谈初心其实有一种向往，向往当年我看到艺术的感动，看到事物的新鲜，为什么这种新鲜这种感动都不见了？而我原来以为就在做我高兴的事，现在怎么却痛苦不堪了？

2

修行不是修到没有感觉，而是有了感觉之后怎么办

徐： 心外求法是很多修行者的一个问题，我现在理解真正的修行就是“觉悟”——“觉我心”。这个理解对吗？

林： “觉我心”也是两个层次。第一个层次就是了解自己，当你了解自己时，你才能够真实地、更贴切地处理你与外界事物之间的关系。第二个层次是说，只是了解自己，了解自己的立基点、自己的心理历程等等，仍旧是不够的，从禅来讲，这心还必须回到那“能观而不动”的本心。

铃木俊隆在《禅者的初心》里用“大心”来形容，不是了解你个人的“小心”，而是了解所有人共同的“大心”，这“大心”在佛法里叫“法性”，诸法之性也。真的要“觉我心”，这个“我心”是汇归于法性大海的心。因为汇归法性大海，我们就能照见众生的同，就能够与众生共鸣，你的慈悲也就会契于无缘大慈、同体大悲；但同时也能照见众生的异，所谓“万古长空，一朝风月”。这时你观照事物会像我们过去

所讲的“感物遂通，与物冥合”，到这个程度才叫作“觉我心”。

徐：佛教讲“苦集灭道”，很多不了解的人就以为有了信仰就要修到心如止水，那人生还有什么乐趣？很多修行人也是崇尚苦修，天天念佛磕大头，穿得也像出家众，总之就是把自己弄得没有那种生命活泼泼的感觉。但您在课堂上说，修行不是修到没有感觉，而是说有了感觉之后怎么办。

林：真说，人生其实也不只是乐趣而已。但你所说的没有活泼泼的感觉，的确是修行该避免的。真修行，是能觉察、能观照，所谓“念起即觉”。这觉，是你在起心动念的后面，有一个永远的“不动”。正如同这样的陈述：我感觉我悲哀，我感觉我快乐，我知道我喜欢美的事物……这里的第一个“我”是不动的，后面的“我”则随境而起伏变化。有这第一步就有了修行的契机，之后你会更警觉它对你的牵引，看到牵引的本身其实你就有一个不被牵引的开始。我们多数人是深陷其中而不自知，甚至用很多世间理论来装点这种追逐。如果能回到第一个“我”，你就不会被外境拉着鼻子走，反而能清楚照见外境的种种，而有最适当的对应。

禅修行不是就把第二个“我”从一种状态变成另一种状态，譬如由动回静，由执着回到安然，这种变化都还是相对性的。一般修行如此，但禅不是，禅是回到、证得那第一个“我”，是证得那“照天照地第一月”，是说你是为境所牵，还是你能如实照见外境，而在其中自主。

徐：对于我们这些每天在红尘中出出入入的人，怎么保持初心？有没有一些具体的方法呢?

林：这些具体的做法还是从禅门的修行转化过来的。宋之后，禅门核心的修行就是“看话禅”与“默照禅”，但这些还是比较专业的修行。“看话禅”是涤荡一切，任何的念头起来马上要把它打掉；“默照禅”是只管打坐，以契入一种直观的状态。这两个核心修行法之外还有一个重要的辅助修行就是“公案锻炼”，在某些特殊宗派里也有把它变成主要锻炼法门的。另外还有两个辅助手段，一个是“云水行脚”，就是把自己放在一个不可预期的环境里，以此来照见自己生命的不足。另一个是“日常作务”，在日常功用间琢磨，使其与道打成一片。

这些禅门的修行，对一般人还是远了些，因为一般人的道心也许还没那么强，须具备的客观条件也还没具足，因此我才会提出几个给一般人在生活中修行的具体方法。

徐：能具体阐述一下吗?

林：首先，你必须留出一个神圣空间和神圣时间，让自己一天里有一个比较沉静的时刻，能看到更多的自己。不要把禅当成唯心的东西，人是身心和合的，生命跟环境有着密切的关系，神圣空间是让环境给自己一个安顿的空间。神圣时间更是如此，我们当代人之所以比过去的人在修行上有不利的地方，主要就因我们看自己的时间太少。当然，我们比古代人有利的地方是“境界现前”较过去多，但可惜的是，因讯息无限，节奏又快，你虽暴露却往往还是无法升起观照，这时就要有一个神圣时间和神圣空间的安排，在这空间时间里，让外在无所事事。但虽说无所事事，你的心却还是流动的，你就在这里看到自己心的流动，之后，那不动的本心也就会慢慢地出现。即便最初只是个形式化的模式也无妨，起码那个时候你就会停下来看看自己的状况，看看自己跟别人的关系，看看自己跟内心的关系。

此外，我也希望大家能“手作一事”，你必须去做一个无用的手作，“尽其一事”，这里须强调一下，是“无用的手作”。因为我们不只是思虑惯性而且是行为惯性，这行为惯性又多数是跟我们利害相关，你能去做一个无用的手作也就从行为上改变你的念头，不只让你专心一件事情，更让你跳出原有的角色，何况有些手作的本身就带有修行的意味。

从无用出发，第三就是希望大家读些无用之书。这是一个不同向度的出发，前面两个建议都是在自己的生活背景里主动做一件事情，读无用之书是借别人的生命经验来给自己启发。我们的一生很短，经验也有限，为什么不借鉴别人的生命经验？读有用之书对生命经验的拓宽，效果往往不大，它只是顺着你原有的逻辑深化一点，无用之书有些却是生命智慧的结晶，一两句“无用之话”常就可以变成终身记忆。无用之话中的一个重点是禅语，在此能多少有些触动，往后也就越嚼越深。

至于公案锻炼，即便大家不是像禅家那样专门做公案参究，但公案是大家比较容易接触到的，如果有些东西跟你的生命有关联，会牵动你的“疑情”，你会时时去想到它，也许哪一天因缘成熟，答案也就跳了出来。

最后一个建议就是希望大家能够换下环境，不在一个固定的形态里过活，这是修行上所讲的“云水”“行脚”，现在大家说的游学也近于这样的意义。但云水，会更强调转换身份，更强调返观，不把当前生命中的框架、身份、行为模式一直罩在自己头上，把自己放在一个未知的环境里以使得自己原有的惯性行为与思路无由起作用，这样才容易有生命另一向度的触动。游学若只是就自己的专业素养与角色作学习，更多的还是加法，云水的原点就是减法。

一个跟修行原来距离还远的当代人，可以依这几样就先来做，慢慢生命也就改变了。

徐：记得我当年采访一个从印度来的瑜伽老师，他也跟我说，你每天花 20 ~ 30 分钟找一个地方自己一个人闭上眼睛待一会儿。我说我不会打坐。他说你不用去想这是打坐或者修行，只是跟自己的心多一点相处的时间。我有一个教绘画的朋友，他说写生尤其是户外写生很养心，当你静下来看着山水，山水会纳入你的心。包括看书也是这样，看什么书不是最重要，重要的是在看书的一呼一吸之间，你的整个人是沉静的……现在我们很多人其实都谈不上寻找初心，因为我们的心整个都是乱的，神都是散的，我们根本没有观照心的时间。

林：教禅修行时我常讲，你可以从心来改变外在，也可以用外在来改变你的心。对一个初学者或一个还没有真正进入的人，你告诉他如何静心常就是白讲，你要给他一个环境，由外规来形塑内在。我常讲日本文化了不得的就在这个地方，它不跟你谈太多的东西，它不跟你谈禅，但你照着它说的做，禅就已经在里面，这对现代人是一个可行的办法。固然由内而外是有干才有枝，有主才有客，但真如此，就得掌握更核心的修行才行。而处在一个环境里，你很自然会被它制约，你的身心会自然进入某种状态，有这初机，未来也就可能更为深入。

徐：关于初心您曾经说过一句话评价自己：与其说我比别人更多智慧，不如说我比别人更多回到原点。

林：到现在也是如此。我虽然不是一个多知名的人士，但应该还有些能在社会异化的本钱，之所以没异化，其实就是能回到自己。一个真正的修行人，在动的当体就内含着不动，在动的当体就有观照。一般人还不到这程度，可以先每天收拾一下自己，不要总是以心逐物。

三　平常心

1

常人口中的平常心其实是没有观照的思虑心

徐：平常心是禅宗的基本语汇，也是世人最爱用的。大家对平常心的理解，一种是把自己当作普通人的心；另一种是说我们做事情的时候要有平常心，不要过分追求完美。平常心从禅家的角度是怎么理解的呢？

林：平常心也是常被误解的禅宗词语，我们许多人口中的平常心，多数还是禅家所斥的思虑心，缺乏观照的心我们反而叫它平常心，常常说，啊，就照平常心去做好了。这平常心更多时候就是惯性的心，是缺乏观照的心。

平常心出自南泉普愿的一句话：平常心是道。禅家的平常心可以从两个角度理解。第一个平常心，就是把“平”跟“常”从它们的字义来说，“平”是不起波澜，“常”是无有断续。根柢地讲，“至人用心若镜”的镜体之心就叫“平常心”，像镜子般，能照见万事万物的实相，于是你也就能在平常的生活里以一个最平常的姿态、最平常的心境，当下安顿。

平常心在禅门更指超圣回凡。从这个角度谈，平常就是大道至简，不要去追逐不必要的神道设教，不要以为只有高深的能力才能解决人世的困惑，不要以为有奇行异能才叫得道。

这两个层次都跟我们一般人所说的平常心不一样，如果你以为一般人平日都能有的心态叫平常心，那更是走岔了。前面提过，道家对修行有一个讲法，叫“顺者成人，逆者成仙”，平常心一般的用法，只是在顺的角度看事物，顺着你的情绪、顺着你的无明、顺着你的本能走，并没有逆向的观照。更何况，真要说，连逆向也还不是平常心。

徐：生活里平常心出现频率最高的时候，就是我们突然听到死亡的消息，尤其这个消息来自身边的朋友或亲人的时候，我们马上就说：一定要保持平常心，不定哪天就被老天爷收走了，所以该吃吃该喝喝该享受就享受……

林：的确，现在许多人谈平常心，说穿了就是告诉你，没事，镇定。这不是平常心。真正的平常心，是八风吹不动的心。八风是什么？利衰毁誉称讥苦乐，要连生老病死，都不为所动，这才叫平常心。

平常心，一定意义上指的是能够观照无常的心，而也只有观照到无常，你才晓得平常可贵。有一个“平”你才能看到起伏，有一个“常”你才能看到无常，要不然你就会跟着它动，被它牵引。平常心，是返观、回归自性的结果。

徐：面对无常如何保持平常心？比如说当死亡真实发生在面前，

人们经常会问：为什么是我？曾经看过一本佛教的书，书里说你应该问：为什么不是我？

林： 我有两度面临死生，还好尚能冷然以对，大家都以为老师超越了，哪里是这样。假设我某天走在公园里，恶少打架，一把飞刀飞来就直插我心脏，我濒死时会不会问：为什么是我？为什么今天这么倒霉走到这里？那才是考验。真正的看透要如天童如净的辞世偈："咦！从来生死不相干。"镜子里映现的诸多现象其实跟镜体都无关，它只是映现而已。

"为什么不是我？"是针对一般人总问"为什么是我？"而发的，但还是有个"我"，在禅，这还不能体得实相。实相是以镜鉴物，如实领略而得的，这当然要修行。最先我们一定会被外境牵着走，看到美女就高兴，看到丑女就不高兴，得知自己健康就开心，得知自己生病就不开心，后来知道这些只是一个相的分别，也就能随缘作主，立处皆真。

徐： 所以换句话讲，平常心实际上是需要修炼的，如果一个人的生命状态没有整体的提升，他的生命就像是跷跷板，一下子这样一下子那样，经常会在波澜之间摇摆不定。

林： 我们谈修行，一直强调知见与行履。知见上，你能更多觉察到诸行无常、诸法无我，就容易回归平常心。知见之外，当然是行履，你事情经历多了，境界现前多了，才真能"八风吹不动"。

徐： 平常心是不是到了一定年龄段才应该提倡的呢？年轻的时候就要活出自己的风格，到这个世界折腾一番。

林：禅要活得真实，真实是它最根柢的色彩，只要真实，其实每个生命本来就是宇宙的唯一。这个真实的前提，是你要能观照自己，有了观照你就有真实的应机，就能触缘而发，最后也就会出现你个人很自然的品位或风格来。在禅，风格不是追逐而来的，是由真实而发的。你真实活着，就有你的风格。我们现在过度强调风格，这种风格是有意塑造出来，是有意与别人不同而做出来的，往往又变成生命的另一种负担。

徐：当我们能够接受真实的自己的时候，我们也更能够欣赏别人。比如我当年在时尚圈有人说我很低调，不像其他人那么嘚瑟总愿意秀自己，我初时还很自豪，后来想想，低调只是我的自我性格呈现给别人的一种感觉，并不是刻意为之，而那些天生高调的人也有他的生命特质和他享受的地方，各有其好，为什么要互相排斥呢？

林：本来就是千峰映月，各有风姿，如果你不能够欣赏别人，就是以万古长空昧却一朝风月。但所谓的欣赏其实还带有太多“我”的味道在。一个真正的平常心，一个真的镜面之心，是万物各有存在的样态，你就直接去领略，不在这里强加分别，也就不会觉得一个人的性格是强悍叫好，还是温柔叫好，而是各有各的风姿。

2

平常心就是“干我何事？”

徐：我记得您在课堂上说过，“我之所以不想太出名，一是不想太烦，二是如此才能遭遇一般老百姓遇到的苦难”。说实话，您的第二句话让一般人难以理解，我们之所以在世间法上追求成功，不就是为了能有更大的自由去远离芸芸众生的苦难吗？

林：拥有特权固然是一种方便，但你的生命就少了面对境界的机会，所以我自己永远保持着一个素人的状态，让大家会遇到的事我也会遇到，这样就不至于异化，不至于让自己更有盲点，也就不会因自己是特殊的人而自喜。

徐：保持平常心说起来容易做起来难，一不小心就失衡。您这些年遇到这么多有权有钱的人，如何保持平常心？

林：我一个曾在台湾文化界叱咤风云的老朋友一次来台北书院看

我，也问了我这个问题：在台湾最高的权力你也接触了，最有钱的你也接触了，你如何保持平常心？他当时可能希望从我这里得到一些具有哲思或震撼人的答案，但我给他的也就四个字："干我何事？"许多事物是我们把它揽在身上才跟我们有关系的，这揽在身上本身就是一种无明。比如看到一个有钱人我们会嫉妒他，会寻思：他的能力不比我高为什么那么有钱？这里面暗含这样的观点，好像他剥夺了你的幸福。其实你的幸福只跟你有关，除非他直接抢你的钱，否则就是你自己的起心动念。所以我淡淡地告诉他，干我何事？我担我的事，他作为有钱人，也有有钱的因果要自己承担。

徐：这样的例子应该不少。

林：有钱人有有钱人的烦恼，有权的人更有有权人的烦恼，不是你想象的那么好。举个例子，我有一个大陆学生是百亿身家的富豪，有一次他在家请我吃饭，恰有一个大学经济系的教授来拜访他。饭桌上，那位教授一听说我是企业家的老师，我每讲一句话他几乎下面就接：大师说的是。饭后我对这企业家学生说：你完了。他问为什么，我说：这个教授并不晓得我是圆是扁、到底有没有内涵，只因为我是你这个大企业家的老师，所以我说的就都"大师说的是"，你想想在你这个位置，你听到的会有哪一句是真话？你看，他有他的因果，他有了钱却听不到真话，我没有钱，别人对我的态度却就是真实的。所以各有各的因果，各有各的生命问题需要去解决。你从这样的角度来看，也就不会无谓地去嫉妒或羡慕对方，你跟他们接触，看到他们的难处，也就更加能体会原来每个人都有自己的问题要解决，这时你就很平常心。

徐：会有这样一个淡淡的回答，跟您自己的经历也有关系吧？

林：我当年任台湾“中华文化总会”副会长时，有一次到北京公干，住北京饭店，外面就有警卫，学生找我都必须通报。我回去第一时间就去见马英九，把相关的职务给辞掉了。他问我为什么，我说连我的学生要见我都得通报，我一介布衣今天怎么会混到如此局面。当然这是我的选择，也不代表别人的选择就是错的，但你的选择你自己就得去承担。

其实我也蛮感谢有机会能认识台湾这些有钱有权的人，也正因为在世相里看到太多这样的情形，我就不会像有些人那样仇富，不会看不得别人好，也就知道外表的好都有他自己要承担的部分，认识以后就锻炼去、看开来，现在对这些也就没有一般人的起心动念。所以这些年修养看起来就比过去好，比较随喜，看到有钱有权看到学问好的就鼓掌，偶尔更发出赞叹：啊！这么厉害。这样就好了，不会有一种被剥夺感，不会没事情把它与自己牵扯在一起。

四 当下

珍惜当下跟享乐主义是完全不搭界的

徐：我记得跟老师第一次结缘是因为2009年我们时尚集团的创始人吴泓先生的去世，于是有了我对您的第一次访问。我记得当时问过老师一个问题：我们老板被称为时尚教父，创办了十几本杂志还有了自己的大楼——时尚大厦，却在46岁时英年早逝。于是很多时尚集团的员工感慨：活在当下吧，及时行乐吧。我记得您当时对“活在当下”的理解让我醍醐灌顶：活在当下是因为知道世事之无常，而更珍惜每一个此时此刻，并不是我们所认为的纵情享乐。

林：所谓的更珍惜，是更明白此时此刻跟生命的连接。你纵情声色时其实是不晓得此时此刻的，因为你已经迷糊了，所以珍惜当下跟享乐主义是完全不搭界的。你享乐时是自己不自主的，你不喝酒不行，你不怎样不行，是不是？真正的当下是照见现前跟我生命的关系。这个关系就比如说我今天在花园里，一株草我都可以领略到它的美。清清楚楚明明白白，这才叫活在当下。要不然当下我就去干坏事，这怎么叫活在当下？当下是一个跟对象纯然、明白、不追逐的领略，这叫当下。

徐：虽然总把活在当下挂在嘴边，但是我们常常不是在懊悔过去，就是在担忧未来。可是我们为未来谋划难道不对吗？

林：活在当下，第一个就是不追悔不能改变的过去。“过去事已过去了，未来何必预思量？”不是说你不能想未来的事，但你在想未来的时候，不能觉得万物皆备于我，禅有一句话“天垂雨露，不择荣枯”，天要在那里下雨不是因为那里旱它才下，它有它自己的法则。对于未来你可以想象，想象是我们的权利，但不可“以规划为实”，否则你就跟生命内在的道理是冲突的，一定会烦恼。

徐：不追悔过去发生的事情听上去很容易，但如果我们做了一件关乎未来的重大抉择，我们很难做了之后不去思量：如果不这样做是否会更好？而且我们从小就被教育：从错误中吸取教训人才会进步。但是反思过去到什么“度”是很难把握的。

孙小宁在《归零》那本书中也问过您同样的问题，她有一次在出租车上被劫匪抢劫，她跟劫匪搏斗，结果把手划伤，事后有一段时间她一直在反思，越想越后怕，如果我的手真的落下残疾一定会懊悔终身，我这么做是不是错了？您给她的建议是：我们一定要适时地给生命画一个句点，哪怕它是个错误。您的建议是否可以这样理解：虽然反思过去是对的，但不要一直纠缠，错了就错了，就认了，继续往前走。

林：我刚才讲不为不能改变的过去懊悔甚至胶着在那里，不代表不能检讨过去，这是两个层次的事。为过去的事懊悔，总想如果那时不这样做，我现在是不是就如何，你就一直会陷在那样的情绪里。禅者不为不能改变的过去懊恼追悔，只有这样才真能领略当下。

徐：总说“活在当下”，但又觉得这四个字有点虚无缥缈，您能否描述下“活在当下”到底是一种什么状态？

林：真正的领略当下，如果硬要形容就这四个字：再无其他。譬如说我们感觉到面前这个杯子那么美，不会想到：如果是我的该多好！不会想到这些，只是感叹：啊！这么美！再无其他，这叫领略当下。

徐：我以为您会说，更珍惜，更感恩……

林：你一“更……”就又累了。比如我们今天在这里相聚，我们就好好领略好好感受，再无其他。也许你会很自然产生一种感恩之情，也许会感到因缘不可思议，但不是在这里更有期待，句号之后再引申出许多东西来。

五　平等心、分别心

人应该有分辨力，但不应该有分别心

徐：我发现我周围的一些人在修行之后，反而常常没有了平等心，尤其是一些所谓的精英，他会觉得修行之后面对大众更有优越感：我在物质世界比你成功，我在精神世界仍然比你成功，我有信仰，我有有名的上师加持……有一个朋友给我讲过一件自己亲身经历的事，她和朋友在公园遛弯，她的朋友是一个成功的企业家也是佛教徒，看到一帮老人在公园凉亭里唱歌，我那个朋友就很欢欣地加入，唱得特别开心，而那个信佛的企业家朋友特别诧异地跟她说：你怎么会跟那些人混在一起？我那个朋友也很诧异：为什么她修来修去分别心反而会更强烈？

林：是如此。我们为什么刚才讲要观照到无常，就是所有宗教一定是根源于出离心的，它有出世间的本质，但这出世间不是遁逃，不是消极，是本质性地看到了生命根柢的苦难，而这根柢的苦难在众生间是没有差别的。你富可敌国跟我穷无立锥之地，你聪明盖世跟我愚笨，在面对死生、面对病痛、面对亲人的背叛、面对友情的淡薄，同样是无能为力的。无能为力不是说你在这里不能做什么，而是它的来临是没有办法随己意设定的。到这时我们就能体得，其实外相的高高低低也就只是个外相，本质上大家是一样的。有这样的一种心才是真正的宗教心，也就不会以所得骄傲于别人，以智慧、财富、才情骄傲于别人。

没有平等心谈不上修行。你作为一个学佛的人，看到不学佛的人顶多就是感叹“我怎么这么幸运能接触佛法”，如果再有些悲悯，会感叹“他怎么缺乏这种因缘”，怎么会瞧不起他呢？一个聪明人如果没有宗教心的话只会骂人家：你为什么那么笨？一个聪明人如果有宗教心的话会感恩：为什么老天让我那么聪明？两者的问法是完全不一样的。

当然，平等心不是一切都好而不知道其中的差异，是在这差异中没有无谓的、不自主的分别。如果一切觉得就都一样，这在佛法叫“无记”。

徐：是的，您曾经说过：分辨力和分别心是两回事。人应该有分辨力，但不应该有分别心。我对这个观点有很多切身的感受。我工作在时尚界，发现关于时尚有非常冲突的两种观点。一方面很多圈外人反感时尚，反对一切跟品位有关的东西，认为那是装，是矫情。另一方面时尚界很多人都自认是有品位的人，有了品位后就开始变得挑剔，非名牌不穿，非好茶不喝，非美食不吃，认为这才是有品位的表现。关于品位，我很喜欢作家冯唐说过的一段话：“物件的确存在高低贵贱……或许正道是知道这些高低贵贱的差别之后，通过勤修苦练意识到，这些差异其实并不重要，重要的是不同物质在不同时候，给我们的同样的细小的快乐和温暖……只有在这种见识下，才能捡到篮子里就是菜，烂梨也解渴，才能不强取豪夺，不拧巴，不折腾。大宗师说，不为物先不为物后，故能为万物主。”我在您这里上课也听到了类似的观点，比如您经常被一些茶人邀请去茶会，您说，虽然我能分辨好茶坏茶，但茶最终不过是用来解渴的。

林：跟我们谈禅对修行人的作用一样，你超凡入圣，执圣亦魔。木村泰贤在他的《人生的解脱与佛教思想》一书中，很深刻地观照到，“自由欲”是生命的根本，也就是生命天生就是不喜欢受束缚的。而所谓自由，就是能在诸境中自主。一个东西只要能锁住你的自由就是它的负面作用，就是烦恼的根源，到此，一个好事也会变为坏事。品位原来是个好事，品位是什么，“能善分别诸法相”，大家不要忘记《维摩诘经》下面这一句：“于第一义而不动。”你为什么能够分辨能够品味，因为你心体的镜面非常明亮，所以纤毫毕露，但镜体不会跟着走嘛，跟着走你就是哈哈镜凹凸镜，这样一直走，最后走到跟客观的世界都没连接了，就变成张拙讲的“趣向真如亦是邪”，你如此走入真如，真如也可能是邪道，因为它已成为你的负担、你的执着、你的分别、你的烦恼了。

举个例子，美食本来是透过味觉让我们有更丰富的世界，从修行来说，是不同的味觉可以触动我们心灵不同的观照，它是在磨炼你的心，或最少在映照你的心，但一旦你变成“有什么或没什么我就不能吃了”，那就是负担。

任何事物还是禅家的一句话，能作主的是谁？台湾《联合报》曾做过我对食物品位的报道，标题就写得好：“是吃食物，还是被食物吃？”关键就在这里。

徐：很多人也追求平等心，但他追求的是起点的平等，为什么我不生在一个富二代之家？为什么我的老爹老妈不是有特权的人？这就是众生追求的平等心。您怎么看待？

林：在禅来讲，对于无解之事你不要一味去想答案，你只能消解问题。生已经存在了，而且我们也无法穷究为什么他生于富贵之家你生于穷困之家，所以要面对这问题、处理这问题、消解这问题，而不是去质问为什么有这问题。问题已经存在，在这里起心动念就更成为烦恼之源。

徐：我还发现一个有意思的现象，有些佛教徒天天为众生祈福，却对身边的亲人、朋友区分三六九等差别对待，而且往往对身边的人反而更不好。

林：真正的修行人谈众生时，根柢是体会到众生平等、众生共同的苦难，所以遇到不行的人不会瞧不起他，但关心从哪里开始？虽然有无尽的因缘，但"佛悲心无尽而不能化度无缘"。关心一定是从自己身边应缘的部分观照起，从可触可及的地方锻炼起，这样才不会异化。

当然，嘴巴念着众生也不是坏事，人的作为常常是理念先行的，先有个愿，才有行。谈众生，只要不"识于远而昧于近"，只见到众生却看不到身旁的生命，只要不以此而有道德的骄傲，就是件好事。

徐：我感觉现在很多所谓追求信仰的精英和富人确实把修行变成了一个不是那么平等的事情，无论是宗教修行还是现在中国的很多传统文化学习，比如中医，都越来越变成一个有钱人的圈子游戏，各路仁波切、上师、中医大师围绕在精英周围，很多宗教人士也是更愿意与富人接近，因为他们更有能量，更有人脉，更有钱供养。

林：提到修行，我一直反复强调：“如果你觉得所有的因缘皆备于我，你就是凡夫；如果你感觉到因缘的不可思议，你就是道人；你时时活在不可思议因缘的领略中，你就是佛陀。”也因此，包含诸位跟我认识，我都去领略那不可思议，都会观照到很多东西不是我们有意去做而存在的，是不晓得什么因缘把我们牵在一起的，有这种领略，就会有一种感恩，就不会自大，也就不会以世间的高下差别来对待跟你有缘起的人。

六 智慧

智慧是识得临界点；
智慧是照见万物万事之因缘；
智慧不是定法，智慧是应缘

徐：您曾经说过，禅家谈智慧大于谈慈悲，禅者最大的慈悲就是用一个活生生的人格映现在你的面前。这一点是我在跟您学禅之前没有想过的,因为我觉得禅作为佛教的一个宗派,怎么能够不大谈特谈慈悲呢?

林：其实佛教是一个智慧的宗教，它跟别的宗教最大的不同是特别强调智慧。多数宗教都强调信仰，由信仰而产生一种对我族或众生的慈悲，基本上并没有特别强调智慧。

更深地来讲，佛陀所证得的本心，以及后来佛学的铺衍，其实都是悲智一体的，慈悲跟智慧是同一件事情，没有离开慈悲的智慧，也没有离开智慧的慈悲。而大乘佛教就以慈悲为要，认为别人是小乘，是自度，自己才是度人，但也由于过度地以慈悲而入，就常把慈悲跟智慧判若两事，也衍生了许多偏差。禅宗，作为佛教的一宗不会没有慈悲的，但为什么禅宗不从慈悲入，而从智慧入，这跟禅宗的个性有关。

佛是觉者，禅强调智慧，其实更贴近佛陀的本怀。但它虽从智慧而入，慈悲则已被包含在里面。禅的慈悲就是它映现出一个活生生的悟者生命，让你感受到解脱不在彼岸，在当下即可。所以我在《禅　两刃相交》里会有这样的一句关键话：“悟者的存在就是宗门对众生示现的最大慈悲。”

徐：世人常把智慧跟慈悲分开来讲，认为智慧是关乎选择，慈悲跟如何选择有什么关系呢？

林：智慧是照见因缘的智慧，而慈悲是能体得此因缘。美国曾做过一个调查，每四个美国人中就会有一个人跟另一个人有关系。因缘是无限的，我认识你，你认识他，你有了智慧可以观照到这实然，就不会把不认识的人直接排斥成非我族类其心必异，这才是慈悲之本。

你刚才讲的慈悲、智慧都是后天的，后天我们讲智慧是一种选择，慈悲是一种跟人的关系，在佛性里它们其实是同一回事，它映现在这因缘里叫智慧，映现在另一因缘里叫慈悲，根柢是相通的。

徐：智慧是我们在生活里、修行里经常提到的词。我在书里看到您对智慧有非常生动的一个解释：所谓智慧是对临界点的把握。

林：从世间的意义谈智慧的确是如此，其实用“把握”这个字眼已不太好，就是你要“识得”临界点。谈临界点，就要回到佛法所讲的因缘，任何事物如果没有在因缘法里观照都是一种妄念、一种断解。你跟事物的因缘是一个怎样的样态，过了那种样态也许它就是不好的。临界点是需要以观照作为基础的，你能了了分明地观照，就自然会知道事物的临界点在什么地方。

徐：临界点的识得或者把握跟什么有关？

林：根柢是心镜能否了了分明，能这样，所谓选择就像乔布斯选iPhone型号一样，已经超越世俗的选择。如果是一般世俗选择的临界点，当然跟你读的书、你的境界、你的格局、你江湖的阅历都有关，但在这里，就还是一个相对性的选择。

徐：在课堂上您对智慧也是这样解释的：智慧是照见万物万事之因缘，智慧不是定法，智慧是应缘，应机的才是智慧，而不是离开机之外来谈智慧。这是禅宗关于智慧给我最大的一个启发。以前我认为智慧就是一个“对”的选择，是一个定法。

林：这就像谈中国文明跟其他文明的优劣般，我在上中国文化课时常作中日文化的比较，总提醒大家：如果一个人谈中国文化是好的，日本文化是坏的，或日本文化是好的，中国文化是坏的，你就不要听了。文化哪里是这样子的？文化不是称斤论两的，八两就是比六两重，不是。文化是什么？文化既然是一个族群为了适应其自然与人文环境而发展出来的一套可以世代传承的行为模式，它就有一个适应环境的问题，它就有一个条件的问题。真正的观照是不能离开缘起的，例如：中国文化在什么条件之下容易发挥它的正作用，在什么样的状况下又会异化？日本文化在什么条件下会发挥它的整体国民性，什么状况下又会异化成军国主义？谈文化要有这一层，你才能对它们作有意义的比较。

一件事物离开了因缘是没有“孤立的”好坏可言的。比如说你徐巍的个性好不好？这句话在禅宗里就没有意义，是“徐巍如果做一个时尚杂志的主编她的个性好不好”，可能在做时尚杂志时她有很好的个性，而去做一个传统的茶空间就是很差的个性。

徐：我以前一直认为智慧就是非常 smart（聪明），会做出非常精准的选择，后来发现有些看来很傻的选择其实反而是一种智慧，因为背后有根柢的善良和慈悲。举个例子，我做主编时采访过联想大中国区一位女性总经理，她和先生都是基督徒，先生是一个全职主夫，在家照看三个孩子。我记得当时问她一个问题：在一些人眼里您事业上这么成功，找一个全职主夫会不会觉得委屈？因为中国传统文化里还是以男强女弱为主流。她说：我先生太了不起了，他为了支持我放弃了他的事业，有几个男人能够这么做？听了她的回答我在想，如果没有慈悲心衍生出的一种根柢的善良，只有一种我要做出最准确、最 smart 的所谓智慧选择，反而会与幸福擦肩而过。

林：我为什么一直提到宗教心是一个平等心，有平等心你就会珍惜因缘。譬如说我今天为什么会跟你们见面、给你们上课，正因为对因缘有不可思议的领略，也就不会只站在一种成功者或智慧者的角度来看待跟自己结缘的人，由此，自然会升起一种悲心。总之，慈悲是站在平等的基础上去体会因缘的不可思议，而体会因缘的不可思议本身就是智慧。

徐：我们大多数时候总希望通过学习、通过修行，对自己的人生做出“最有利”“最智慧”的一种割舍和选择，但实际上很多时候有了对因缘发自内心的领略，你会发现真正的解脱不是在如何智慧地选择，而是在承担。

林：你如果有一种对因缘法如实的观察，一种不可思议的感叹，你会晓得你无以遁逃于因缘之外，从这里逃到那里你还是会陷入另一个因缘之网，所以首先你最应该做的就是直接领略这个因缘。当然缘起本身也有原生因缘与派生因缘，承担也不是说一定要把所有东西担起来永远不能放掉，不是这个意思，领略因缘是你知道无谓地去找一些你认为对自己最有益的因缘，有时候反而是烦恼之源。

徐：我有一个观点不知道您怎么看：真正的智慧是要通过经历去体践的。比如我周围有一些基督徒，天天在讲大爱，但是他所讲的爱你听上去感觉特别空泛。一个人真正内心的光明是通过经历和内在体悟由内而外散发的，而不是像看到救世主一样扑向光明，以为扑过去就可以得到一切。

林：体践是修行的根本，但客观上，你本来就没法历尽所有事物，所以一个更精确的词句是：真要有智慧，我们必须有内化的能力。首先要能内化我们自己的经历，我们经历过很多的事有时也就飘过去了，我们要把这些事物对我们的意义或跟我们的关联内化；同样，如果有能力，我们可以把别人的经验一定程度内化成自己的经验，这就是为什么我们要在江湖里观照各种事物，要亲近善知识的原因，因为他们的经验会多多少少变成我们的经验。

第三部分

禅&关系

人的一生都处在与自我、与他人的各种关系之中，而关系也是我们最纠缠不清、期望最大、失望最多的命题：什么叫作自我？哪里有灵魂的伴侣、真正的朋友、不求回报的亲情、完美的性关系？……殊不知，正是这些概念化、绝对化、单一化的追求让我们背离了生命的实然。禅告诉你：生命是一个复合体，没有纯粹这件事。

一 了解自我

1

不要把自我当成一个不变的、稳定的、固态的、必须肯定必须完全接纳的个体

徐：在诸多的关系之中，人与自我的关系是最核心、最本源的关系。了解自我也是人类最古老的生命命题之一。禅宗的“观照自我、明心见性”跟西方心理学意义上的“了解自我”是不是一个命题呢？

林：前面讲过，禅宗讲的“明心见性”的“心”跟“性”不是我们变动下的心理，而是那个能觉知万物的镜体，这个镜体从禅宗来讲就是我们人人皆具的本心。你一定要回到这样的本心，你才能观照自己，清楚自己的起心动念，这才叫了解自我，你才晓得哪些事是无明现行，哪些事是真的应缘而为，这时你做什么事情也就无不中的了。

心理学怎么谈“了解自我”我不清楚，那是心理学家的专业，但在心理学与禅两者连接上，比如用佛性来说集体潜意识就是不对的，集体潜意识还是后天的东西。即便作为一个人，即便你说从有人以来过去所有的潜藏记忆形成我们基因中的某些部位，但那还是后天的东西，禅认

为有一个离于生灭的本心，且人经过锻炼是能够亲证这本心的。因为有这个离于生灭的本心，面临死生，天童如净才会拈出“咦！从来生死不相干”的辞世偈。

谈禅，要注意它不是一个生灭法，生灭法里有很多的层次，有些浅有些深，但禅谈的不是这些，是离于生灭之法。

徐：西方心理学就了解自我发明了很多譬如九型人格分析法、色彩分析法等形形色色的测试工具，您对这些工具如何看待？

林：既然是工具就表示它是以现象来解现象，当然在对应上一样有它的功能，比如说我们生了一个病，药是为了治病的，我们得了感冒就吃感冒药，但以这样的一个片面是无法回到全然的健康状态的，你治好了感冒，别的病还会出现，甚至因为你这一边的药吃多了反而有新的副作用出来。这种种方法基本上就是在现象上转，并没有一个彻底超越的可能。而禅讲的本心，它是“不思善，不思恶”的，没有被善恶所左右所污染，又能够完全照见善恶的存在状态。这种修行，就好像人恢复身体的健康状态，这才是解决疾病的根本办法。

这看起来虽不会马上就见效用，但久而久之，就像身体恢复健康般，也就能百病不生。因此我一直强调说，对所谓的生命智慧，不能就只在浮面的相上做对应，你得返观，最终才能照见实相。

徐：在了解自我的命题上我们最爱犯的错误是什么？

林：关于了解自我，首先，我们常把自我看成过度的固态；再者，我们又认为有一个简洁的方法可以解决生命问题。这两者都是常见的迷思。当你遇到一个心灵导师，他如果犯了这两个错误，也就可以知道他不是一个真正的修行者。

徐： 了解自我是一个大的命题，面对一些特别具体特别现实的问题，比如什么样的职业适合我，我该找一个什么样的男人，我想要什么样的生活方式……该如何去着手呢？

林： 生命智慧是不解决这种问题的，生命智慧谈的是“感情的实然”这样的问题，它不会直接告诉你哪个男人适合你，它会告诉你感情跟你生命的关系。也许老师真遇到某一种女孩可能就不自主了，但因为我的训练我会去观照：即便是我这样的道人，怎么遇到这样一个人时我就无以解脱？当有这种返观，解脱的第一步就已经开始了。

就像参公案，你不要忘记两个根柢的事：一、所谓真正的觉知是有个不动的东西才能看到动的东西。二、即便你不能回到这样的一个最根本之地，你也要时时有一种反问，为什么？比如许多女孩子不是都很迷星座吗？当人家告诉你说双子座的人适合什么时，你要问一下为什么：为什么我是双子座却不是这样？只要能问为什么，原来成套的东西就会渐渐被消解。

自我是永远在变动的，像老一样，生命必然会变，关键是变得如何。

徐： 对于“变动的自我”我们其实更难把握，我们常常因为外部的变动认为自己必须要变，去适应社会、去迎合潮流，却反而更加远离了那个真实的自我真正的需求。

林： 我们有太多的假设、太多的从众心理，所以总以为有一个道理可以适用于所有的人。就像在爱情里，不要去想象有哪一种伴侣是一个对大家都理想的伴侣，也不要想象说有一种伴侣我一生中的哪个时刻都觉得最理想。你 20 岁跟 40 岁想要的伴侣不一样，你 20 岁找到的理想伴侣 40 岁可能会分开，他会变，你也会变，没有永远的理想伴侣。而要知道如何变，你还得回到那不变，这也是禅修行与一般了解自我的不同。

徐：我也有这个感受，比如找伴侣的时候，我们首先在大脑里会有多少条标准，在大脑的理智控制下，我们反而越来越不会用心去感受爱了。用脑子和用心对于了解自我有什么不同？

林：再提醒一下，列标准是把生命过度破碎化。更重要的是我们即使用心去感悟，这个心也可能是一个有习气的、惯性的心，是一个自我蒙蔽的心，是个主观的心，所以你一定要有一个比这心更深的“本心”来觉知自己。心也有它的局限，我们可以看到非常多强调灵修的人你简直没有跟他对话的可能，他就活在他的主观世界中，这同样是蒙蔽。如果说心外求法不能掌握真相，这种心的主观蒙蔽更就是混沌地去拒绝真相。

徐：除了习禅，在您的生命成长历程里面您是怎么了解自我的？有没有一些其他的方法可以跟我们分享？

林：有一点，可能因为我看到了自己生命中太多自己不能够解释的东西，所以反而就更“了解自己”了。举些例子，为什么我生下来就对禅敏锐？为什么我家里几乎没有中国文化的书但不影响我对中国文化的一超直入？为什么我不懂日文，但我写日本的文章连日本朋友都认为很到位？这些东西是不完全能解释的，就因为不完全能解释，我反而不会说这就是我的能力而妄自尊大，也就不会犯许多所谓才情之人犯的错误。

徐：可是做到这个好难，这涉及到深度的自我认知，是不是还需要一些心理学的背景知识？

林：不一定要有心理学的背景，否则心理学产生之前人就无法自我认知了。生命就是一辈子在了解自己的过程，晓得自己的行为模式并不需要太多的专业知识，需要的是觉察，是返观，有这，你就有跳出模式的可能。就像你常提的感情问题，我们谈感情时通常都不止犯一次错误，是模式性的犯错，为什么？除了因为业力的驱力很大外，还因为你所观照的东西都是相，譬如我跟这个男孩怎样我跟那个女孩怎样，而没有观照到本质：我的行为模式是什么？进一步更深地观照：为什么会养成这种行为模式？我这个行为模式是要满足或逃避些什么？举个例子，有些人爱的时候爱之欲其生，因为对方不理自己痛苦得不得了，可是之后也可以这样消解：你观照自己，为什么现在见到他已完全没有感觉，而两年前你看不到他就觉得世界要坍塌下来？你有一个时间之流的返观，很多东西就不会陷在里面。

徐：有时候觉得“了解自我”这个话题太大太虚，反而不知道从哪里下手。

林：的确，这个话题有它的虚妄性。因为，第一，自我是变动不居的；第二，自我是被很多无以觉察、幽微或者驱力很大的业力习性带着来的。我们谈了解自我，是要超越它，是要不被它束缚。不要把自我当成一个不变的、稳定的、固态的、必须肯定必须完全接纳的个体。但我们现在一讲了解自我，外面有很多课程很多心灵导师就在那里逼问：你是谁？你的真我是什么？你的本我是什么？完全不是的，自我始终是在变动的，你要能观照、察觉这种变动。

徐：现在很多灵修的课程真都是这样，把一堆人密封在一个地方做所谓“探寻心灵”的追问：你了解自己吗？什么使你快乐？你现在幸福吗？现在的婚姻是你想要的吗？……上完课人人都觉得现在过的完全不是自己想要的生活。所以有时候感觉我们常常挂在嘴边的“做回自我”其实是一个伪命题——你是要做回3岁的自我，还是做回23岁的自我？

林：这反而是种自我的迷失。真说到底，也只有在那不生不灭的觉知中觉察自己的起心动念，你才能彻底地掌握自我。如果不能，所有的自我都是在无明中顺着惯性积累而成的，这种惯性，这种积累，会无有了时。我的人生中好像就没有“了解自我”这个课题，我只是在这生灭的现象中去返观是什么让这生灭产生，以及生命有没有离乎生灭缠缚的可能。

2

独立与依赖是同一件事

徐： 除了人与自我的关系之外，人与他人——爱人、亲人、朋友……的关系也是我们了解自我、了解生命的重要媒介。说到关系，曹洞宗开山祖师洞山良价有一首著名的禅诗："青山白云父，白云青山儿。白云终日倚，青山总不知。"意为很多事物的关系就像青山跟白云，彼此依赖又各自独立，我们人与人之间的关系也应如此，是完全独立而又完全依赖的，爱情如此，朋友也如此。您认为处理独立和依赖的关系是不是我们在处理关系问题时一个最核心的问题？

林： 这都是从相上来看。什么叫独立？你有自我观照的能力才有独立的本钱，既然你有自我观照的能力，就一定能观照到跟别人的关系，所以独立与别人的存在其实是同一件事情，都根源于观照，没有观照那个独立也是假的，那个关系也是假的，是不坚实的，也就是在无明之中被联系在一起而已。有观照，自然会有自己主体的存在，但因为宇宙的法是个缘起法，你也就不会只站在自己的观点，会照见自己跟别人的关系。

徐：所以您认为我们很多对独立的理解很表面？比如“我内心强大不依赖任何外在”“我是一个完整独立的自我”，类似这些话实际上是些很虚假的口号？

林：它是一种概念化的产物，你把它一定程度地固化、抽象化之后，它就不是一种生命的实然。就像“自由”这样一个概念，禅家一般就不用，就谈自主。自由好像你可以率意而为、可以脱离缘起；自主不是，自主是在这诸多缘起中我的出入我的进退能不能有觉照，由这觉照，我可以脱离无谓的羁绊。说一个悟者是活在生命的一种“绝待”或是究竟的自由中，是指这个觉照的主体不会因外缘而有本质的生灭，正如此，他在诸境中乃不缠缚，这样的自由才叫“绝待的自由”。

徐：我越来越发现自己在讨论很多话题的时候经常会不自觉犯概念性的错误。概念上我觉得如果我能不依赖于爱情、友情、亲情这些关系的羁绊，我就能获得心灵完全的独立，可是我又明明知道我的内心深处对这种种关系有一种自然而然的需求，就是您所说的生命的实然。

林：诸法缘起，任何生命本来就不可能有自外于万物的独立。缘起的意思是说事物一直在变化，所以一个人原来对另一个人有所谓的依赖关系，也可以因为自身的调整让这个依赖关系不再。也因此当我们把“独立”跟“依赖”变成一对孤立的概念时，你对人与人的关系就不能清楚地照见。

徐：我们在强调独立的时候，很多时候是我们恐惧失去，或者是面对缘起我们怕在一段关系里不能自主。

林：不自主来自于无明，也就是你对他完全没办法，你觉得非他不可，你不能失去他，所以一个对应面就会出现独立的要求——如果人能够不依赖这个东西，人会有多幸福。但事实上不是的，在缘起中一个东西的意义是因于彼此的关系而界定的，没有所谓独立好还是依赖好，这个断语在禅在佛法是不存在的，是个假命题，你只能说“我跟他”这样的缘起关系，而没有叫作独立或依赖这样二分的关系。

徐：当我们内心不够强大的时候，我们真的很怕失去，无论爱情、友情、亲情。我记得当年做《时尚》杂志时，有很多话题探讨关系问题。心理专家的建议是，如果你的人生只有爱情一根支柱，一旦坍塌就会失去一切，如果能建立职业、友情、亲情、爱情等很多支柱，幸福感就会多一些。您同意这种观点吗？

林：当我们把独立跟依赖变成一组对立的观念时，我们就跳不出它的牢笼，要么就觉得非依赖不可，要么就觉得非独立不可，而实然的人与人的关系不是这样子的。是你依赖他，还是他依赖你？有没有完全独立的可能？当一个心理学家告诉你说不要依赖爱情，我们还可以有别的东西依赖，但其依赖是一样的。就好像我们提过的，你追逐名车美人跟追逐仁波切是一样的，你还是不自主，你会在爱情里恐惧失去，你到另一个依赖关系里一样会害怕失去。事物的实相是：我们跟万事万物必然是有连接的。我们要观照的是，我们跟万法之间的关系是被无明所驱使，还是我们在这里有一定的观照性、自主性。我们甚至可以观照在人生不同阶段里自我的变化，在这样的一个变化之中，我们看到缘起缘灭而得到一个究竟的解脱也有可能，但绝对不是无视于缘起来看这些事。

二 爱情

1

缘起性最明显的就是男女之爱

徐：我接触您的第一本书就是《一个禅者眼中的男女》，这本书里您说：男女之事是生命修行最重要的课题。那么关于“男女之事”这个修行的课题与其他课题有什么不同？为什么值得您专门写这样一本书呢？

林：从禅从佛法来讲，修行就是要破除无明，无明是一切痛苦的根源，因为无明冲动，我们才做了让自己懊恼不已的种种事情，对无明的观照因此是修行的起始。但寻常人甚至以无明为智慧，以无明为快乐，没能在因地体察果地来临时的痛苦。说到底，对无明观照有多深也就代表着你修行会有多深，你成就会有多高。

在各种各样的无明里，爱情的无明不只冲击着人的一生，更常就是无以解套的。它的缘起性特别强，我们对许多的无明仍多少可以梳理出一些头绪来：像亲情我们晓得有血缘的关系，有共同生活的背景；恩情是来自某些事件而有的特殊情谊；友情一般也是建基在一种比较长远的互动关系上的。只有爱情，它是突如其来的。我常开玩笑讲，感觉来时，天雷勾动地火；感觉走时，挥一挥手不带走一片云彩，基本不是靠理性能够分析，不是我们想象有什么因会得什么果的，它好像在刹那间就勾起了佛法所讲的，累世以来我们深藏于心底的无明。

在这里，人是最冲动、最没有理性的，是近乎完全缺乏观照能力的，不管爱情有多伟大，人在这时的心态一般来讲是离道最远的。所以爱情是生命的一个课题，其他的事好处理，这事不好处理；其他的事情也重要，但不是像爱情一样如此关联于无明的核心。我是从这个角度，才说必须去观照这个问题。

徐：您在书里提到，“缘起性最明显的就是男女之爱”。这跟西方人说爱情是多巴胺分泌导致的说法有类似之处吗？

林：是因为你看了对方以后无明冲动起来才分泌了多巴胺，不是因为有多巴胺才爱他，多巴胺若是原因，你应该看到每一个人都爱嘛，不是，我们是看到特殊人才刺激我们分泌多巴胺，多巴胺是果，这个无明——你对他的一种爱恋才是因，而这个爱恋我们找不出可以理性分析的原因，于是我们干脆说这就是爱，这就是缘。

徐：您在书里面说“男女之事是生命的学问”，我想问一下生命的学问和我们通过上课、行履修得的学问有什么不同？生命学问的本质是什么？是更强调生命全身投入的体验？

林：这里说的生命性，主要在谈它是一个及身的东西，当我们看到一个人对另一个人神魂颠倒时，作为第三者是无法领略的，但当事人却是全身心投入，可以为之生为之死的。这样的一个爱恋中，会有一种强烈的排他性。

徐：古往今来，关于爱的定义多种多样，您这本书里对爱的定义让我深受触动："在钢筋水泥的丛林里能让人受伤的、裸露的，似乎就只有爱情，因此恋爱可以说提供了真正认识自我的一个机会。"为什么要裸露、要受伤才能够认识自我？

林：我就用剑客的例子来讲。小山胜清写的《岩流岛后的宫本武藏》中讲述了400年前的剑圣宫本武藏为什么舍弃了爱人阿通而从事剑道的故事，他说：人生历程中，我们的生命因各种需要被披上了太多自我保护的甲胄，只有在两刃相交之际，你才发觉你的学问、你的名誉、你的权势、你的金钱，都无用，所凭借者唯此手中一剑耳。这些后天的甲胄卸尽后，你才会看到真实的自己，包含恐惧在内的种种东西，所以宫本武藏就选了这条面对生命实然的路。

我们是不是能像宫本武藏一样鲜烈地去选择是一回事，但即便不如此，你能观照爱情，它同样会让你一定程度地裸露。我们常看到一个富可敌国的人为一个小女生所迷，宁可抛弃一切，当然从迷的角度来说它是无明的迷，但你如果能稍稍跳出来观照，也就会重新照见到自己的生命有多脆弱：所有你建立在社会网络中的关系，所有你费心得来的金钱物质，其实跟你的生命都没太大关联，面对能触动你生命底层最深处的东西时，你跟一个小少年一样无助。爱情就是能够让你裸露，让你看到自己的脆弱，让你观照无明，让你认识自我的一个很重要的缘起。

徐：现在有很多人感叹，找到真正的爱情越来越难。是不是因为我们身上的甲胄越来越厚难以裸露真心了呢？大都市里单身的无性恋越来越多，很多人甚至觉得：我有车有房有自己的事业自己的生活，干吗找一个人来添烦恼？

林：固然有一些很有社会资源的人会觉得自己不需要爱情，但同样也有许多非常有社会资源的人可以舍弃那么多实然的权势利益去追逐一个外人眼中虚妄的爱情。所以回到你刚才的话，你看爱情多特殊，无论我们是逃避它或面对它，它都有如此大的力量让你做出一些“反常”的行为。

2

真实对爱情的谛观要离开“相信”，灵魂伴侣本身就是虚妄的追求

徐：世人在谈论爱情的时候有一个永恒的主题：我们是否相信有一生一世的爱情。尤其是面对无论周围人还是娱乐明星的种种情变、婚变、出轨等狗血事件，我们越来越觉得执子之手与子偕老的爱情根本就是神话。看了您《一个禅者眼中的男女》这本书，我才慢慢明白，世人最大的误区就是以不变的期许看待爱情，因为爱情是缘起性最强的。但是有另一个问题就出来：既然爱情不是永恒的，那我们相信爱情的什么？是相信爱情当下的美好？相信我们共度的时光？您觉得这么理解对吗？

林：这个理解不能算错，但我的意思是：真实对爱情的谛观要离开“相信”。爱情更深的是因为两个生命之间的因缘，是因为我们在一个起落之间扮演的角色，而不是相信。我们就是因为有太多希望、太多相信才会产生那么多的误差和痛苦。

徐：可是对一生一世爱情的相信是我们最美好的人生期许啊，当我们看到类似您和师母在一起的画面，看到很多携手相伴的老人家，我们还是希望这样的爱情存在啊。虽然两个人相伴一生需要极大的因缘、两个人共同的生命智慧和慈悲之心，但我们不愿意放弃这个相信。

林：我相信一生一世两个人之间的特殊关系，而不用“爱情”这个字眼，因为到后来，即便我现在跟你们师母的关系也不是爱情能够定义的。两个人携手一生会加入很多的东西，即便说我们彼此都觉得不可或缺，也不是“爱情”两个字所能说清的。

徐：对完美爱情的奢望是不是也是一种误区？

林：每一个人的模式尽管不一样，但追求完美的本身就是一种妄念。我们不只在爱情里，在我们的事业里、在我们的人际关系里，我们都会奢求完美，但往往这个地方也就让我们痛苦不堪。我常讲，我是“看尽道场怪现象而不失道心的人”，能够接受这些怪现象，也还能够走下去，这才是真实的人生。

徐：对于完美爱情的奢望以“灵魂伴侣”为最典型了，尤其对于文艺青年来说。虽然我们也无从定义什么叫灵魂伴侣，但我们总认为存在这样的伴侣关系，电影、电视、媒体也常以此为主题，这也让我们对身边的伴侣有各种不满。我自己曾经写过一篇文章，叫作《灵魂伴侣不是找到的，是创造的》，还为自己的这个观点有点得意，但跟您学习之后，您的棒喝让我醍醐灌顶：灵魂伴侣本身就是虚妄的追求，这恰恰是我们婚姻烦恼的根源。

林：对灵魂伴侣的虚妄想象，很像人们对艺术家的虚妄想象。许多人以为“作品”就是艺术家本人“实然”的化身，跟艺术家在一起就是一种灵魂的结合。但事实上，与艺术家的亲密关系更多时候是“因误解而结合，因了解而分开”。艺术跟生命的关系，有投射的关系，有延伸的关系，有互补的关系，有悖反的关系，有两不相属的平行线关系，生命从来就不是单向的，但对艺术、艺术家，对爱情、灵魂伴侣，我们就有太多单向的想象。

徐：“艺术跟生命的关系从来不是单向的”？能再说详细些吗？

林：艺术尽管是生命的聚焦，但它跟实然生命的关系其实很复杂。我在教艺术学时，常提到现在的艺术史——尤其是美术史论述就过度简化了这种关系，总一味地以为有怎样的社会就有怎样的艺术家，有怎样生活背景的艺术家就会产生怎样的艺术，就直接将艺术当成生命的依变数、将生命当成社会的依变数来看。但事情哪有这么简单的！

就拿艺术跟生命间“主变、依变”的关系来说吧！我上课总会拿日本禅僧“仙厓义梵”一幅《想摘月亮赶快摘》的“指月布袋像”做例子，我做过测试，几乎所有人看到这张画，就觉得是当代的水墨卡通，但其实它是两百年前一位日本禅僧的作品。如果艺术就只是生命的依变数，生命就只是社会的依变数，那艺术或生命的可能性就不见了，也就丧失了它大部分存在的意义。

艺术当然可以直接抒发当前的生命感受，但许多艺术它不只是在投射现状，它更在对现状的所感所思有所延伸，就像画家画人像，基本不会完全如照相般写实地去画，这里总有艺术家本人主观的延伸。而更有许多艺术作品，它所写所抒正就是现实之所缺，艺术家书写它，是要补足自己现实的不足。我有许多艺术家朋友就如此，现实下有人是极端的含蓄害羞，但写起书法来却恣意驰骋，豪迈大气，另有一位朋友是知名画家，讲话做事粗枝大叶，但写起散文，你还以为是十七岁《窗外》的作品。说互补，这是艺术很重要的功能，它让我们能在艺术作为中将生命的拼图完成。

至于说悖反，又比互补走得更远。我认识的一位画家，第一次看了先生的画展就决定嫁他，因为画的都是暖色调、阳光玫瑰地中海的作品，但新婚之夜就遭到家暴，原来先生之所以画这些，其实就是在对自己做一种艺术治疗，他的生命晦暗阴沉，自己都受不了，只能在画作中求得片段的宁静。记住！作品是艺术家自我艺术治疗的产物，这例子在艺术界太多了。

而说平行线，我的确看到艺术家一拿起笔、一上了台就“上神”的许多例子，那种状态，不是现实的补足，不是悖反，就是另一个人。

人就是这样复杂，艺术与生命的关系就是这样复杂，何况感情！

徐：是啊，感情更不是单一的、单向的。

林：我们有家庭生活，有朋友生活，在文化圈里跟我们那些志同道合的知己会有灵魂的生活……一个人本来就好多层次，生命原本就是多元的复合体。当我们想象灵魂伴侣的时候，正是把生命想象成比较单一的，或最少有一个核心是绝对不能更换的，其实不然。生命在不同的阶段有不同的需要，不同人也有彼此不同的需要，也因此一个人会在不同的面相里跟不同的人结缘。

举个例子，我跟你就是师生的关系，我怎么会去过问你跟你老公的关系如何？生命其实是由这样的各种网络结合而成的。但在爱情里我们常把某一个单点放大，不只放大还变成唯一，所以就会出现“灵魂伴侣”这样的概念，我们希望所有的东西都出现在那个人身上，那个人可以跟我们共同生活，灵魂又跟我们完全契合，这哪里可能？

徐：真的不可能吗？我们总觉得自己没有找到不代表别人没有找到啊，比如梁思成和林徽因、杨绛跟钱锺书都是传说中的灵魂伴侣啊。

林：他们日子过得好不好你哪里真正知道？我常说，婚姻更多的是相惜，有时跟其他灵魂还更多的是相知。相知跟相惜不一定是一回事，也可以完全是两回事。

徐：相惜？这个说法我没有想过。不过，如果按照“灵魂伴侣”的标准，老师跟师母看上去似乎不是外人定义的灵魂伴侣，您是禅者，师母完全不习禅，哈哈……

林：相惜是什么？如果今天一个人犯了我的家人，我会拿性命跟他拼叫相惜。相知不见得会这样，相知就是在这方面我们有一种共鸣，但我晓得你是另一个世界的，你是属于别人的，很多东西只在这个地方我们心领神会，但情感上还是有不同。这两个东西当然不是说能完全分割，中间会有重叠的，比如我跟他又相知又相惜，这当然有可能，但我的意思是当我们过度把两性关系把爱情单一化、扩大化、核心化、概念化，就会出问题。

徐：灵魂伴侣这个词估计就是文艺青年、知识分子想象出来的。您觉得是不是知识分子有时候往往更加处理不好爱情？您觉得他们在爱情上经常会有什么盲点？

林：一个是概念上的盲点，一个是自我的盲点。知识分子爱用自我的观念构筑他的世界，因此反而会处理不好跟别人的关系。

徐：我有一些朋友参加过某些两性培训课程，被一群两性专家追问：你幸福吗？你有爱吗？问来问去这些人都觉得应该离婚。这些课程表面上好像让我们更加了解自己，实际上他们是树立了一个更加标准化、概念化的东西，然后让那些真实的体验变得支离破碎。

林：所以为什么宗教心那么重要？我给你举个自己的例子，师母的家原来算蛮大的，他们家的东西都随便丢，所以你现在到我们家看到的可以说就杂乱无章。我以前当然会发火，后来转念一想，把这样一个家住得蛮大的人娶进我这个家那么小的，这是我的问题不是她的问题。只要这样一想，事情也就改观了，因为她毕竟跟你有缘，你不能为了这点事情而否定这缘分，或者对那种因缘的感觉就不见了——这因缘就例如茫茫人海中你怎么就会碰到她等等。当然，在婚姻爱情中彼此还是有不同的无明，真有那种长期而不可缓解的冲突，我也不会不赞成离婚，我只是说我们有时候离婚的理由是蛮可笑的。

徐：您举的这个例子我非常感同身受。尤其现代人如您所说都越来越讲求自我、平等、独立人格，大事小事谁都不肯在婚姻中妥协。我周围有一对夫妻就因为谁做家务离婚了。很多夫妻都因为各种生活习惯的差异争吵不休，我们对婚姻的幸福感就因此而被消磨掉了。您在《一个禅者眼中的男女》里面讲了一个观点：在生命尊严的基础上强分谁应该做什么是应该彻底被摒弃的。很多人会对此有异议：男女是平等的啊。可 50%:50%，问题就来了。

林：两人的相处，与其去谈如何分配权利，不如去想如何互补。互补是婚姻长久的重要基础，不是相同，更不是分割——比如你家务做 50% 我做 50%。互补就是说假设这个家庭是男主外女主内的话，你要去想：如果没有这个内你这个外也好不到哪里去，内外是合成一个整体的。当然我也不反对男主内女主外，只要两个人彼此适合，但就不要无谓地去争——如果我们在每一个地方都要平分，那就自己过活好了。

徐：说到把爱情概念化，有很多这样的例子。比如一些年轻女孩希望找到“有上进心”的男人，可什么叫上进心？挣大钱出大名就叫上进心吗？类似的概念在爱情里还有很多。

林：其实爱情婚姻很简单——两个人在一起是个榫头的问题。第一，榫头对就对了，因为是他们两人的事，榫头不对什么都不对。第二，是看这个榫头要放在哪里，榫头放在什么地方是最好的位置。榫头接准，木器才能牢固，生命也是如此。第三才是看这个榫头所呈现的生命境界是怎样。能从这三个层次来看，我们对婚姻就会有比较完整的看法。

徐：虽然您说爱情很简单，就是一个榫头的问题，但是现在大龄单身女性越来越多，很多女性到了三四十岁会有这样的想法：如果找一个男人不能“提升”我的生活而只是添堵，我宁可一个人过。可什么叫“提升”？凭什么一个男人有义务提升你的生活？您怎么看这些大龄女青年的婚恋困惑？

林：问题还是她们把“好”单一化、概念化。我们看到很多的名人是养育了孩子自己才有所改变的，孩子哪里能够提升他，是有了这个生命产生了其他元素进入了他的生活，让他有了重新观照自己的机会，才有了提升。所以当我们把“提升”变成一个空洞的字眼时是没有意义的，往往是有了新的生命经验，理论和实践才会提升。我们讲逆境是什么，逆境是往下拉的，但如果你会观照，它也可以是让你往上升的力量，这就是佛家所讲的“逆增上缘”。所以怎么会有一种力量它是客观的，就叫“提升的力量”呢？没有这种力量的。就好像当我们给一个孩子最好的环境、最优渥的条件，搞不好反而害了他。

我为什么要提养孩子？因为道理是相通的，它们都是一个经验，生命中很多的经验不是能用概念来替代的，只有实际体验过，你才晓得对或错以及它对你的意义。爱情也是这样，我们爱一个人是为了提升吗？没有。爱就是一种体验，这种体验能不能提升生命是看你自己。

徐：在爱情里我们应该更相信自己的感觉还是父母亲朋的建议？这对很多年轻人尤其是一种困惑。比如以前我们《时尚》杂志经常收到的读者来信就有这样的例子，一个 28 岁的年轻女孩有一个交往 3 年的不错的男朋友，父母亲朋都劝她要珍惜，但这个女孩就是不想嫁给他，觉得未来可能会遇到更好的男人。珍惜永远是过来人说的话。年轻人是否应该有勇气按照自己的感觉走，即使未来证明是错误的选择？

林：我们给他的建议是过来人的，但还是我们自己的经验，生命有许多事情是必须亲身体验的，只是在这亲身体验中所用的时间是多是寡，感受是深是浅，差别就在这个地方。对所有生命的议题，我们在旁边只是给个意见而已，这些不能直接就变成他真实的经验。如果一个人觉得我还要找到更好的，也没有错，那就往前走。什么叫生命的成熟？是我接受了我所有的选择，也看到了我选择的局限，这叫成熟。

3
对夫妻来讲，接受比懂更重要

徐：虽然您说“灵魂伴侣”是个假命题，但找到一个相知相惜、一个“懂我”的人对相恋的人来说难道不是很重要吗？

林：当成一个期许是可以的，我不是常说“生命可以想象，生涯不能规划”吗？你可以期许，但你不能要它一定出现。世尊讲佛法如何难求，说就像无边的海水中，一只盲龟在游泳，一块木头在漂，木头中间恰好被腐蚀了一个盲龟头部大小的洞，而盲龟竟钻进了这窟窿里，他说这叫“佛法难求”。我的意思是灵魂伴侣也是这样。所以每次我演讲问大家，认为另一半是你一生中最美好对象的请举手，有人举手，我也不说他是假的，我只有一句话：恭喜你，你的福报太大了。当然，我们可以想象完美的爱情，就像我们可以想象我们有超人的智力、不死的身体，但那都是假象。

徐：如果灵魂伴侣是个伪命题的话，我们至少应该做到不能因为有这样一个标准，欲求不得，就去强行改变身边的伴侣。我就曾经听到某女博士后嫌先生读书不多，给先生开书单强迫他读书的真实故事。她的理由是，他老不读书，他怎么会“懂”我？我们怎么会有共同语言？

林：她应该另有自己的生活圈，跟她谈那些她认为灵魂的事情。她也应该晓得：当我有危难时，灵魂伴侣不见得靠得住，而是这个老公会为我两肋插刀。对夫妻来讲，接受比懂更重要。

徐：我们大都认为懂比接受重要吧，接受并不难啊，凑合生活在一起不也是接受吗？可懂很难啊！

林：我们每一个人都是不一样的个体，当你以为你懂他时，常常并非真就如此，往往你也只是在这里满足你心里的想象而已。接受的意思就是我们能够承认他跟我们不同，只有承认他跟我们不同，我们才会对他跟我们的同真正去相知相惜。求取完美爱情的人最容易爱情幻灭，因为他其实没有去承认到彼此间的不同。那些所谓的“灵魂伴侣”万一意见不合时往往失望也更大，因为在认为对方是灵魂伴侣时，会觉得所有的地方都相知，好像彼此是同一频率同一步调的，人怎么可能如此呢？他一定有你看不到的地方，有你现在不想去看的地方，是跟你不一样的。

徐：虽然追求完美爱情是妄念，但是吵吵闹闹走过一生，到生命尽头的时候怎么判断自己的爱情婚姻还算 OK 而不是低质量的爱情和婚姻？有些人虽然也携手一生，但可能从来也没有彼此真正了解，甚至还彼此折磨。

林：什么叫好？就是当你得到的超过你预期的就叫好，当你得到的不如你预期的就叫坏，所以好坏关乎你的预期。但问题是这个预期有没有观照到生命的实相呢？这个预期有没有观照到这个关系不能只是自己主观的预设而必须是两者之间的关系呢？你如果观照到这些，那么你的预期就不会是一种无妄的预期，就比较合理了。我们在爱情里常把预期当成是客观的、不可逾越且完美究竟的，当然就会失望。每一个人都想找一个完美的对象，落空后，每个人就勉强接受现有的，但勉强的结局有些人也还是不能接受，有些人就说，好，我 51% 接受，但我永远会为那 49% 的遗憾在咬牙。根柢地说，问题哪里在于能否寻得高质量的爱情，问题在于我们的预期是否建立在一个生命的实然上。

徐：爱情里生命的实然指的是什么？

林：生命的实然就是：我们这个时候动心了，他的确有让我们动情的地方，我们也合理地好好地维持了这个关系，但我们也知道这是牵涉到两个生命之间的事情，有时候不是你变不变的问题，而是它必然变；有时候更不是你自己变的问题，而是对方比你更会变。所以在这方面你就会更加坦然，能够接纳一个爱情的聚与散，关键更就在于这聚与散之中你的处理如何。

徐：我们经常把这句话挂在嘴边：男女因误解而结合，因了解而分开。好像意思是爱情让人雾里看花，了解了对方之后爱情反而消失了。而您却在书里说：这个了解不是了解了对方，而是了解了自己。

林：因为爱情的特殊性，它固然最容易让你全身投入而迷茫，但你如果会观照，在这里也就最容易看到自己生命的盲点、自己生命的冲动。你会观照，爱情真是一面镜子，活脱脱就把你照了出来。

徐：现实中我们常常照的不是自己，而是照着对方：我终于了解你了，原来我爱上的你和真实的你不是一回事，所以就失望就想分开。

林：我们原来心底就有一个模糊的、虽然很少浮现却一直存在的影子，我们常就是拿一个外来人去贴合这个影子，当我们发觉人与影子不完全吻合时，我们说是对方的错，其实常常是我们自己主观的问题。

徐：了解自己对爱情来讲并不是结束，您在书里的阐述更进一步："好，我了解了自己，我要的并不是这些，之后就生命或禅的立场还不够，还要再逼问自己一句：我所要的对我这么重要吗？——这才是爱情存在于日常生活中的转机。生命的轮转是在承受中的自我创造，这也是我们不赞成轻易抛弃旧爱另寻新欢的原因，否则我们会一再失望。"

林：如果我讲得更直接一点，我们的生命有很多重要的事，我们往往过度强调爱情而忘记了还有其他重要的事。如果爱情只是重要事情之一，你就不会把彼此之间的矛盾无限放大，就不会在这无限放大里做出一些不该有的选择。

徐：是不是还有一种可能：实际上有时候人也并不那么清楚自己要什么，只是"我以为我要"，当你轻易放弃了之后，你就没有给爱情一个成长的机会，也没有给彼此一个进一步深度了解的机会。

林：两种情形看你是哪一种。第一种是，你要的原来是别人灌输给你的，你其实就为了一个虚妄的概念而轮转。另外一种情形是，你不是完全活在自己的主观世界里，于是真接触了，也就会在相处中发现很多新的东西，也就会发觉其实他最初吸引你，或你最初投射的东西，原来也没那么重要。

4

爱情、婚姻、性是三件事？不，生命是一个复合体，没有纯粹这件事

徐：我们在选择恋爱婚姻伴侣时总是要得太多，希望一个人集齐所有我们渴望的优点：有颜值、有身材、有钱、有幽默感、懂生活、忠诚、性能力强……而有一位两性关系心理专家的观点是：爱情、婚姻、性是三件事，不要混为一谈，分开处理就好了。您同意这种观点吗？

林：我不同意。生命是一个复合体，所以没有纯粹这件事，刚才我们讲的灵魂伴侣之类的问题也都是把某一种概念纯粹化，其实对生命，这些都只是个比例的问题。我们可以说在今天这个时代里，爱情的占比较过去更高了，性的占比更高了，但不代表有一个叫作“纯粹的性”——纯粹的性跟你买春能有什么差别？就是动物性行为嘛。如果动物性行为在人就可以“纯粹”地存在，我们为什么会有强奸罪？台湾有个女性主义者甚至要被强奸的女性享受性的快感，但人不是如此，因为这里面包含性的霸凌，还有自尊的问题。比如我们今天吃饭难道菜做好了就好了？

你跟你不喜欢的人吃饭，那菜多香你会觉得香吗？这种把某些概念独立化其实是误解了生命。生命的实然是个比例的问题，比如说在处理这样一种关系时，这个人爱的比例会重一点，那个人性的比例会重一点，这个人家庭的比例会重一点，而不是截然的。截然就已经离开生命的实然。

徐：当时乍一听这个心理专家的理论觉得似乎也不错：婚姻是社会制度的一种延续，爱情嘛就是多巴胺，然后性就是原始欲望，分清楚这是三件事，你就不用那么纠缠了，就不会在婚姻里还要火热的爱情，因为和一个人性感受好就爱上他……于是想要婚姻的就结婚，想要一直恋爱的就单身，在意性的就多找几个性伴侣……听上去道理说得通，但有时候也会迷惑：作为有血有肉的人，怎么可能把爱情、婚姻、性像区分数学公式一样分得那么清楚呢？

林：这是一种锯剑疗法，一个人受了剑伤，你让他找外科把外面的剑柄锯下来，其他的我不管，里面的剑身另外再找内科去挖。不是这样的，剑就是一把剑，你身体也是整体承受的。就像婚姻固然有它的社会性，但婚姻怎么会只有社会性呢？除非你真的讨厌他，除非你是被逼迫的，共同生活在一起还有了孩子，怎么可能是一个全然的资本或社会地位结合的关系呢？性也是一样，性的愉悦不只是肉体。当你把性完全当成一个本能的话，你就会在这里面耗掉所有的东西，因为从本能的角度谈本能，它是不能被控制的。

徐：那么婚姻是否可以实现这三者的统一呢？

林：原来传统的婚姻是设法让这三者成为一件事，但也会产生一些弊端，因为你过度强调是一件事时，你就发觉两个生命在三件事上要合在一起太难，会有各种的摩擦。但我们现在为了处理这样一种摩擦，就把它完全分割开来，也是没能看到生命的实相。所以还是我刚才说的，是个比例的问题。

徐：我周围有很多女生，爱情就是她们的主场，似乎只有不断地恋爱才让自己有存在感。一个总是追求爱情刺激的人是不是有某些心理的缺欠？您在书里说："一个人可以不选择婚姻，也可以追求更高生命价值的完成，但是绝对不能只是为了怕失掉恋爱的感觉而不选择婚姻。一个一辈子追求恋爱的人是一个逃避自我的人。"为什么这么讲？

林：应该这样说，当我们一味追求恋爱时，其实一定程度是我们顺着我们的情性在心外求法，我们其实没有机会去看到自己。猎艳的人哪里会看到自己？他的眼睛都在对方身上。从禅的角度来讲，不敢面对自己的人就是个失败的人，即便你坐拥天下，你无法巍然独在，你无法面对孤寂。

徐：您在书里还有这样一个观点："婚姻把爱情变成了亲情，而且更进一步变成恩情。男女要想走得久，就要转爱情为恩情。从爱情的激情到友情的相知、亲情的接纳和恩情的感激，恩情比爱情对婚姻有更决定性的影响。"这一点说实话，爱情是亲情一般人都理解，但是为什么您这么强调恩情的重要？

林：这跟我佛家的因缘观有关系。在茫茫人海里，为什么我们能碰在一起？是无以解释的。宗教心就是对于许多不可思议的事产生一种生命的谦卑。面对无明的、冲动的爱情，我们往往以为理性可以解释，太多的两性专家就是用理论在解释这一切。我调查过，至少在千禧年之前，台湾所有在报章杂志写两性专栏的作家都离婚了。为什么？因为他们以为爱情可以照着理论来解释。真正的宗教心是观照到因缘，观照到因缘的复杂而产生一种谦卑，于是能消溶自我，也就会更看到对方的存在，更能感恩对方的存在。

5

对于出轨，回到人性局限的观照，我们才能真的解套

徐：还有一种很盛行的说法：婚姻是违反人性的，因为人性就是希望更多的恋爱更多的交配，但婚姻束缚了人的自由，这也成为很多人婚内出轨堂而皇之的理由。可是细一想：如果说婚姻是违反人性的，但人希望在婚姻里获得安全感、彼此照顾这也是人性啊。所以，把人性单一化是不是也会带来很多问题？

林：人就活在社会里，没有任何一个跟别人有关的行为可以完全脱离社会这个网络而单独谈它，这也是个比例问题。什么叫压抑？什么叫解放？完全的解放是不可能的，人类还有战争的本能，我们还有夺取别人的东西占为己有的本能，如果性的本能可以直接发泄的话，那么占有的本能为什么不能直接发泄？如果占有的本能能随便发泄的话，你想社会会有多乱？所以说，这些理解也都是片面的。

徐：您在这本书里说，19 世纪日本有一个禅师至道无难曾经有一句禅语：男女相交是自然之道。那么自然与放纵的区别是什么呢？

林：自然就是承认在我们有限的生命里某些东西是存在的，但自然的意思不是无限放大它，恰恰因为它存在所以就面临一个处理它的问题。不能说处理它就叫违反人性，就像人性本质是自私的，所以我们要处理自私的问题，不能说我们处理自私就叫违反人性。你看小孩子遇到什么东西都想要，那为什么要文明？文明本来就在制约这些东西。

徐：道理虽然是这样，但很多人在婚姻里仍然会有渴望爱情、渴望婚外性关系的冲动，无论年龄大小无论地位高低，所以才会有那么多出轨的狗血故事。这好像是人类很深的一个无明。我们该怎么处理这种无明？

林：该怎么做是一回事，我首先要更从本质来说。我们在谈西方的原罪观念或佛法的无明时，除非对彻底悟道的人，就不是在谈究竟解脱无明、放下无明、脱离原罪的问题，而是我们有原罪、有无明那该如何处理的问题。所以我课堂上也常如此问大家：没有思想犯罪的请举手。你一举手我就把你踢出去！人的可贵是我们思想犯罪但行为不犯罪，也就在这上面，人的尊严才出现。所以人在渴望一种即便是虚拟的爱情时，固然情有可悯，甚至有他的真挚在，但我们不能去无谓地追逐这样的爱情，这中间，其实更有着一种超越的浪漫。如果不能够有超越的浪漫，不要跟我谈男女之事。

徐：我看您书里也是这么讲："极致性的体会人的有限，实际上是否定了生命自我超越的可能。”可是好多人会觉得“超越”这个词好高大上，离自己很远。

林：超越指的是我们对于现实所能及之事有所必为或有所不为，这叫超越，而不是一定得设想一个远在彼岸的目标。举个例子来讲，我是有婚姻的人，我遇到了一个我觉得真是比老婆更好的人，我欣赏她，我甚至也可以跟她无话不谈，但我们有一句传统的话看来老派其实是一种超越：发乎情，止乎礼。

徐：可是这种处理方式现在的年轻人很难接受也很难做到啊，包括一些中年人也很难做到，他们会觉得太传统太老派了吧？

林：我们要晓得有太多的道德、太多的伦理、太多的价值观虽然我们不容易做到，但它必须在我们前面，我们不能否定这些，以为否定这些就可以得到快乐。正是因为有它们在，我们才有可能让自己不放逸，才有可能让自己不反噬自身。

徐：您说过，爱情是一种缘起，于是有些男女在婚外情的时候也非常理直气壮、问心无愧地说：这也是缘啊，孽缘也是缘。

林：这跟之前把爱情、婚姻、性截然分开来一样，我的回答还是：生命是个复合体，不能单一地用爱来诠释。爱是生命的一部分，爱牵涉到一个基底的无明，但爱不是一切，人的生命是一个丰富的整体，爱只是其中的一部分，当你把爱扩充为整体时，生命其实已经离开实相，就不如实了。而其实，那种说法也就是个借口。

男女示爱，然后组成家庭，还有所谓爱的结晶——儿女，这些事实，说明了爱从来就不是一个完全可以孤立起来的东西，它会衍生很多的社会行为，甚至在过去的时代里两个人的结合还不只是因为爱，更是两个家族的结合。而现在人的一个苦恼是，为了自由恋爱把爱孤立起来，把爱扩大化，却反而扁平甚至削弱了生命的一个实在性与整体性。

徐：很多人会说：爱是无罪的。以此为自己的出轨行为开脱。

林：如果爱是无罪的，我就举个例子，父亲与女儿谈恋爱可不可以？如果爱是无罪的，那我告诉你，性也是无罪的，性就是一种本能，一种肉体的需要，是老天赋予我们的一个生殖能力，但我们为什么要给它制约？是因为我们营造的是共同生活，共同生活不只是一个面向社会大群体概念化的生活，在这里更牵涉到活生生的另一个人。所以我们不要以为爱、性这些都是本能，都是中性的，不是，从来没有一个概念是中性的。

徐：您怎么看待爱情中的占有欲？我们希望完全拥有对方，不许精神出轨，更不许肉体出轨，所以当我们有所怀疑时我们就去查手机、查隐私……

林：这个我认为没有什么有效的方法来说什么叫对什么叫错，我倒觉得要缓解或者要彻底消解这问题，还是得回到我们对生命本质的观察。就如我们谈佛家的无明、基督教的原罪，从这些角度我们知道人都是残缺的，因此，如果当年他可以无明地爱上我，他往后当然也会无明地因另一个生命而触动，所以重要的是面对这件事的处理方式。譬如说我就不会去翻别人的隐私，不会去看别人的手机，这不是容忍，是因为我晓得这是人性，等到有一天真有事，她明白跟我讲，那就是好聚好散的问题，而不是在这中间我们觉得可以完全占有对方。所以能回到人性局限的观照，我们反而真能在这个地方解套，不回到人性的局限就不可能，因为你总觉得他属于我，我属于他。

更何况谁没有精神出轨呢？我很直接地问。当我们有那一念之动，说：啊，当年我为什么没遇到他——这已经是精神出轨了，只是说这出轨是否真碰触到了一个更严重的底线，这底线就是性行为。因为两性的结合有性的基础在，这点要走出对许多人有一定困难，但在此之外，你就不要轻易地又画出其他底线，徒增自己的烦恼。

我刚才讲生命有很多面，他可能跟她精神出轨了，但你出任何事他是第一个跑回家的，人不可能永久完全拥有对方。所以对这问题没有一定的标准，重要的是当你能回到生命实相来看，你处理问题就比较不会有怨尤、有纠结，要不然你原谅也有怨尤，分开也有纠结，就永远没法解套。

徐：在各种媒体、各类影视剧、中外书籍中有一个永恒的话题就是：出轨之后怎么办？我们《时尚COSMO》的两性专家曾经给过一个建议：首先要原谅，因为人是有局限的，就像成龙在谈到私生女事件时说“我犯了所有男人都会犯的错”，原谅别人也是放过自己，但原谅之后是否维持婚姻每个人可以有自己不同的选择。您对这样的建议怎么看？

林：我本来就不赞成爱情过度洁癖，这是第一个。第二个我不同意成龙那句话，你凭什么讲所有人？我就没有犯，你可以直接承认你犯的错，没有必要拿所有男人说事。这个世界人太多了，他这么讲就把生命的可能性说低了。

徐：但是作为当事人，要不要重新接受曾经出轨的人呢？这个我倒觉得没有标准答案，要看自己的选择。

林：是看自己，这中间最底线就是一定不要将自己的生命逼入极处，这是一个原则。逼到极处就是说很多人表面上原谅了其实并没有真正地原谅，接受也没有真正地接受，一直耿耿于怀，这个事情就变成他一生的负累，不要走入这种情绪就可以。

徐：我身边就有这样的例子，尤其很多知识女性，她们会觉得这种事很丢脸，因为想显示自己的修养和大度于是把所有的愤怒压抑，即使为了孩子或者其他一些原因选择还是生活在一起，但最后两个人的关系变成了冷暴力和彼此折磨。

林：所以要回到我们刚才讲的对爱情最基础的看法。爱情是一种冲动、一种无明，所以当他不爱我时不代表我不优秀，只代表恰好在这时与别人接上线，这样虽然在情绪上我们不能够马上缓解，但最少不会把这情绪无限扩大，因为在男女的不忠问题上牵扯着太多的自尊问题，能从自尊里解套是非常重要的。这样你就不会无谓地做一些行为，你就不会深度地受伤，那才叫“缘来则聚，缘尽则散”。

徐：还有一个问题也是很有争议的，如果你已经结束了婚外情，自己的家庭还算幸福也不想离婚，是否要向家人坦白婚外情？不坦白是否意味着不诚实？

林：坦白是一种行为，不代表对。举一个例子，当一个身心比较脆弱的人得了绝症，你到底要不要告诉他？这时候坦白不见得是好事，你要的是期许自己不要再犯。

徐：这样会不会不够如实？

林：如实是看到自己的起心动念。因为如实，你再犯的概率就会少。如实不是说把心中所有的话都讲出来，我们把心中所有的话都讲出来，天下就大乱。

6

以为放纵“性”人生会更丰富其实是不可能的

徐：既然您的书中涉及到了男女，那就不能不涉及到性。我知道您是一个比较古风的人，但还是想问您一个问题：今天的年轻人甚至包括越来越多的成年人不再那么传统，他们不追求“执子之手与子偕老”那种古风的爱情，而是追求丰富刺激的体验，比如追求更多恋爱的体验，乃至追求性体验的丰富，甚至有的人在讨论“一生睡遍多少人才不算白过”。您作为一个大学学人类学的专家，同时作为一个禅家，怎么看这样一种生活态度？

林：这是更深的一种无明，他其实就是把性当成吃饭，如果性就是吃饭，你就在街头公开做爱嘛，所以它逻辑是不通的。食色，性也，性是本能，但它跟其他东西不一样，只要牵涉到性就有尊严的问题，因为性是把我们生命中最多的无明彻底裸露，我们的文明一定要在这里有所制约。

徐：您在书里面说，让性不妨碍甚至有益于生命，首先要提到性与爱的不可分，但是今天有些人尤其有些年轻人认为性与爱是可以分开的，所以他们对一夜情、对性伴侣并不排斥。

林：我们讲性跟爱是不能分的，不是说要合一要完全结合在一起，“不可分”的意思是不会有完全没有爱的性而可以让你得到真实满足的。完全没有爱的性是没有尊严的性，也就是我刚才讲的，它其实抽离了性的本质，性里面如果没有尊严，请问各位难道今天为了尝遍不同的身体，你可以随意滥交吗？

徐：他们会反驳说，怎么叫滥交？只要我单身没有伤害谁，没有违法，为什么不可以？食色，性也。

林：你是没有违法，但我举个例子，在性里面如果一个男人阳痿他怎么办？如果别人认为你的性能力不及格你怎么办？性难道没有尊严问题吗？我们喝个咖啡喝个茶可以没有什么尊严问题的，但性里面哪里是大家想象的完全肉体？它牵扯到自我认同。所以为什么男人整天在比性能力强？一个男人被一个女人讥笑“不行”时，回去会恨不得撞墙而死。有人以为食跟色就是同一回事，性是本能，吃也是本能，但事实是我们却不会去比谁吃得比较多就比较有尊严，虽然社会也许会告诉你吃米其林比较高级，但是你喜欢吃玉米，我喜欢吃大米，他喜欢吃番薯，很多时候跟尊严可以完全无关。所以谈这些东西都是鬼扯，他们以为自己看透了，其实不然。性关联到一个生殖的问题，性的存在最先不是为了愉悦，是因为有愉悦好让你去生儿育女繁殖后代，如果我们今天没有繁殖后代的需要，没有族群延续的需要，真的可以不必演化出性。

总之，性一定会牵涉到自我认同，它是一个生命的某种核心。很多东西当我们把它概念化、绝对化一定会出问题，性与爱更是如此。尽管在现代，性的欢愉性较过去更被强调，但还是个比例问题，比如在光谱里面有各种色块，因为时代不同、个人不同会有不同调配，但千万不要把它们概念化，用概念来分离它们，将它们纯粹化、绝对化。

徐：过度追求性体验是不是跟过度追求恋爱是一样的心理？

林：绕路说禅，我举一个艺术的例子：当艺术没有规范时就没有艺术，什么都可以做的时候就没有艺术。艺术是什么？我告诉你写五言绝句，你就只能用20个字，在这20字里把要说的话说好。艺术为什么会产生能量？艺术就是“自我设限的自我超越”。连运动都是这样，为什么踢足球时手不能碰？为什么我们要用篮球投那么远的篮？而且篮筐就比篮球大一点，为什么不造一个大筐我们可以百投百进？因为这里面就没有一种超越。我的意思是，当我们放纵所有的东西时，你以为人生会更丰富其实是不可能的。人生是怎么丰富的？因为我现在比过去更超越，看得更多更深更远，感受得更贴切，这才叫超越。

7

爱情行为的多样性也代表我们异化可能的多样性

徐：未来的社会形态，爱情、婚姻的状态都会越来越丰富，不再是传统的异性恋，还有独身、同性恋、双性恋、丁克、不婚、同居等等，您觉得这样一种丰富的婚恋状态对我们生命的修行会有什么影响吗？

林：第一，从社会学来讲，你刚才所讲的这些行为在人类历史上都出现过，不同的是历史中这些行为从来不会想到去冲击"一夫一妻"的主流性，但现在因为是一个颠覆的时代，一个向中心挑战的时代，所以有人想要颠覆"一夫一妻"的主流性。我觉得这点就好像我们在做人工智能一样，如果你是一个有观照有社会良知的知识分子，你必须要看到这可能是一个大的危机，这并不就是一个知识分子秉持的一种狭隘的道德观。

我举个例子，从人性的角度来看，没有完全杜绝乱伦的可能，但我们知道一个社会只要允许乱伦，这个社会就崩解了。我们人类学为什么研究亲属称谓，因为这里面有一个明确的社会关系在，如果这所有的关系都不见了，社会就完了，到时，就会出现西方电影里常出现的世纪末无序性的社会。

第二，当我们看得愈多时，也就愈晓得人类行为的多样性，但人类行为的多样性也代表我们异化可能的多样性，要从这个地方观照起，而不是认为存在就是合理。如果认为存在就是合理，就把人类的超越性抹灭了，人就回到了纯粹的动物性。

徐：作为禅家，您对于同性恋是什么态度？

林：人都带有他的秉性，这个秉性的确有些东西是不好改的，我们当然可以从这个角度来看同性恋。但把同性恋关系纳入婚姻法，我却不认同。他们愿意在一起，需要法律来保障彼此的权利义务关系，可以务实处理，这时可以订定“同性伴侣法”来作规范，但“同性伴侣”必须跟“婚姻”两个词分列，不能混为一谈。

“婚姻”是维持社会稳定以及繁衍族群的一个社会协议，古典人类学对婚姻的定义是“两性营共同生活以养育下一代的社会行为”，其中牵涉两性，牵涉下一代，牵涉养育，牵涉社会行为，族群是赖此而有稳定的繁衍。婚姻从来不只是爱，两情相悦是两性结合的基础，但比重在各个社会却不一样。只要有族群在，婚姻作为结构的基底就不可免，不要告诉我天下大同，你对着日本人动不动就叫“小日本”，你已经有自我的族群意识了。而即便不谈大的家国，就说最小的族群——家族吧，到现在，家族对绝大多数的人而言仍有其不可被取代的地位，家族的维系繁衍仍是社会存在的基础。从这个角度讲，“同性恋关系”跟“婚姻”

二者要分开处理。谈同性伴侣，我们是在说对同性关系一个社会是有怎样的“文化设计”。

其次，我也反对因为将同性恋视为弱势群体，就把他所有的行为合理化。这合理化包含两种：第一种认为同性恋是先天的，是不能更改的，更改其行为就是不人道的；第二种认为他是边缘的被压抑的，所以他们的性才会比较泛滥。我觉得这两点都必须重新客观地审视。就前一段，最近台湾有一个 “同性伴侣法”要通过，除了教会反对外，做同性恋心理辅导的也有人反对，有心理辅导员特别提出：以他的案例调查来看，绝大多数同性恋是被诱发而非先天的。他直指了一个我们在谈人权时的迷思。请问 “同性恋是先天的”有做过客观研究吗？没有，数据不足以支撑，反而最近发表在科学期刊的一个大规模研究报告还支撑了它多数是后天性的这个说法。但不管是先天后天，既成为一个社会现象，就会有相应的社会机制，而无论机制如何，它跟两性婚姻毕竟不是同一回事，这点还是得如实地看待。

而说压抑带来的泛滥，就一个社会现象与就个人，仍是两个层次的事，不如此的其实大有人在。

至于说什么同性领养不会对儿童造成心理偏差更是鬼扯。当我这个老头带着我儿子去幼稚园，他同学说：你爷爷带你来啊？我孩子都可以两个礼拜不快乐，何况这种事情？这些都是我们包装了一个道德而罔顾了一个真实，这里面有迷思。我觉得对同性恋的存在，我们态度还要更客观如实一点。

你也知道，艺文圈的同性恋基本上比较不必肩负外在的压力，这类议题的创作在台湾甚至成为显学，我旁边就不乏这样的人，但谈同性恋，对个人与对制度的态度却是两个不同层次的事。

徐：爱情婚姻除了多样性之外，另一个趋势就是越来越多的人选择独身。有一些人是因为寻觅爱而不得所以选择单身；有些人是受过挫折与打击对婚恋失望而单身；还有一些年轻人有这样的观念：这么多出轨劈腿还不如一个人呢。当然任何人做出任何的选择都是个人的权利，我们这个时代也越来越多元化，但另一方面，爱对一个人生命的成长是不可或缺的，你在爱中能更多地体会到执着、失去、无常……是很多其他方式没法代替的。那么对于独身的人，对于一辈子都没有获得过爱情的人，他们的生命成长中应该观照到哪些方面您有什么建议？

林：不能说选这条路一定错，就好像你曾经问我：禅者赞不赞成整容？我说如果一个人能够接受侵入性的治疗，能够接纳它的后果，他就有资格整容。日本茶道鼻祖村田珠光曾经说过一段话，意思是说当茶席结束时，一个茶人不应该就立刻收拾茶屋中的种种，他应该去坐回茶席，静静体会着人去楼空、缘尽人散的寂寞。我的意思是一个独身主义者他要体验的东西和结婚者是不同的，如果他不能体会这个东西，那就白独身了。

徐：虽然我们认为修行是建立不依赖于外缘的一种幸福和快乐，但是确实有的人一生没有获得过真正的爱情，这种终生的缺憾感如何克服呢？

林：你这就讲到了核心，我们说不依赖别人，不与万法为侣，这是禅者经历多少死生、经历多少对自己无明的挑战才讲出来的话，而我们普通人就是人群的动物，需要爱的生命，我们就是在爱里成长、在爱里历练、在爱里破壳而出，所以你选择独身不见得是错，但如果以为独身那么容易也是你的无明。以前有学生问我，他们说：我们总是在对的时间遇到不对的人，在不对的时间遇到对的人，总有那遗憾，老师您有没有遗憾？我跟他们讲：我当然有遗憾，但“有遗憾是世情，不去补足遗憾是道心”。没有获得爱情是遗憾，但如果能把遗憾接受也是另一种生命修行。只是因为爱对人很重要，要做到这一点的确困难。

8

婚姻是不断创造新爱的活动，一日有一日的领会，十年有十年的风光

徐：您有一个观点：爱情的学问是一个整体的学问，而很多书刊包括像我们这样的女性杂志教的都是各种技巧，什么“10招搞定男人心”“爱情保鲜的50个秘诀”等等。您是否认为这些爱情中七招八式的东西实际上对我们解决爱情的核心问题是不起作用的？就像您之前说的，真正的禅家是无招的？

林：是不起作用。爱情是一个有机的东西，有机的东西就是不能用片面来解决的，因为有机的特性是全体大于部分之相加，生命的问题都是有机的问题，所以不能够把它率意分割。为什么要谈智慧，就因为智慧是整体的，我们为什么说禅门修行要像庄子讲的“至人之用心若镜”，镜子里没有固定的内容，是来什么映什么，智慧也是这样，智慧不是招式，智慧是无招的。

谈智慧就必然谈到你的生命观、宇宙观，我们之前谈过这个话题。

宇宙观听来很遥远，可你的生命观其实跟你的宇宙观有关联，譬如说佛家看到了缘起，我们就不会相信有恒久不变的爱情，看到缘起我们就知道事物有创造的可能，有因时间而变的可能，你就会少些假想，少些无妄的执着。

徐：我们从小到大从书籍、媒体、影视剧中看到、听到过有关两性、爱情、婚姻的各种理论，中外都有，类似《男人来自火星，女人来自金星》之类的，了解这些理论对我们处理两性关系有帮助吗？

林：只要是生命经验的东西都不能靠大数据来解决，生命经验的东西都是个体性的东西，所有的理论都只有部分参照的价值，这是我们对生命学问该有的一个基本认知，纸上谈兵永远对生命问题是无效的。爱的问题用大数据来谈，前面我们也提过，一个人生病你告诉他85%会好，但他如果恰好是另外那15%呢？就是百分之百会死。生命问题永远不是纯理论能解决的，为什么在佛经里要有“譬喻品”，就是我给你一个案例，你自己去参，内化到自己的内心，而不是给你冷冰冰的客观数据告诉你这件事情就是如此。

徐：您说过：婚姻实际上是一种创造，是一种不断创造新爱的活动，一日有一日的领会，十年有十年的风光。作为个人我们该怎么做才能够不断地创造新爱？

林：其实婚姻就是两个人的生活。生活是什么？生活不是永远在绚烂中过，你也不能永远处在激情中，坦白讲，生活就是柴米油盐，就是走在路上过马路时你扶他一把，而在这中间，有很多新事物就会产生。

你慢慢发觉激情虽然少了，可是你会念兹在兹；你会发觉你过去三天不见他会发狂，现在虽然可以一个月不见，但是到了一个地方你总会向他报个平安，看到一个美好的风景，你总会自然升起一个念头，如果他在多好。生活本来都会这样转变的，而这样的转变更是因为有共同生活的基础。

徐：我们总喜欢研究婚姻相处长久的各种技巧，但我现在的体会是，根柢的宗教心，包含慈悲心也许是爱情婚姻长久的秘密，也就是您之前说的，了解因缘之不可思议而产生的相惜之心。我自己有一个切身的体验。我有一次跟一个50多岁的女性好友到国外旅行，她老公一路上几乎每天打电话一个小时，我笑问她理由，她说她老公是一个很没有安全感的人。我问她是否会烦会嫌老公没有自信，她说，年轻时候会，现在不会了，因为“不忍伤害”。说实话，我听到“不忍伤害”四个字还挺感动的。

林：不忍不代表委曲求全，不忍是来自于我们看到生命的残缺，也许从另外一个角度他也看到了我的残缺，是这样才不忍，而不是忍气吞声，那种忍气吞声，尤其传统上属于弱势的女性以此来维持婚姻我极不赞成。不忍是在这里面的的确确看到了生命的无助，而他跟我的关系又是如此之深，为此我当然可以舍弃一些必要的方便，因为人本来就不同嘛。以我的例子来讲，我的学生这么多，个个还靓靓丽丽的，你要说师母有百分之百的安全感哪有可能？所以当她为这发个脾气时，我也是不忍，会觉得当我的老婆还真辛苦。

徐：在所谓的现代爱情观里，这种生命根柢的智慧、慈悲、善良、相惜可能在很多人听起来觉得太老套了，所以如今很多自认为学识高、见识广的现代人反而越来越难以获得爱情婚姻的幸福。

林：你讲善良和不忍，都是因为比较无我，不把自我当核心。我们现在许多的痛苦都是滥用自由主义、个人主义的关系，包含你刚才所讲的，把性、爱情、婚姻分开处理，都是以自我为中心构建出来的一种关系——认为以自我为中心会找到幸福，这本来就是一个错误的假设。

徐：关于“不忍伤害”，自我的现代人会想：我凭什么要忍他，他怎么不忍我？

林：对，这就是我们教育的问题，还有整个社会氛围的问题。当我们不是以自我为中心，其实一句话恐怕就能点醒他：你以为你在忍他，其实他也在忍你，我们都是不完美的，所以在缘分没尽的时候还可以尝试一下。当然我不是说一味地劝和不劝离，只是提醒大家，我们在这个地方不要把概念过度地单一化。

徐：您书里面说：“我把婚姻作为生命的最大功课来参。”您能分享一下在跟师母这几十年的爱情婚姻里面，您都参到了什么？

林：我之前用艺术来比喻生命的超越——艺术是一种自我设限的自我超越，有设限才会有超越，很直率地讲，以我拥有的能力，大家经常会想象我的另一半是如何的靓丽、如何的智慧，如果这样的话，两个人虽然都光彩无边，但想必也只能相濡以沫。但师母跟我是完全不同类型的人，所以在婚姻里她总是时时给我出功课。

徐：能举几个例子吗？

林：哈哈，给我的功课那可多了。譬如说，她平时的话很少，所以跟她在一起没有太多的理可以讲，你只能去感受她的情绪。我们自以为智慧的人最喜欢论理是不是？所以这中间就有一个婚姻的磨合。最初会想：为什么跟你说得那么明白了你还是这样？后来终于悟出了：原来家不是讲理的地方。类似这样的例子很多。渐渐地就会感叹：为什么芸芸众生里就是师母跟我有特殊关系又跟我不一样？那功课的感觉就来了。生命就是一场功课，这个功课谁也逃不开，只是每人的功课不一样而已，你瞒得过别人瞒不过自己，你就是要面对它。

徐：用什么样的心态面对呢？

林：对我来讲，当我看到对方的优点，当我更深刻地看到每一个人都有的局限包括我自己的局限时，这场功课对我的生命触动也更大。

三 友情

1

“真正的朋友”是个伪命题

徐：相对于爱情，友情也是我们一生中在“关系”方面最重要的一个组成部分了。从小到大，我们会面对很多朋友之间的分分合合，以及这中间的付出、相知、背叛、两肋插刀、肝胆相照、反目成仇等等历练，也是我们在处理关系方面困惑最多的议题之一。其中关于“什么是真正的朋友”就是争论最多最热门的一个话题。每个人对于“什么是真正的朋友”的理解也五花八门：心灵契合所谓“君子之交淡如水”，当你有私人感情困惑时能无所顾忌给他打电话，能够没有心理障碍地向他开口借钱，当你遇到大事时可以托付……而且据人际关系专家的说法，人一生“真正的朋友”很少，平均不超过五个。按照这些标准，算来算去真没几个所谓“真正的朋友”。我不知道您怎么定义“真正的朋友”，还是说“真正的朋友”就如“灵魂伴侣”一样本身也是一个伪概念？

林：这还是个伪概念。如你所述，一个朋友竟然要承载那么多，那么反过来对方也要你承载那么多，你自己承受得了吗？朋友就是诸多跟你有缘、跟你有不同关系的一些人，这里有深有浅，有近有远，深的也许有更多的因缘往更深走，但有一天散掉也不一定。我们可以很了知这样的关系，不辜负这种关系，不辜负缘起，而不能求取一个叫完美缘起的东西，它事实上是不存在的。你问题中讲的那些条件，我就没有什么符合的，那我怎么能来交朋友呢？这就像我们假设有一种人生叫圆满的人生，有一种境界是固化究竟的境界一样，事实上都是不存在的。赵州和尚的公案"万法归一，一归何处？"就提出了这个命题，没有一个离开万法之后的意义。我们想象了一个概念叫"真正的朋友"，然后每一个人主观地从自己的欲望出发列举条件填充这个概念，你看多累？

徐：那好吧，去掉"真正的"三个字，什么样的人才可以称为"朋友"呢？

林：实然的关系要先于朋友的概念，我们不要用一个"朋友"的概念去框住我们实然的关系。

实然的关系复杂很多，我们有形形色色的关系，到哪一条界限之后才不叫朋友有时候也很难讲。爱情、亲情、友情的确有它的特性，但我请问你：在哪一条线的时候才叫不是爱情？你一定要在那里画一条线，就是庸人自扰。就像我们之前提到过"男女之间有没有纯粹的友谊"也是个伪命题一样，因为我们跟一个人相处，常常感情是非常复杂的，面相也是复杂的，他在这个地方为你两肋插刀，在另一方面跟你斤斤计较都是有可能的。

缘起不会是单一面相、单一样态的，了解这些就能在诸法缘起中让每一个缘起可以出现生命的意义，你可以由此观照到生命的实相。我们从爱情到亲情到友情一直强调说，因为我们的匮乏，因为我们都不安全，因为世事无常，所以我们一直强调“常”、强调完整、强调圆满、强调真正……而这些东西带给我们的反而是更多的执着、更多的主观和片面。

徐：这让我想起我在做《时尚COSMOPOLITAN》杂志的时候，因为美国COSMOPOLITAN杂志的定位就是relationship bible（关系圣经），美国版在谈到这个话题时说过这样一段话：我们的一生都处在各种关系当中，有的人就是一面之缘，有的人是熟人，有的人是伙伴，有的人是同事，所以你不必总去抱怨这个世界上“真正的朋友”太少了。

林：很多时候朋友不过是生命中的一段缘分，没有必要苛求这段缘分一定要深化到什么程度或升华到什么程度，不需要。

2

越有观照的人越有容忍心、有包容性，越不会去苛求别人

徐：在夫妻相处中，您说家庭不是讲理的地方，这个原则是否同样适用于朋友相处之道？举个例子，我有一个朋友坚决反对吃狗肉，而另一个朋友赞成吃狗肉，以前他俩每次谈到这个话题就剑拔弩张。后来那个吃狗肉的朋友改变了态度，不再争论这个话题，遇到就岔开话题，他的想法是：吃狗肉对不对这个话题本身并不重要，既然好朋友如此反感这件事情，我为什么非得用这个话题去刺激他呢？我在乎他的感受大于争辩这件事情的对错。

林：情摆在第一位，从某种角度是因于我们真正地感受到我们的局限。当我们讲“法”的时候，要求有很客观的标准，谁在这里都一样；当我们讲“理”的时候，我们常自以为就是真理的代言，也就会用这个完整去苛求他的片面；但如果我们回到“情”，除了有一种体贴在，其实内在是因为我们观照到每一个人都是片面的，我怎能用我的片面去要

求我要的完整呢？而当他也用他的片面来要求他要的完整时，朋友就继续不下去了。

徐：面对这种冲突该怎么办？只能避而不谈吗？

林：要看它是不是本质性的冲突。如果是本质性的冲突，那么中国人有一句话就解答了：道不同，不相为谋。你们所争执的东西是不是你真正的道？譬如说你是不是看环保重于一个人对你的感情，每一个人在人生中的议题和排序是不一样的，如果是在彼此的核心点起冲突，本来也就不须勉强。

但对于核心价值我们往往犯了两个错误，一个是：不是核心价值我们把它当核心价值，就像很多夫妻为牙膏是从中间挤还是从后面挤吵得你死我活；还有一个错误就是自己的核心价值，我们认为别人一定也要当成核心价值。就后者来讲，既然核心价值有冲突，就不相为谋了嘛。前者冲突并没有那么本质，是因为你的情绪，因为你的无明，因为你没有观照，就把表象本质化了。

徐：虽然每个人排序不一样，但关于什么是核心价值有没有一定的标准？比如说像宗教信仰、政治立场、普世价值……朋友之间常常因为争论这些涉及到价值观的话题，友谊的小船说翻就翻，这些话题算核心价值吗？

林：为什么我们谈什么事情都要观照，这涉及到每一个人选择价值观时你观照到多深。譬如说你观照到这样的一个价值是不是果然是你终身信之不渝的——如果没有它你的人生就没有意义，那就很核心。当然，这也可能改变，但最少现在你是如此认为的。

你还可以观照到有哪些价值其实不是普天下皆同而是后天赋予的，你还可以观照到有哪些价值其实是一种自我的装点——是一种以道德的优越来肯定自己。越有观照的人越有容忍心、有包容性，越不会去苛求别人，因为他不会把一个所谓的核心价值固态化、客观化。我们也看到我们人生中就有太多的所谓当年觉得没有它会死的东西，结果转个弯挥一挥手也就不带走一片云彩。更何况，事物在不同人之间常就有不同的取舍。你有这些观照，核心价值不和，本来就可以不要在一起，因为人生很开阔；但如果不是因为核心价值的不和而起冲突也不值得，那代表的就是你的无明。

徐： 您是一个观点很鲜明的人，在您自己和朋友的相处中也有过这样的经历吧？

林： 举个例子来讲，我年轻时曾经觉得我是没办法跟一个非佛教徒结婚的，甚至我连试着谈恋爱改变她都兴趣索然，这里面可能有我作为一个宗教人的核心价值，有我的情绪，有我对宗教的意见，等等。隔了几十年现在来看，宗教仍是我生命的核心，但几十年来我对宗教的某些态度改变也很大。譬如你们可以在我的课堂上发觉，我很肯定基督教的某些东西，我在许多时候跟一个基督徒还可以很好地相处而从来不曾试图改变他的信仰，也就有这样的改变，但在当年我以为这怎么可能。这种人格特质、生命情性里最基底的东西都如此，更何况许多事物只是我们在一个时空下特别关心的议题而已。所以说，在朋友之间，所谓的有“理”，如果他不是在不言自明的那种理，像法律讲现行犯那样犯了明显易见的、根本性的过失，你大不了就是不相为谋，而不是透过激烈的争辩非得我赢你输那样来对待朋友。

徐：我记得关于如何处理朋友和家人面对一件事情的冲突，您曾经提出过一个观点：胳臂往内弯。当时是一个学员向您请教家庭纠纷如何处理：她先生和朋友一起合作生意中出了点矛盾，她认为是先生的问题，所以一直站在朋友的立场上跟她先生对峙，当然引起了家里的不和。您当时给出的建议是：无论这件事谁对谁错，因为先生是家人，所以要一起承担，不要站在朋友的立场指责先生，要胳臂往内弯。说实话您的观点很出乎我的意料，我原以为您会站在一个要么是原则的立场，要么是禅家如实的立场，谁对就支持谁，无论是家人还是朋友。您为什么会提出这个观点？

林：这件事如果是家人有错，我当然不会说家人是对，但我会帮家人承担，有些人跟你生命有特殊的连接，你会很自然觉得你必须这样做，这个跟理是两个层次。举个例子来讲，当年我儿子曾经犯过一个很严重的错误，错误当然是错误，但我会站在儿子的角度帮他找律师辩护，帮他承担，因为他是我的家人。“胳臂往内弯”指的是有人跟我们的关系是一种生命中不可思议的、无尽因缘的关系，我们要珍惜这种关系，而在这样的荷担里，其实才真可以照见这种关系的一种实质。我主要是从这样的一个角度切入的，而不是以情来越理。

徐：但是我们很多时候会觉得应该帮理不帮亲，常常站在外人的立场去指责家人的错误。

林：他干吗成为你的家人？家人的意义在哪里？不就是有错的时候，你更能体谅他，更能帮他承担，更能一定程度地包容他犯下的错误吗？更何况是非本来就不是那么截然的。理跟情之间的冲突往往不是我们想象的那么尖锐，比如那个学员的事情搞不好对的方面她的朋友占六先生占四，但她回过头来指责先生时，可能就是八对二的态度了，她又是家人，先生就觉得你对朋友与对他是十对零啊，于是冲突就起来了。

3

我们不喜欢一个人，讨厌一个人，反而我们的一生被他主宰

徐：朋友相处中面临很多特别细碎的问题。比如说我一个朋友最近跟一个相处十年的朋友绝交了，起因是他有件事情求这个朋友帮忙，他认为帮这个忙在朋友的能力范围之内，而朋友对此爱搭不理，于是就绝交了。我当时还不太理解，觉得没必要如此，但随着经历的事多了，我也越来越觉得：如果我不把你当好朋友而只是熟人或人脉关系也就算了，朋友就是互相温暖的，我也不喜欢当我有难处的时候，朋友能帮而不帮超然世外的感觉。您认为这观点狭隘吗？

林：也不狭隘，因为朋友的意思就像家人一样，是以情感做基础的，你希望他应该怎么做才叫更够朋友，我想这是一个很自然的事情，但是一旦将这推到极致就变成帮派了。帮派是一种纯化的关系，也蛮过瘾的，我们喜欢看《水浒传》就跟这有关系，因为现实中我们不是这样的。为什么小孩子在成长过程中一定要结党成派，就是在单纯的关系里可以感

觉一种人生的依靠与美满，可以把朋友之间的关系核心化到无视于其他的关系，但这并非人生的实然。其实人都有许多面相的关系，我对着师母我是老公，我对着你我是老师，我对着文化界我是评论人，我对着修行界我是一个禅家，在现实中这种过度的单一化反而会让我们没有朋友。

徐：再说一个具体的例子。比如说我和一个人因为不可调和的冲突绝交了，如果发现我的另一个好朋友跟我与其绝交的人各种亲密互动，我就会认为：看来咱俩不是我认为的那种朋友关系，我就会修改我们俩的关系定位。我以前会觉得没有必要小题大做，没必要这么要求朋友，但现在觉得如果你是我朋友，你就得在关键时刻支持我，站在我这一边，义字当先。年龄越大，我判断事情越简单，不再有那么多纠结，有一种快意恩仇的感觉。

林：当你选择这种情感处理方式的时候，你就要承担这种情感处理方式的后果：第一，当你如此要求别人的时候，你自己做得到做不到这点？第二，当你这样定义朋友关系时，可能符合你要求的人就少。如果了然这样一种状况，每一个人对朋友的要求本来就可以很主体。我们往往看到我们生命中许多的矛盾是，我觉得我会为朋友两肋插刀，为什么他不能为我两肋插刀？搞不好人家跟你交朋友从来就不是以两肋插刀为前提，他对朋友的定义从来就不是这样子的，所以还是道不同不相为谋。只是说我们自己在做关系选择时，这个选择会有什么样的正向或负向作用我们要了然于胸，这样就不会困在里面。比如说你要求朋友两肋插刀，你就发觉朋友不会多，但是你满足于一生交一两个朋友足矣，甚至一两个朋友都交不到，但你还是可以自己做到“言必信，行必果”，那也是一种自我完成。你要了解这个，就不会自怨自艾。

我们往往在这所谓关系之中欲求对方的回报，当回报不符合我们要求时，我们就失望了，但是你忘记了关系是双方的，它有各种层次，在这里双方也都会有各自的选择，选择就会带来不同状况不同效应，你能不能够实然地看待这个状况的存在？就好像有些人要做侠客，有些人要做商人，商人有商人的朋友方式，侠客有侠客的朋友方式，侠客碰到商人也就相处不来，无论我们把侠客看作商人，还是把商人看作侠客，都不符合实然。

徐：从我自己的成长经历里面我有一个体会，可能因为是女孩子，也因为父母都是知识分子，我从小到大一直受到的都是“好女孩教育”，在人际关系上也是如此，父母教育我要谦虚、与人为善，不要争名夺利……当然这有好的一面，但也有副作用，我对人性之幽微，对于所谓人际厚黑学完全没有认知，用一句流行语来讲，“好人的问题是无法想象坏人有多坏”。这在职场里会吃亏，因为我不会为自己争取应得的权益，被人利用、坑害有时候也发现不了，发现了也不会反击只能自己生闷气。但随着年龄慢慢增大，也经过了一些历练，我发现人不应该被所谓“好人”这个概念束缚住，也不要把“好人”概念化，该争取一定要争取，该反击一定要反击，深刻体会到了那句古话“世事洞明皆学问，人情练达即文章”，人善被人欺，让别人知道你是一个有原则、有底线、不好欺负的好人很重要。您认为我这个想法对吗？

林：无所谓对错，就跟我说整容一样，自己能承担就好。比如说别人利用你，你怕关系破裂不直接指责他，你自己调整自己，在接下来的关系里也可以处理得很好，这也可以；你快意恩仇指责他了，以后办事比较不方便，你也能接受，也就去做好了。

至于你说的“人善被人欺”不能这么讲，因为这个“人”是个宽泛的概念，应该这样讲“我这种善就会被某某人欺”，因为每一个人都是活生生的人，有些人是你对他善他就对你更善的，不能一句话把所有人打死。为什么要观照，为什么禅一直说要跳脱概念，这样你就会晓得不是“人善被人欺”命题的问题，而是面对这个人你该跟他有什么样的关系你能不能理清的问题。有些人你就是要一刀杀过去，从此把他打死；有些人就是你对他好，他对你加倍好。你要有观照自己、认清他人的能力，而不是用一个概念把它绝对化。

徐：对，如禅所说“了了分明”，有分辨力很重要。

林：我每次在提到儒家的“事无不可对人言”和基督教的隐私权时，我明显肯定基督教对隐私权的态度，因为它对人性的幽微更有觉察，对生命观照得更丰富。当我们笼统讲“人善被人欺”，其实对人性并没有观照，儒家常就如此。为什么儒家那些道德训条现在常显得无力，就是它把所有人都当成一样，它忽略了每一个人生出来情性不一样、阶层不一样、环境不一样，所以你怎么可以对任何人都讲“饿死事小，失节事大”？总之，还是要回到具体的人，对这个人你不能“人善被人欺”，你要反击，对另一个人不是。

对朋友也是这样，不同的朋友应该是一种不同样态的存在，不同的朋友有他不同的角色，关键是，你是让他折损你的生命，还是温润丰富你的生命。

徐：网上曾经流行一篇文章《我不恨你，但也不会原谅你》。其中有个故事讲的是一个老教师当年被一个学生批斗，而且被打断一条腿，十多年之后这个学生登门拜访求老师原谅，老师说：你走吧，我可以不恨你，不报复你，但是我绝对不原谅你。我对此很有同感。周围经常有这样的人，每当朋友发生了一些纠葛或做出了一些过激的行为，他总是摆出一副上帝视角：没必要、格局太小、太不宽容……郭德纲曾经说过一句话流传很广："我特别反感一些不问任何理由就要求你大度的人，这样的人你躲他远点，如果雷劈到他的时候会连累到你。"我觉得以前中国的传统教育过于强调所谓的慈悲大度，给朋友赋予很多听上去高大上的概念，什么交心、宽容、对朋友的错误要原谅……但是后来发现过度宽容其实受伤害的是我们自己。

林：孔子讲的那句话就很好，"以直报怨"就可以了，以德报怨，何以报德？意思首先就是说，人不必就站在一种道德高度对自己做过苛的要求，那反而是一种误区。再者，对当事者来讲，可能重要的不是这件事原不原谅，而是你如何走出跟这个人的关系，这才是彻底的。我不报复你，可是我不原谅你，他始终还是在你心里，在你的人生里占着一角，无法抹去。真正的超越，如果世俗说叫报复的话，是把他从你的记忆里抹掉，不是不记得，是无足轻重，让他对你生命的影响消失。人生很长，有些伤害我们有时很难一下子跳出来，但能跳出来的东西就不要一直抱着它。我就有办法让那些伤害我的人变成我生命中好像从来不存在的人，看到他的时候完全没感觉。人生苦短，要处理的事情很多，为什么让一个不喜欢的人占据我们的心灵？我们有时候真的是这样，不喜欢一个人，讨厌一个人，反而一生被他主宰。

徐：您也曾经有过被朋友背叛的经历吧？您是怎么处理的？

林：当然被背叛过，而且很严重，讲起来很不堪。你说当时没有不愉快是假的，但我不会像别人那样慨叹自己识人不明，我会从人性来看。这可能跟我的修行有关。就是我观照人性的幽微，看到原来我们人有那么多自己难以控制的无明，生命是如此残缺，所以也就能接纳人性的幽微，当然也不会跟他无谓地对抗，愤愤不平于他诋毁你，所以你也要诋毁他，于是就在彼此不同的生命残缺里又产生了新一环的冲突。你一定要站在自认为的完整角度去责备对方，常常就已离开了生命的实相。

就像我曾经讲的：看尽道场怪现象而不失道心。看尽道场怪现象是晓得人是复杂的，它有幽微的部分；不失道心是我知道我自己不会因为有这幽微，就把它合理化，就让自己也钻进去。

徐：越是位高权重的人好像面对的朋友的考验越多。

林：说起我单打独斗在台湾文化界走出一条路来所受到的不公平待遇，真可以写两本书，但既然你走的是一个独行道，这就是你必然要遇到、要面对的。走独行道的好处是我写评论时没有负担，睡觉时不会因为我做的那些事而感到不安，代价则是我只能自己披荆斩棘，要受到更多的磨炼。我那本许多人认为具有历史意义的著作《谛观有情——中国音乐里的人文世界》在台湾出版时，一个报社高层的朋友主动说要刊登书的序文，结果他届龄退休了，换了个主编，刊登出来时掐头去尾，读起来一点力量都没有，还拖延了70天才刊出。隔了几年再见到这新主编，他得知我是许多道场还尊敬的一个禅家，对我非常客气，我也没因此就觉得他有多么不对。因为人情就是这样，他合该如此，我不会怨他，现在他也许以为我是大师，一样也不会说想当初你怎样，因为不须随着他转。

总之，许多人在谈朋友关系时都是站在我的观点、我的需要，而忘记了对方的需要，更没有体察到人性的幽微。

构筑一个客观的、完整的朋友关系固然是我们的希望，但人生路很长，朋友很多，没有必要非得终生是朋友。而作为一个秀异分子，这种所谓“秀异的原罪”我想是可以让你的人生走向更深、更开阔的一个观照，而不是说你背着一个委屈在上面，怨天尤人，反而是“人不招忌非贤才”，要感谢还有人对我们这样。

徐：您这大半生来来往往交往过无数人，相信也经历过很多故事，您能否总结下走到今天对朋友的态度是一种什么样的心态？

林：我们在路上跟不是我们家人的人、没有血缘关系的人会有各种不一样的关系，你要了知没有一种关系是可以统包所有关系的。如果能做到这样，你在路上就会比较少无谓的争端、无谓的纠结，而你也会晓得，在不同的时空会有跟你不同相伴的人。

四 亲子

1

照自己的意念试图去形塑另一个生命，本身就是一种妄念

徐：亲子关系是今天很多家长的一大困惑，尤其是在日新月异的中国，身为父母也面临着中西方各种教育观念的大冲撞：如何教育孩子？如何与孩子相处？给孩子选择本土公立教育还是国际化教育？如何培养一个能够决胜于未来的孩子？……您作为一个禅者也作为两个孩子的父亲，怎么看待今天亲子教育面临的挑战？

林：在禅，根本来讲，首先，无论是跟你多亲近的生命，照你的意念试图去形塑另一个生命本身就是一种妄念，形塑就是你变成他的造物主，这是一个背离于法的观念和行为，因为你没有一种对因缘的谦卑，对不可思议的一种赞叹。

我们的另一半虽然跟我们有很深的因缘，但不是血缘关系，孩子不一样，他跟我们有血缘的关系，是不可替代的，这种不可替代，往往会被狭义成“拥有”——你拥有孩子。但从因缘和合的角度来看，其实没

有你真能拥有的事物，你应该去体会你跟他甚深的缘起，要从这个角度来看待你们的关系。

其次，从对孩子的教育来说，在当代这么急速的社会流动中，预想未来是近乎不可能的，当我们面对一个近乎不可能被预想的未来，还要用我们自以为的一种框架加在孩子身上，其实也是一种愚昧。在这个时代养孩子你要更放宽心，过去的时代相对稳定，我们以预存的观念来对孩子，犯错的机会还比较少，但这个时代却不然。

徐：您说的这一点我特别有体会，我在生孩子前曾经对孩子有各种各样的期盼，生了之后发觉儿子无论是性格、兴趣还是情商都跟我的设想大相径庭，不是遗传学能够解释的，这里面有惊喜、有失望、有困惑，有时候面对他跟我完全不同的想法时甚至想：我怎么会生出这样的儿子？所以，养育孩子对我来讲最大的感受就是：孩子是有着独立人格特质的一个独立的生命，做父母的必须要接受和尊重这一点。

林：佛法就有这样的观照，孩子是另一个生命来跟你结缘的。即便遗传学这么发达，我们对一个生命的禀赋、特质、情性也都得不到完全的解释，所以孩子不可能是父母的“产品”，他是一个生命透过这样的过程跟你结了很深的因缘，血缘指的就是这种不可思议的因缘。你看芸芸众生中，有多少人能跟你有血缘，只有这个人，就这点来讲，他就是跟别人不同，所以我们对他的关心也会是特别的。但除了这点特别之外，就不要再多想了，不可以说他是你拥有的，你可以决定他。你只能善尽因缘而已。

徐：虽然不可预期，但作为父母很纠结，我们一方面希望给孩子自由自主的空间，一方面又希望尽到父母的责任，该怎么平衡这两者的关系呢？

林：就像说“危邦不入、乱邦不居”般，要告诉孩子“危险在哪里”就可以了，哪些东西不能去犯，也就是把最底线的标准给孩子，而不像过去给一个唯一的高标准。比如我从小告诉孩子，不能赌不能毒，这个危险是拉不回来的，有些错可以一犯再犯，有些错只要犯一次，你一生就回不了头。另外就是我告诉他们：对爸爸一定要诚实。

徐：道理上我也明白，比如说一个儿童教育学家还专门写过一本书叫《无条件养育》，意思是说我们对于孩子要无条件接纳，包括他的缺点跟弱点。但是我们在实际教育孩子的过程里面要做到很难，举一个小例子，我儿子性格内敛做事慢，虽然我也知道这是他的性格特质，但还是觉得自己要教育他做事要麻利，要提高效率。所以在教育孩子的过程中怎么能做到无条件接纳呢？这两者中间我好像经常在纠缠。

林：这是永远的纠缠，但是不要去想象有一种摆脱纠缠的方法，除非你自己的心念转，没有一个客观的方法可以参照，完全是一个主观心理的问题。譬如说，为什么做事慢就一定不好？你只能给他参照，在确实发现一个明显错误的时候适时提醒他，但绝对不是独断、单一的。我们永远要记得这个跟我们有那么深因缘的生命是我们修行的一个最好观照，有了这个观照，你大概就不会无明顿生，无名火起。能够离开无名火，有很多东西会一次一次解套，你就会发觉你更能自然乃至无条件地去爱。

徐：经常听到一句话，你是什么样，你的孩子就是什么样。也许某种意义上是对的，身教胜于言教，你要是天天打麻将，你的孩子能热爱读书吗？但是如您所说，生命不是单一面相的，可能你是什么样，孩子真的不是什么样。

林：当爸爸辛苦地卖阳春面时，可能对孩子的触动比陪他做功课更重要。他也可能转念一想，爸爸那么辛苦，我要怎么做？生命的教育与成长永远是没有定规的。

2

永远不要忽视你跟孩子的一对一

徐：今天我们做父母一个最大的焦虑就是教育孩子是不可逆的，而我们又没有经验，面对各种新的五花八门的儿童教育理念，是请教专家还是请教父母还是自己摸索？该怎么去判断这种教育观念是对是错？

林：我们没有经验，那些讲儿童教育的人许多也没有经验，它因需要而产生，但首先不应该是全称性的，认为有一种教育方法是适用所有小孩子，没有的。

徐：我们会觉得儿童教育专家更专业，有很多的样本调查，所以他们的东西相对更权威。

林：即便他们相对更权威，你也要有自己的观照，你的孩子搞不好是样本的例外。孩子教育是一对一的，是不可被统计数字所概括的，每一对父母跟孩子的关系都是唯一的，所有的教育理念都只是在某种条件下的参照，不要有绝对性。我们现在的教育专家就跟我们的爱情顾问一样，都很绝对。因为我们的心不开放，因为我们依附于某些权威，所以我们就永远离开了现前、当下、及身，就不会出现父母跟孩子的一对一。

父母跟孩子的一对一是最绝对的，是你们在养孩子，孩子是你们的，你们有你们的秉性和特长，孩子也有他天生的秉性，只有在这个地方有对应，你所引导出来的“我该怎样对孩子”才是最原点最根本的，其他东西都是因为要观照得更清楚，有时就借助于某些理论，但一定不是拿着它做前行标准的，你跟着它走反而抛掉或者忘了、忽视了跟孩子的一对一。

徐：我们小的时候，当孩子犯错误而且屡教不改，父母有时候会打孩子，当然不是经常性虐待那种，我们也觉得很正常。但现在又反过来特别强调爱的教育，父母要多鼓励孩子、夸赞孩子，不要总是批评孩子，更不能打孩子，这样孩子才能有自信心。您怎么看待打孩子这种行为？您在孩子的教育过程中打过孩子吗？

林：印象中想不起曾经怎么打过，大声斥责倒是有，但所有的东西都是因人而异的，有些人就是要告诉他，你这样做是有后果的，甚至有时候打小孩子，他也才会发觉原来父母也是人，发现原来这个事情父母会那么愤怒,原来父母也会有挫折……人彼此的互动其实是非常复杂的。但是根柢在于一点，无论你多严厉，爱和尊重必须存在，让孩子感受到你的出发点是爱，而你也的确观照到、尊重到他的独立存在，这两个是基点。

徐：中国现在是一个压力很大的高速成长型社会，父母双方都需要工作维持家庭生活，尤其在大城市，加班更是家常便饭，所以陪伴孩子的时间较少。其中有一些父母都是高收入的所谓精英家庭，更是把看管孩子的任务留给了老人、司机和保姆。您认为父母的陪伴对孩子的成长是不是非常重要？

林：我不敢讲别人，我的经验是陪伴非常重要，当然不是说一定要陪他一起学习。我大儿子出生之后是周六带去保姆那边，周一带回的。二儿子恰好相反，是周一到周五在保姆那里，周六才带回的。二儿子有阵子就觉得妈妈不够爱他，他后来的反叛期跟这认知也有些关系，这种心理是许久以后才慢慢调过来的。

徐：还有一个教育理念就是“父母要陪着小孩学习”，这让每天忙于上班的家长很焦虑。

林：这也是个笑话。我们要求孩子德智体美全面发展，请问哪一个家长兼具这几点？你学好这些再教他已经来不及了。所有的教育都是分工的，只是彼此要有一些互通有无。比如说学校最重要的是智育，再来是德育、体育、美育，家里也可以有德育、体育等，但家里怎么负责智育呢？我如果就是一个卖阳春面的，你让我解方程式吗？所以我儿子从小只要有跟家长一起做的功课，我都拒绝参加，我让他告诉老师：爸爸的工作时间就在晚上，回去时爸爸还在外面，所以没时间做。当然，我也让孩子知道我为什么会这样做。这种东西如果交给父母，那些越低阶层的父母越累，也做不好。这让学校可以推脱责任，然后家庭条件优渥的父母就觉得：你看，我们陪孩子成长，我们是好父母。

我们台湾的教育改革有个群体是医生太太。她们90年代还来找我，希望我参与教育改革，我拒绝了。台湾医生的社会地位高，收入高，但忙得要死，所以医生太太们闲居能做的常就是陪孩子写功课，然后就觉得我能陪孩子你为什么不能，于是设计出一套功课来让亲子共同成长。后来这套改革也失败了，因为没有正当性，强者越强，弱者越弱。

徐：这涉及到教育公平性的问题。

林：我在这方面特别敏感。再举个其他的例子，为了让市容更干净，台北最早在台湾提出“垃圾不落地”的政策，现在也还如此，于是每天大家就等着垃圾车定点定时而来，好拿着垃圾袋丢进去。为市容干净当然很好，但老实说，这就是欺负穷人，穷人在这个时间必须亲自跑回家等垃圾车，有钱人则是佣人在那里等。如果这个社会的干净是让穷人付出更多的代价而得，它就是不正义的。就好像医生太太在讲，我比你们花更多时间教育孩子，她有一种自豪感，有一种社会精英的骄傲，但这种陪孩子学习的义务教育方式其实隐含着高度的不公。

所以说，谈怎么样形式的教育更好，除了你跟孩子个人的问题，教育还有一个社会正义的问题，如果没有兼顾到社会正义，不要告诉我你对你的孩子有多好，亲情有多了不得。如果说我这个禅者对孩子的教育能够在此超越，跟我这些观照有关，我不会让自己的孩子特殊。

徐：与您不同，中国的富人精英阶层非常希望自己的孩子接受特殊的教育，比如现在中国非常流行所谓现代私塾，或者叫纯国学教育，上学的都是有一定经济实力的家庭的孩子，他们完全脱离公立的主流教育体系，让孩子们从小诵经、唱诗、接触传统文化，试图打造一个桃花源式的中式教育的“净土”。

林：文化是一种氛围，就像硬逼你弹钢琴最后你反而会更讨厌钢琴一样，如果父母自己都没有一个传统文化的生活，你如何教育出你的孩子有传统文化的素养？再好的东西只要用逼的，他反弹后就更不想接触，但氛围不是，它有它的柔软度。而且有些东西是这样，你以为越早生根越好，其实越早生根就越早定型，就越没有可能性。

我们现在不是有很多神童吗？都上了电视，小学三年级会背一千首诗，我可以告诉你，以后他可能一辈子也作不出一首诗来，因为他已经被固化了。我们弹琵琶的都知道小孩子不能练《十面埋伏》，他够技巧可以弹《十面埋伏》，但他以后一辈子弹《十面埋伏》也就永远是小孩子了解下的《十面埋伏》。氛围是长出来的，所以你要给孩子的是氛围，不是逼他一定做哪件事。

徐：而且这样彻底脱离主流教育未来会不会有很多问题？我有一个朋友在孩子接受了几年的中式小学书院教育后果断放弃了，因为他发现孩子的英语、数学等基础学科都很差，而且在社交上跟周围的孩子没法融入……

林：当然会。我们现在的社会毕竟还有个主流教育，你不要一下子就否定主流教育的价值，而是你如何补足或者对应于主流教育。

我在台北有个台北书院，学生跟我说要用书院教育取代现代学院教育，我说，你是谁啊？我们可以用书院教育补足现在学院教育的不足，因为书院教育比较是人格教育，这可以。我举个例子，德国是很少专业艺术学校的，德国许多了不得的艺术家都是下课以后去学习的，这种学习都是长期而且有自发兴趣的，在这长期有心的学习中，有人有天分就变成了一个专业艺术家。我们中国的艺术教育永远在讨论到底是进专业的音乐学院比较好还是在一个综合大学音乐系比较好，其实更应该用一个互补的角度来看待我们的艺术教育。比如你想让孩子国际化，可以寒暑假去参加国际夏令营，如果有个别家庭特别需要传统文化教育的，你偷懒不得，就更要在你自己的家里有传统文化的氛围，而不是就把孩子送到一个读经的学校去。

徐：我自己本能上就反感把一个孩子打扮得老气横秋去抄经，或者摇头晃脑背《三字经》《弟子规》，不喜欢这种拔苗助长的方式。

林：是该不喜欢，这是矮化了中国文化。中国人过去真读书哪有读《弟子规》的？台湾这样传统文化没有中断的地方基本是到2000年才有人拿《弟子规》来做正式研究的，2004年后台湾有人到大陆这边倡导读它，谈它的东西才忽然一飞冲天，使许多人误以为在四书五经之外还有个《弟子规》，真是笑话。这些传播中国文化的人本身就是误解了中国文化。

徐：台湾教育是不是也有类似现代私塾这样的非主流模式？

林：台湾曾经出现过森林小学，在20世纪80年代到90年代初期曾领过一阵风骚，但除少数一两家，基本上现在都完蛋了。因为它的副作用太多。首先，固然它告诉你是全人教育，但却是一个封闭群体的教育，这一群人都是有钱人的小孩，他们不像我们要负担生活，须跟乡土接触，就还在一个封闭圈里，这个封闭圈使得他们后来进入社会时也就调适不良。

其次，是“快乐学习”的误区。“快乐学习”使得他们从学校出来后遇到残酷的现实就适应不了。所以森林小学在20世纪90年代后也很快没落了，现在大陆有这需要，某些台湾混不下去的东西反而就在这里找到了它的新市场。

3

所谓快乐教育，就是精英阶层玩弄庶民阶层，让社会阶层更加固化才发明的玩意儿

徐：“快乐教育”是现在很多父母困惑的一个话题。什么叫快乐教育？什么都不学就等于快乐教育吗？逃避中式应试教育去国际学校去欧美上学就能实现所谓的快乐教育吗？快乐教育本身是否也是一个伪命题？

林：对于一般讲的“全然的快乐教育”我是持保留态度的，我觉得是一种对人类天性充满理想或某种道德性的想象，教育事实上不是这么回事，有人天生秉性就不喜欢学习，人也只有在一定的刺激下才可能有一个比较坚实的回应。当然每个人不一样，当压力加诸生命时我们也要观察他堪不堪承受。

我在做艺术教学时常强调“螺丝钉教学法”，旋螺丝钉第一下一定是最要用力，之后是越旋越顺，如果有这样的轨迹那你的教学就是对的，你如果从小学一年级逼孩子弹钢琴，到了初中一年级还在逼，你的教育

一定是错的。真正的学习都应该像“倒嚼甘蔗”般，从尾部开始吃，越往头吃越甜，最后乃至于学习就跟他的生命合而为一。

徐：您是否觉得现在很多对孩子的教育困惑实际上是父母自己内心困惑的一个投射？比如我们上学时觉得高考压力很大，所以就希望给孩子所谓的快乐教育；因为我们自己从小在改革开放前的中国接受的是不够国际化的教育，我们今天就特别希望给孩子一个我们没有享受过的国际化教育，诸如此类。

林：绝对是，在台湾也一样，甚至连我个人都一样，都会有这样的一种心理投射。但还是要回到观照，你有没有意识到你有投射？有些情感有些行为，是即便知道也会做的，因为我们是人，但知道了以后，至少不会过度盲动。

徐：有很多焦虑事后看起来其实没必要。我记得当年自己在怀孕七八个月的时候看了一个关于怀孕该吃什么的宣传片，看完我就很焦虑地跟我闺蜜说，我都没有“科学养育”，这也没吃那也没吃，孩子会不会有问题？闺蜜反问我：你妈怀你的时候更没得吃，你不也长得挺健康吗？在教育上也是如此。我们今天抱怨中国教育这个不好那个不好，不国际化、过度应试、限制孩子自由思考……我记得当年在跟先生抱怨的时候，先生反问我：你不也是公立教育培养出来的吗？我也没觉得你差到哪里去。后来想想，很多的时候我们都忘记了一点——人是有可能性的。

林：抛开孩子的议题，谈谈现在对台湾史的解释。台湾一些独派的人因为想独立，就要美化日本占据时代的种种，极力丑化蒋介石时代，说蒋时代是个忧患的时代，都是高压的教育，大家天天为联考拼得要死，都没有自由的思想，生命都是被禁锢的。我有一次在报纸上写文章就讲：正是这些被禁锢的心灵创造了“四小龙”的奇迹，你们这些开放的心灵告诉我，现在台湾的未来在哪里？

很多事情都是长短互见的，就是说在什么条件之下会产生怎么样的作用，无论正作用和副作用你都要观照到，而不是绝对化。

徐：我们70年代这一代父母可以说是中国传统文化和西方文化碰撞的见证者，从小接受的是中国传统教育，长大后又赶上改革开放走出了国门接触到了世界不一样的文化，于是就有了对比和选择的困惑。您说中国文化是一种非常人间性的文化，台湾作家柏杨更把中国文化说成是“酱缸文化”，于是很多父母尤其是接触过西方文化的父母希望让孩子从小接受西方的“自由平等民主博爱”的教育，他们认为在生命的自我完成上，在西式教育下孩子的成长会更自由，更人性，更有个性。这也是很多人希望让孩子接受西方教育的一个很重要的原因，您怎么看呢？

林：当我们讲中国文化好，比如讲读经就会培养人格时，你马上会面临质疑，为什么过去的士大夫文人读了那么多经坏事也还干那么多？同样，当你讲中国文化是一种“酱缸文化”时，我也可以举出中国历史上一些伟大的人格也是诞生在其中来反驳，所以这种讲法没太大意义。

再说，我为什么要谈人间性？就是无论“酱缸”这种烂的中国生命表现，或者那种“先天下之忧而忧，后天下之乐而乐”“不以物喜、不以己悲”好的中国文化表现，它们都共同来自于人间性，共同呈现着人间性的特征。所以谈中国文化的人间性远比谈酱缸文化更根柢。

同样，我们今天谈“自由”“民主”这些抽象的价值，我们要晓得它的根源是来自于西方文化的宇宙观生命观的，它不是抽离宇宙观生命观而有一个孤立的自由民主可以被拿来讨论的，是我们对宇宙的解释不一样，才会产生这些价值观的不同。譬如说，我们很难去比较一个人寻求的自由是那种很个人主义、个人成就的生命有价值，还是像日本封建时代一样，为了要尽忠我可以切腹才真叫生命的自由。当你要去选择这种价值或作批判比较时，你要追究它根柢的原因：切腹是因什么观念而产生的？自由民主又是因什么观念而产生的？我们谈西方要谈到创世纪、要谈原罪、要谈到人性的幽微、要谈隐私权的重视、要谈政治制度的制衡……这都来自于基督教的宇宙观、生命观——宇宙是造物主创造的，我们人的生命是背离了伊甸园那纯然的社会，我们背负了原罪，所以才会有如此多的人性幽微，是在这两个前提下我们谈这些东西的，没有一个空泛、不依存于某种宇宙观生命观的价值可以浮在上面，然后说我们都必须去遵守的。

徐：有很多中国右翼知识分子认为，虽然我们不是来源于那样一种宇宙观生命观，但我们可以学习啊。

林：当我们学习西方，即便如自由民主平等这些东西时，首先仍必须面对“学得像不像”的问题，毕竟你不是从那种宇宙观生命观出来的人；而回到中国既必须跟中国文化这块土地对接，也可能“橘逾淮则枳”。另外，一般从西方回来的人，常觉得这个社会什么都不对，选择跟社会对抗，其结果反就让所主张的变质。

我们台湾就是这样，台湾目前比起大陆更符合西方的自由民主，现在又怎样？当我们把一个价值唯一化、孤立化、抽象化、正义化以后，论理上就会失去客观性。举个例子，如果自由民主是一切的话，我们可以认为活在帝制时代的人就没有任何价值，但我们老祖宗活在最少3000年的帝制之下许多人也无碍于他人格的完整，那个时候比现在更不自由，但人生或者社会不是单一面相的。所以佛教为什么讲缘起，就是让我们观照到在什么样的状况之下它会变成怎样。你了解这些道理，你的取舍才比较有依据，才比较有底气。而有这样的观照，文化在引进在交流时，正面性也就更能发挥。

徐：道理是这样，但是当你确实亲身体验到中国教育制度的一些弊端，比如中国的孩子永远是背着手在那里听老师讲而不是去发表自己的观点，那种死记硬背式的应试教育让孩子的个性、思想确实受到束缚，所以很多父母就想干脆让孩子从小换一个成长的环境，也许人生能更轻松一点。

林：这可以说是心理的纾解，有心理的必然，不代表它一定是对的。因为你还是一刀切，所以这些人回国以后大都适应不了，台湾就非常明显，小留学生很少回来适应良好的。现在大陆比较特殊，大陆的阶层流动性从某种角度讲还蛮低的，官二代富二代构成了一个群体，所以一些这样的孩子留学回来即便不适应，他们自成群体又能垄断某些资源，这个毛病看起来就比较不明显，但其实是扭曲的。

回过头来讲，你刚才提快乐教育，最近微信上有一个观点很好：所谓快乐教育，就是精英阶层玩弄庶民阶层，是让社会阶层更加固化才发明的玩意儿。你看看西方常春藤这样的精英教育从来没有快乐教育，那些精英的孩子从小就被送到学校训练这训练那，从小告诉你企业与国家要如何管理。即便在台湾这样学习西式自由民主的地方，现在都有许多知识分子也开始重新看待科举制度的价值。科举制度就是使中国原本非常宗族性、非常稳定性的社会可以有阶层流动的一个非常重要的手段，你可以十年寒窗无人问，但一举成名天下知，超越你的阶层。我们过去大学只有一种联考管道时也可以产生这种效应，而当我们要求多才多艺指标时，就永远是富者恒富、穷者恒穷。

徐：这是不是违背了教育的目的？

林：我过去曾写过文章专门谈过教育和文化的不同。所谓的义务教育更就有两个重要目的。第一，是把一个社会"主流"的知识及价值系统有效地传衍给下一代。教育跟文化不一样，文化强调个人心灵，教育则带有它稳定性的目的在。在美国，如果说文化是旧金山纽约，教育就是中西部，没有什么是绝对开放性的教育，都是相对开放性的教育，教育的本质就有它一定的封闭性，尤其义务教育，它要在知识与价值系统上有效传衍，这个社会才能够稳定。

义务教育的第二个目的是平衡先天的不平等。我们一出生就有富与贫，我们透过义务教育让人人有上学的机会，透过共有的学习，让大家站在比较平等的基础上各展所能。当富人和穷人的子弟共同接受义务教育时，你读书不行就是不行，行就是行。20世纪60年代的台湾就有这种公平性，所以蒋经国的儿子蒋孝文、蒋孝武都找不到学校可以读，因为他们功课不好，虽然他们后来去读美国学校，但大家都知道是考不上联考才去读的，尽管他们的父亲掌握党政军的最高权力。但我们现在的教育却不是这样的，外表讲得很美妙，其实就是在固化社会阶层。

徐：是，虽然中国的高考制度被各种诟病，认为分数决定一切限制了孩子的创造力，但另一方面其实这里面孕育了极大的公平。

林：很多现在的教育理念只是一种看上去的美。你想想，最快乐的教育在哪里？最快乐的教育就像美国许多黑人的教育，黑人是比较少要求小孩的，爸妈都要工作，然后告诉你打打篮球有一天可以变成乔丹，是不是？

徐：就我自己的经历来讲也是这样。中国时尚圈主体是国际奢侈品牌的世界，所以周围围绕着来自世界各地的客户和朋友，在这个圈子共事的中国人也都是所谓很国际化的中国人，在这个圈子似乎给孩子选择国际学校走西式教育是一种潮流，我自己也纠结了很久，周围的朋友聚在一起也经常讨论这个话题。很多家长跟我有类似的纠结：既看到中国教育的弊端，也看到西方教育的局限；既希望孩子有国际化思维，又担心孩子未来既不能融入西方主流社会又不能适应中国的人文社会环境成为蝙蝠式人才；既希望孩子在异文化里锻炼成长，又担心孩子错失中国腾飞的良机……所以总是在西式教育和中式教育里摇摆不定，因为一旦替孩子选择了，可能再回头就难了。

我在思考的时候一直在问自己几个问题：1. 无论中外，融入异文化都是艰难的，花大半生的精力去融入一种异文化对于短暂宝贵的人生是否值得？ 2. 很多出国的人为了生存为了所谓融入西方主流社会，不得不放弃文史哲这些不好就业的学科而去选择财会、IT 这些好找工作的专业，这对人一生的发展难道不是一种缺失吗？我很多学新闻的大学同学出国都改行了，虽然能够生存，但回国时也能感觉到他们背离梦想后的失落感。3. 人深层的心灵归属感、安顿感在西方真的能够获得吗？……在这几个问题没有得到答案的情况下，我给孩子选择了公立教育，当然如果未来孩子自己想出国我也不会阻拦。不知道我的这些想法您认为对不对？

林：我举实际的例子来讲，你的孩子去国外也有可能适应成功，但我们在台湾看到绝大多数却都是适应失败的，因为主流社会是西方人，你永远是边缘。好不容易适应成功了，在那里发展你也会有孤独感，回到国内，你变成海归或者到香港这种国际化的社会变成领导阶层，一样会出现问题。

我有个香港学生就是秀异人士，因为要退休了，想让余生能有安顿，但又不想去英国，因为在那边，你怎样都还是边缘人，也不想到加拿大、澳大利亚，觉得文化不够丰富……于是问我怎么办。他们希望我能给些温馨有效的建议，但我说得很直白：我说你们为什么会成功，当然有你们的条件，其中重要的是你们是国际人士，现在是国际化社会，所以你们成功了。但现在五十几岁了，生命须含藏了，要有归属感，这时就须面对根的问题。你们现在找不到根，如浮萍一般彷徨，这是你们早期能够站在别人之上所必须付出的代价。也因此老师无法给你们简单的解困之道，如果你们的生命还觉得该有中国的根，现在正好可以认真去学习一些中国文化，深入典籍，体践生活，也许就真能找到安顿。这就跟你说的蝙蝠一样，对于鸟类你多了个鼠头，对于老鼠你又多了双翅膀，一件事情有所得也就须付出代价，没有绝对好的，当你把这想清楚，你再去选择。

4

父母不扭曲，孩子就容易正常

徐：在教育孩子的时候，有没有什么是父母一定不要做的？

林：我只能说，第一不要让孩子形成反社会人格，第二是一定要让孩子感受到父母的关心和爱，大概这两点守住了，其他就因人而异。有些父母非常的正义，到处批判社会，批判得也有道理，但这中间可能就让自己的孩子跟这个社会有一种过度的对抗性，这要注意。此外，包含他在少年期的一种呼朋引伴、自成群体，都不是什么不好，但也都要注意是不是形成了反社会人格，有这种人格，就要付出很大的代价。

徐：有一个教育理念是：父母首要的教育是要培养孩子健全的人格。但是什么是健全的人格呢？父母可能自己都模棱两可。

林：谈健全的人格，我们常就把“健全”过度狭隘化了。对孩子，我不会往最理想去讲那些“言必称尧舜”的话，我会从“负面表列”来说它，就像我之前说的，告诉孩子吸毒跟赌博不要犯，只要做这个你就人不像人。至于在人不像人之外，你要像个怎样的人，我不会给你一个非常严格、固定乃至高大上的框架。

在教育上我们有时候过度地单线思维，以为怎样的教育一定会产生怎样的人格，怎样的人格最后会在社会上得到怎样的机会与地位，其实线哪里是这样拉的？这里有它的弹性，有它的变异，而现在我们谈这些，大家却都是一条线的思维。

徐：是的，现在中国的大多数父母给孩子的框架非常的有限，因为我们在这个环境当中，人多竞争激烈，大家互相之间比较、参照的坐标非常的狭隘，我们对孩子教育设定很多、干预很多，焦虑导致我们生怕一个设定没设好孩子就无法达到自己的期望。

回顾我自己的成长道路，我觉得我父亲给我最大的礼物就是：自由。虽然父亲是大学毕业，但是他最爱挂在嘴边的话就是：能干什么干什么，扫马路也行，条条大路通罗马。我父亲只管我吃好睡好身体好，从来不管我的学习，他说：学习是你自己的事。我从小到大，高中选文科还是理科，大学选什么专业，毕业去什么单位……所有跟我有关的事都是我自己做主选择的。老爸最爱说的一句话就是：你自己想明白就好。说实话年轻时不觉得父亲这种教育有什么好，甚至还觉得父亲对我啥也不管，怎么也不像别的父亲一样帮孩子参谋甚至帮孩子走关系，等到今天回首过去，我由衷感谢老爸对我的放手、信任以及给我的空间和自由。

林：你跟你父亲的关系有点类似我跟我父亲的关系。我父亲虽然只有小学毕业，但他当过国民党的“中央候补委员”，是台湾渔会总干事，台湾渔业界的二号人物，都是自己打拼出来的，很有点才情。但他对我的成长基本上就是“放牛吃草”，我成绩单从小就可以不必让他看，盖章都是自己盖的。当我以很高的成绩偏要去读考古人类学系时，他也没有什么特殊表情，他说这就是你选的路。到今天我都感念他这一点。

徐：那个年代父母经常会说：我能给你养大就不容易了，好几个孩子哪有时间管你？而现在的父母就一个孩子，所有的眼光都盯在孩子身上，非常的紧张和焦虑。比如我儿子小的时候我总怕他营养不好，吃饭总给他夹菜，儿子很反感我这个举动，而我的理由是：他这么小，怎么知道吃什么对身体好？但回头想我老爸从来不给外孙子夹菜，就像他小时候也从来不给我夹菜一样，他永远说：孩子吃什么自己知道。

林：父母不扭曲，孩子就容易正常。在这样一个无尽因缘变动的社会里，我们唯一可以给孩子的就是让他守住底线，告诉他不要犯那样的错，不要一去不回头，其他的东西也就让他自己成长。

5

养老，（于己）割舍即是智慧，（于人）荷担就是解脱

徐：中国有句老话：40 岁之前看父敬子，40 岁之后看子敬父。所以很多人觉得如果孩子不成材自己会很没面子。您对这句话怎么看？

林：我自己不需要也不期待那种尊敬，生命情性上，我与儒家相距较远，以为一个人可以主宰另一个人，一个人可以教育另一个人，在禅者看来都只是妄念。

徐：以自身的资源平台给孩子铺一条路是大多数中国父母希望做的事。

林：在台湾的文化界里对孩子最松的一个人应该就是我，我也不会用我的身份角色为他们特别铺平台。我觉得任何一个时候，只要这个孩子还不行尸走肉，不醉生梦死，一段时间的赋闲在家或出外工作都会在他生命里有一定的意义。

徐：中国现在放开二胎，一些父母生二胎的其中一个理由是：一个孩子会孤独。我自己就是独生女，我从小到大也没觉得孤独，我周围一些多子女家庭也有他们的问题。

林：其实对于形形色色的人，只要是全称性的叙述都是伪命题。有全称性，我们做父母的对孩子要么就失之于严，要么就失之于溺。我自己当时生两个孩子的想法是给他一个环境成长，让他有兄弟，让他学会分享，学会平衡，学会在对抗中妥协，否则我们对一个孩子常会有全称性的爱，全称性的期许。

徐：亲子关系之外，养老现在是中国的群体性焦虑。中国传统“养儿防老”的观念被新一代父母所摒弃，认为这是落后陈腐的观念，孩子不是我们的私有财产，我们应该给他翅膀让他飞翔。但是另一方面，中国养老体系的不健全又让很多家长尤其是独生子女的家长担心孩子不在身边老无所依。虽然中国有孝文化，但是孝的本身又让很多人完全不堪重负。您怎么看待这种养老的焦虑？

林：养老机制的健全当然需要社会制度来解决，但在自己的生命上，自己的东西能割舍就是智慧，割舍指的是自己；在跟人的关系方面，荷担就是解脱。禅宗有一个公案，严阳尊者问赵州禅师：一物不将来时如何（我放下了一切，下一步该怎么做呢）？赵州禅师答：放下着（放下吧）。又问：既是一物不将来，放下个甚么（已经两手空空，还要我放下什么）？答：放不下，担取去（放不下，那就把它挑起来吧）。承担就是解脱，这既是对孩子说的，也是对父母说的，双方的矛盾就少。

我每次在谈伦理时会强调，伦理的存在当然有它的普世性，但是伦理的样态是有文化性的。美国这种西方社会的“两代伦理”跟中国的“三代伦理”不同，我们千万不要像国学家所讲的一定认为中国的伦理高于西方。因为“两代伦理”认为我们养下一代是天职，下一代不一定要回报我，所以老人心情的失落就少，我们中国是养儿防老，父母子女绑在一起太紧，甚至下一代稍微不顺我们的意我们就觉得他不孝了。此外，绑得太紧的坏处就是个人的价值不容易发挥。所以伦理的形态其实是一种社会选择，各有利弊。

徐：现在很多像我这样70年代出生的父母都比较接受老了不依靠孩子，有自己的世界，但是当老到有一天不能动的时候，也还是希望孩子在身边，起码能帮助挑一个好的养老院，定期来看看自己也是好的，这应该不算自私吧？

林：这是合理的愿望，但不能认为孩子没做到就罪大恶极。比如在婚姻上我们合理的愿望就是我爱他，希望他也爱我；但是我爱他，他并没有这么爱我，从人性上我们也应该能理解；我爱他但后来不和，我们分开那也是合理的。我们在婚姻中可以做到这一点，我们在亲子关系上也应该可以做到这一点。

此外，我们要让孩子体会接受别人的付出就是一种恩典，如果有这种感恩，他很自然会念及父母念及朋友，要不然他就是唯我了，你生病了，在国外他也不回来，即便在国内，他也不想来看你。

人的关系是一个互相的关系，这种关系如果能在孩子身上建立起来，你跟孩子在相互关系中就是最亲密的一环，就比较不会出现刚才讲的矛盾和缺失。不过我是从来不对两个儿子抱任何希望的，我只对自己本人

“想象”一些希望。

徐：中国现在有一种趋势就是大肆批判中国父母“养儿防老”是错误的落后的观念，但是我接触到的活生生的事例让我不能这么断言。我父亲生病住院时旁边病床的老太太就是被保姆护送来的，三个孩子都在国外，病危时连个能签字的人都没有。我的一个好朋友从来不主动设计把孩子送到国外，她说，人生这么短，我们修了多少世的因缘才成为母子，我为什么要把他往外推呢？人生很短，大家相亲相爱在一起比什么都重要。所以现在网上又流传一篇文章《学霸都是来报仇的，学渣都是来报恩的》，意思是学习好的孩子都考出国或考到外省生活，只有学习不好的孩子守在父母身边照顾父母，虽然是笑谈，但也可以说是“养儿防老”观念新的演绎。我觉得关于养老问题我们不能简单用一句“养儿防老是传统封建思想”一笔带过。

林：当然，我们谈制度是在谈最底线，但不能就以最底线为满足，因为养老院毕竟还是养老院。当然也有在养老院过得很享受的，我一个朋友是台湾京剧名伶，在养老院还教大家唱京剧呢！但如果养老院只是大家散步吃饭，没有其他精神生活的加入，就是一个孤独封闭的系统，那它真的就像另一类型的精神病院一样。

徐：虽然我也觉得西方这种“两代伦理”在个体的独立发展与生命的自我完成方面有值得我们借鉴的地方，但我觉得这是国民性的差异，比如在西方，孩子给父母做家务家长还要给钱的，但中国不是这样的文化土壤，在中国复制欧美、日本这样的养老院文化是否可行呢？

林：首先还是那句老话，个人一定程度是可以脱离一个社会的紧密连接的。

第二点就是中国的人间性不可能完全没有，它是我们文化的基底，所以，不可能完全照抄西方，但我要提醒，不要再往人间性上倾斜了。就好像佛教当前的存在一样，释永信事件之后我就写了篇文章《从人间佛教到山林佛教》，谈过度的人间性后，寺院这样一个心灵空间已经跟俗世的空间没什么差别了，所以它就发挥不了应有的心灵安顿的效果，所以须往山林佛教稍做倾斜，多少还可以制约或矫正“过度人间性”之弊。亲子关系也是一样，不过分绑定的“两代伦理”无论是机制、想法还是作为，都应该慢慢在中国出现，起码知识分子、精英阶层对孩子开始不抱着太多期望，反而是看着他成长也就可以了，老了也有老了的生活。这个东西渐渐有了以后，大家晓得生命还有另一个向度可以走，一个社会也就可能逐渐地改变。

徐：这个改变不容易，因为涉及到根柢的文化的改变。

林：的确，因为我们传统的观念太深。中国人一直是家国天下，从一个家族到氏族到宗族最后到国家是一体的，这种联结性是全世界大文明里没有的，中国会变成这么大也跟这联结有关，中国会产生很多人性上的扭曲也跟这联结有关。谈到这联结，我们现在只讲它伟大的部分，但如果没有一种反省性，这个问题就得不到根柢的解决。大家负担都越来越重，绑得越来越死，这个缓解，的确是个大问题。当然，这不代表我们就得跟西方完全一样，也不代表西方就一定更为合理，我们可以在自己的基础上尝试一种更为宽松的亲子关系。

以台湾为例，由于有各种道场，尤其是佛教道场，让老人身心安顿，所以还常有老人要儿女必要时才能来看他，因为他自己的生活既安顿又多彩多姿，这就是在自己文化基础上建立起来的一种机制，很可以给大陆做参考。

第四部分

禅&事：禅是一枝花？禅是一把剑！

“不立文字，教外别传，直指人心，见性成佛。”禅宗的这十六字心要表明了禅宗是所有法门里最强调自力的法门，所谓如人饮水，冷暖自知；佛来佛斩，魔来魔斩。不像世人所描绘的风花雪月——禅是一枝花，而是直指生命、两刃相交、无所遁逃——禅是一把剑！

一 生命境界

1

琴棋书画诗酒茶花，若无修行，一样玩物丧志

徐：生命境界是一个大的话题，在这里我们只想从一个普通人的角度去切入。有这样一句话很流行：人生的价值不在于生命的长度，而在于生命的厚度和高度。这里的厚度或高度应该指的就是“生命境界”或者更确切地讲叫“生命质量”吧。有的人一生只是柴米油盐按部就班地生活，而有的人一生所经历、体验的丰富度以及他所达到的灵魂的高度，让人感觉精彩至极。

林：提醒一下，尽管我们往往会有这样一个对比性的描述或追求，但真说到底，并没有纯然客观的“生命质量”这件事。什么叫作好的质量？是锦衣玉食叫作质量，还是我把一个豆腐好好品尝出它的真滋味叫作质量？当我们把质量客观化以后，它就变成一个虚妄的名词。类似的名词还有“幸福指数”，告诉你一定达到哪些指标才叫幸福。任何的事物，观照是个基础，观照是了知你的生命跟你所接触到的事物之间的关

联，了知这些关联之后你才可能是一个自主的生命，你可以取可以舍，可以出可以入，不了知的话，即便是世人觉得高质量的东西，也会变成你生命不可承担的负累。

徐：但不可否认的是，更多的接触、更丰富的认知和体验确实给生命带来了一些提升。有一句话说得好：你一定会因为你的经历而富有。

林：我们有更多的所谓高质量生活，比如吃得更精更好、用得更多更好、接触更多更丰富，为的是什么？是它能提供给你更多的镜子、更多的可能性让我们映照自己，如果这些东西没有成为镜面，追求这些，往往也就头上安头。

同样，我们要多读书，要认识更精彩的人，也都是因为它们使得我们的生命能有更多观照，就如禅宗所讲的"境界现前"，你才会知道自己到底有哪些问题。如果不回到这跟自身生命关联的观照，很多世间人认为的好东西，对生命来讲反而就让你更累。

我们前面也举过美食的例子，本来你每天粗茶淡饭也蛮好的，忽然有一天你学会了美食，然后也许有天你就发觉什么食物你都吃不下了，到底这个美食是扩充了你还是障碍了你？一个真正的美食家应该能够开放他的舌根接触不同的味道，于是了解舌根的世界有多丰富，而不是因为进入了舌根世界就为舌根所夺，没有它你就活不了。有些茶人说一天没茶就活不了，我说那就干脆不要喝茶，我们应该是喝得好茶是好茶，喝得烂茶是烂茶，是在透过茶知道茶的滋味，知道茶跟人之间的关系。当我们说丰富的人生时也是因为客观上有很多的机会可以触发你，所以说它丰富，但要知道，这里还有一个更根本的是，作为主体的你要去觉知，要不然所有的丰富都会变成堆叠。

徐：您说的这点完全打破了我的认知。我以前认为生命境界、生命质量存在高低这一点是毫无疑问的，只是对于由谁来判定有疑问。您的说法一下子把问题打回原点：有没有生命质量这回事？什么叫高什么叫低？谁是主体谁是客体？

林：如果从扩大生命空间的角度来看，每一个生命其实也会有他不同的因缘。比如说有人透过企业的经营来觉察自己到底是越来越受限还是越来越宽广，有人透过艺术，有人透过学术，有人透过跟自己家人的起心动念——你本来以为自己在外面叱咤风云，面对属下很有优越感，你能掌控、能纵横出入的世界比家人更广，等到回家一被老婆骂，你的无明却就起来了，在这里，你说不定比你属下的心量还小。就因不同状况不同触发，禅修行也就特别强调透过不同机缘去观照自己的自主性。

徐：在有观照的前提下，无论通过什么方式还是应该尽可能开启自己生命的丰富和多样吧？这可以让自我的世界得到扩充。

林：丰富是指它使得你生命空间的扩大更有可能。你天天做一件事情就不太会丰富，因为你把心思就放在那一点上，没有别的刺激。今天我们手工作务譬如说做茶，我们把茶泡好，然后尽其一事，这当然是好事，但关键是能不能把这种尽其一事的心情作用于生活中的行住坐卧，如果除了茶以外什么都不能领略，那茶也是执着。有一个朋友因规划书院课程想请我当顾问，他说要做琴棋书画诗酒茶花，让大家享受生活美学，我说这当然是好事，但也直接提醒他："琴棋书画诗酒茶花，若无修行，一样玩物丧志。”修行其实就是一个觉知一个观照：你从它上面看得到些什么，你跟它的关系是什么，而不是一味地追逐。你追逐诗酒茶花跟你追逐金钱名车还不是一样？都是不自主的。

徐：甚至读书也是一样，没有觉知读了也是白读。

林：本来读书是好的，把前人的经验智慧变成我们的经验智慧，但你看中国历史上最厉害的党争却就出现在中国最优秀的知识分子身上，不讲近代，历史上的“元祐党争”牵涉的是谁？司马光、欧阳修、王安石、苏东坡……

庄子讲：“吾生也有涯，而知也无涯。以有涯随无涯，殆已。”本来读书是触发你更多的可能性，但当你追逐知识，知识就会变成你的负累。今天我们希望大家多读书多接触艺术，其实是希望透过别人的经验来触发我们生命的可能性，但最终还是要回到自己的领受、自己的觉知，让自己的生命空间扩大。

所谓扩大生命空间的一个前提，也是最关键的一点，其实是小我的消融，这消融小我与扩大空间是互为因果的。你若只谈加法——你拥有多少，就会忽略你的自我欲求也会无止境地扩充、无限度地往上加，而且加得更快，于是，你就只能一直在“匮乏”中。这些年你在的主流时尚圈，他们拥有的比别人更多，但有比别人更安然吗？显然没有，大家还是一味地追逐，也永远觉得不够。正如此，宗教修行才告诉你，不要只注重你拥有多少分子，更要注意起心动念、妄心追逐的那个分母，如果你有办法把分母变成零，任何的东西除以它都是无限的，也就是说，止掉妄心，现前的一切就都成为无可比拟的“绝待”。

你能把自我消融，你就能超越别人眼中外相的高低，而所谓外相也就是你应缘的一个显现而已。要不然你所得再怎么扩大，你自我的欲望也无限扩张，是永远无法得到满足的。而谈真正生命空间的扩大，宗教修行比起艺术之所以还更本质,就因为宗教直接观照到这更根柢的东西,要你将妄心中的我消解。

徐：您在课堂上屡次讲过宗教修行与艺术美学的关系，您认为那些试图通过美育代替宗教的想法是行不通的。

林：艺术的伟大是它能够扩充自我，艺术可以让我们驰骋在一个想象的世界，譬如说无论是魔幻写实还是超现实，我们平时接触不到的东西，艺术家都可以理所当然地呈现。我过去在教艺术学时特别会提到，艺术品是除了生命之外最有机的东西，有机性使艺术品可以变成艺术家的分身，于是我们看到艺术品就如同看到一个个活生生的生命，在此的触发也就可能很深很大，“游于艺”因此要比“读万卷书、行万里路”更有不同的意义，因为它可以让我们接触形形色色不同的生命、不同的生命层次。

但“游于艺”也要注意到它的问题。首先，艺术家因为生命情性丰富通常都是非常自我的，所以艺术家绝对不是我们想象中的，因为在艺术世界有那么样的发挥，他的生命也就如此安然。事实上，艺术家往往比我们更处理不好自己的生活，因为他把自我扩充得太大了。所以为什么要讲“道艺一体”，“艺”可以让自我无限延伸，“道”则是要把自我消融，“道艺一体”看来是一个很自然的事，其实两者很不一样，一定要经过修行实践，“东壁打倒西壁”，出出入入，最后才能把这看似矛盾的东西统合在一起。

再有，因为艺术是一种寄情，只要艺术家能力够，他就可以无限想象和扩充，但遇到现实，常也就只能活在自己的想象世界中。前面提过艺术家跟艺术品的关系可以是反映现实的关系，可以是现实的延伸，可以是现实的补足，甚至可以是现实的悖反，有时还可以是双重人格中的两条平行线。所以，艺术不是就等于生命。一个从事艺术的人要注意到寄情之局限，艺术欣赏者在这里副作用虽然没有艺术家那么大，但也很容易在艺术里过度寄情，虽然每一次的寄情看来都像是一次艺术治疗，但终究没能实现真实的生命转化。

徐：除了艺术，还有哪些扩大生命空间的方式是您比较推荐的？

林：对中国人而言，有三个生命扩充的方式是我特别关注的，这里面涉及到儒释道三家。

第一，如果从儒家来说，那就是学问的扩充。在这里，要提醒一下：中国人的文史哲是以“史”为核心的，中国哲学基本都是历史哲学，中国的文如果不谈到历史触发的生命感受，文就不成文，就都是雕虫小技，所以说“孔子作春秋而乱臣贼子惧”，这里强调的是史家的观照。史是什么？史是“上下五千年，纵横十万里”，是司马迁所讲的“究天人之际，通古今之变，成一家之言”，它使得你可以上通于天，下接于人，连接古今，你的生命自然会大。就如范仲淹《岳阳楼记》所写，范仲淹不只是看到一栋楼，他还看到潇湘的来来去去，看到这些跟生命的关系，所以他最终会提到：不以物喜，不以己悲；先天下之忧而忧，后天下之乐而乐。这就扩充了文章的生命空间，不如此，一个人被贬谪就一定是忧谗畏讥，觉得天下人都跟他过不去。所以说，中国人不读史是最糟糕的。中国历代统治者也深深了解“欲亡其国，先亡其史”。我们现在大陆整个社会的浮躁跟不读史有关，我们谈史谈的都是帝王史，不是真正的文化史，不是心灵的历史，所以就永远跟着起落在动。

儒家之外，更要谈到道家对于生命扩充的意义。道家是自然哲学，它的扩充不只从人间的关系来看，“人法地，地法天，天法道，道法自然”，它是要你从大化而体得自然之道。道家对中国艺术影响最深，中国绘画总以山水为宗，你尽可以在这里悠游寄情，在尺寸里拥有江山，斗室里行于万里，心胸就开阔了，你内在有自我的天地，人生就不会走到死胡同去。在哲思外，道家关联的主要就是中国艺术，它让我们在艺术里扩充我们的生命。

最后到了佛家，它就是一种宗教修行，这个修行主要是从万法缘起的关系来看待自己与众生，能这样，你何止不会过度执着于自我，生命也可以近乎无限地扩大，这一点，前面我们已经提过许多。

综上所述，一个是从历史的格局，一个是体得自然之道，一个更从万法的缘起契入，对中国人而言，这三种方式都在扩充我们的生命空间上占有本质性的地位。

徐：照您所讲，儒释道三家中儒家是不是最有文化的局限性？

林：我的回答，倒就斩钉截铁：就是。儒家所宣讲的人伦关系固然有它普世的一面，比如亲情，但在不同文化里，它所呈现的样貌却是多种多样的，许多都是历史发展的结果，很难率尔就讲谁对谁错。也因此，儒家的人伦固最富中国特质，但相对的，要其他文明接受，也就有较难跨越的文化藩篱。但到了道家所契的自然，我们所有人就都在这里，我们都是自然的一员。到佛法更就不要讲了，它扩及无量众生、无量世界。

总之，要想扩充自我的生命空间，要么你就读书尤其是读史，要么就学艺术，道艺一体，要么就好好做宗教的观照修行。如果这三点你都没有，那么你要干什么事情来丰富你的人生？常常是不学还好，学了更累。如果能做到上面说的这些，当然最根柢的还是一个自心的观照，这些东西就能扩充你的生命，你也就能像颜回“一箪食，一瓢饮，在陋巷，人不堪其忧，回也不改其乐”般，有一个外境不能剥夺干扰的内在空间。

徐：可能我们普通人谈到的生命境界没有您定义的这么广阔，大多数人不过是在追求生命体验的刺激、精彩、丰富。

林：那就不要叫境界，叫生命状态，许多人想求得更精彩的生命状态。境界，是内在的丘壑。

2

绝大多数人的生命就是一个提线傀儡，社会的价值永远高于内心的判准……

徐：大多数人年轻时在职场或忙碌拼杀或叱咤风云，对生命境界的话题可能没有太深的感触，但当人从一个世间法轰轰烈烈的职位上下来，步入生命的另一个阶段——赋闲退休在家，每天只是如禅家所说：该吃饭吃饭，该睡觉睡觉。这时他会心里发慌：我的生命就这样了吗？是不是在浪费生命？应该做什么来不断提升自己的生命境界？

林：境界其实就是，你在职场风光时是好好的，回到日常吃饭睡觉也是好好的。当你的空间越大，自我越消融，你就越不为外物所拘。你如果做一个成功者觉得快乐，做一个家庭主妇就不快乐，你还是为外相所拘嘛。

徐：这种纠结很难祛除掉啊，无论是所谓精英还是普通人。我记得一个读者就曾经给我微博留言，她说自己 42 岁辞职做家庭主妇，本来很享受这种照顾家庭的平凡的生活，可是有一天她看到一篇鸡血文章，里面有一句话：平稳、平凡意味着你已经不敢挑战自我，丧失了梦想。她突然有些惶惑：平凡是否意味着平庸呢？自己是否是一个没有追求的人了呢？

林：你现在讲的所有的丰富、所有的平常，都是被外界定义的。如果这个读者还有这种纠结，说明也还没有境界。无论成就感还是境界，都不应该是由外界来帮你界定的。我们现在之所以痛苦，是因为我们这个社会是个从众的社会，多数人讲应该怎样做，你不这样就慌了。但为什么不反过来想一想：凭什么你那个读者的生活要被别人定义成“平庸的生活”呢？

徐：可是我们确实看到有些人一直在不断变换生命的角色，一辈子过了别人几辈子的生活。像弘一法师，他除了是修行者，还是著名的音乐家、美术教育家、书法家、中国话剧开拓者。他一生留过学、教过书、当过编辑，最后抛妻弃子、遁入空门，苦修半生成为一代高僧。前半生是风流才子，后半生是世外高僧，这样精彩的人生让很多人羡慕不已。

林：弘一之所以过了别人眼里了不得的生活，是因为他丢掉了所有别人要的东西。你怎么能鼓励每个人都这么做呢？

很多人一谈弘一就是“家国天下”，就是“丰富人生”，在这里，我特别要提到，从传统的角度来看，弘一其实是个“决绝之人”。按理说我们应该会批判这种决绝之人——你怎么会那么无情？可是为什么民国初年那么多人物，被教内教外、知识界与非知识界共同推举的就只有弘一？比如蔡元培很伟大，但基本只有教育界、文化界推崇他。所以说，弘一的生命中一定有一个东西击中了我们所有人的根柢——我们所有人都在被外物所影响，在这里纠缠，而弘一不是。当年弘一要出家，多少名流都劝他不要，都用负面来说这件事，就好像今天你那个读者本来自己过得还好却被别人说话般，如果弘一当时接受了大家的想法他怎么能出家？他不过就是湮没在民国初年众多名人中的一个而已。他要走他自己的路，他知道自己余生的世界是要面对佛菩萨、面对众生，这是一个解脱的世界，是消解他追逐物欲、追逐自我的世界，结果他这种决绝反而打中了我们的心。

我们普通人的内心是永远被外界牵绊着，绝大多数人的生命就是一个提线傀儡，社会的价值永远高于内心的判准，而弘一解脱了这个。按理说在以儒家为尚的中国社会，弘一是应该被批判的，可是没有，因为大家看到弘一就像看到一个解脱的自己，一个自主的、不为外物所拘的自己，一个不为名、利、朋友之情、社会观念所限的自己。弘一是一个自主的人，于是他活出了他的风光。也许我们芸芸众生、升斗小民不知道他生命风光的真实境界，可他真击中了我们的软肋，因为我们整天在这里纠结，就像那个读者，明明自己过得很快乐，但别人说你平庸，你就怀疑了。

徐：平庸和平常有什么区别吗？难道没有区分的标准吗？

林：平庸和平常不是别人来帮你分别，是你自己要能辨得。我一直在强调：涉及到生命问题只能“单一”“及身”地勘验，讲共同标准就是你在寻求所谓的幸福指数，这个一定要放下。你的生命是不是有境界当然可以被勘验，但这是每一个人在不同的状况下被勘验的，不能不同的人标准却都一样。为什么讲中国现在是一个“从众”的社会，就是芸芸众生都用单一标准、客观化的标准，像追求GDP一样去追求幸福指数，这都是犯了“心外求法”的根柢错误。

徐：我记得我当时给那个读者自以为高明的建议就是这样：你不能只满足于吃饭睡觉服侍先生、孩子这样的生活啊，你要多读书、多旅行，让生命扩充。总之我让她觉得她满足于这样的生活是不对的。

林：从佛家来讲，因为我们关注到生命的缘起缘落，我们会提醒但不会去判准。真正的幸福是生命的自主，我自主地吃饭睡觉，我自主地荷担天下，我不是被逼迫这样做的就对了。修行就是修个自主，外界干扰不了你就叫境界高，生命空间越大外界就越干扰不了你，胸罗万物就不为一物所拘，怀抱天下就不会忧一己之得失。

徐：我们常常觉得那种生命境界离自己太遥远，不如追求生命中的“小确幸”，这个概念还是从台湾流行到大陆的。

林：这就是为什么现在台湾气象弱的原因。我记得我们读书时，读的人物都是历史人物，当你看到历史人物那种心胸，你对于自己在职场上、在生活上无论遭诬陷、遭诋毁，你都觉得是小事，因为你的生命空间大了。现在台湾都是本土教育，都是一乡一里的教育，整天为个芝麻绿豆的小事争来争去，你以为这样会幸福吗？不会的，因为有“小确幸”就会有“小不确幸”，它都是建立在极大的“依他性”上，一点小小的确幸或不确幸就影响了你。所以为什么我们讲生命境界就是“顺逆一如”，是有状况来才勘验到一个人的境界，没有状况怎么会有境界呢？

佛家讲，菩萨畏因，众生畏果。作为修行人我们不会因为没有状况就觉得自己生命可以了，更多会观照当某种状况发生在自己身上会怎样，而当一个人能推己及人时他的境界就高了，就不会过度自我膨胀。境界就是发现自己哪里不够，把不够的地方磨一磨，让自己更宽阔，让自己在不够的地方也能自主。我们在生活中遇到的各种不顺其实都是来"琢磨"你的境界，所有的状况从修行来看都应该导致你境界的更为扩充，或验证你境界的虚实，而不是只谈状况本身"客观"的高低。比如你能够赚多少钱不是你完全能够决定的，但是你对钱的态度就是你能决定的，这才叫境界。

徐：可能我们大多数人的错误在于，我们先预设了一个"境界"的概念以及高低判定的标准，然后用这个标准去判定自己和判定别人。像我们以前做媒体，最爱做的就是展现一些人或独特、或有趣、或另类的生活方式，倡导一种类似"生活不只是眼前的苟且，还有诗和远方"这样似乎更高境界的生活。

林：通常这样的说法是一种归纳的说法，这样的倡导也有它一定的意义。我们可以倡导以开阔一个人的境界，但不能就用人比人的"客观比较"来界定境界。举个例子，我三十几岁教琵琶时，也就是 20 世纪 80 年代初，一个学生所在公司的老板每年要缴 2800 万台币的个人所得税，在当时应该说是很厉害了，但他天天不快乐，眉头紧锁，对属下很是严苛。为什么？因为他的愿望是进入他们行业前 5 名，却始终没能做到。这种人有境界吗？钱赚那么多，企业那么大，但没境界，因为他的心胸永远是狭窄的，这一行里一点点的起落都会影响他的心情。

所以说，境界跟外在的成就其实没有大家想的那种直接的关系。境界是你与外在事物间，是“役物”还是“役于物”。境界是内在生命空间的扩充，因为外在的种种更多是我们没有办法主体掌握的，你有可能成，也有可能败，但有观照，无论成败，这种种也都是扩充你生命内在空间的资粮。

徐：就好像我们都听过的《富翁与流浪汉》的故事。一个富翁来到海滩，尽情享受着日光浴，看到旁边一个流浪汉也躺在那里晒太阳。富翁问流浪汉：这么好的天气你怎么不去工作，改善生活，而是跑到海边偷懒？流浪汉说：你努力工作的目的是什么？富翁说：为了能来这里舒服地晒太阳啊。流浪汉说：我现在不就在这么做吗？很多人把这个故事的意义解读为：要学会知足常乐，不要一味追逐。对于富翁的这种提醒其实对我们每一个在追逐的现代人都是有意义的，但从另一个角度，这个故事也不应该成为我们放纵生命惰性的借口：虽然同样在海边晒太阳，一个经过生活历练的人与一个终生无所事事的人所体验到的绝对是不同的风光。

林：你说流浪汉的生活挺好是因为你没有当过流浪汉。流浪汉如果只是每天在那里乞讨，每天过同样的生活，他一样就为外物所拘，且更辛苦。如果流浪汉是自主流浪，到处去云水像禅家般，那就不一样，即便很痛苦也是在锻炼自己的境界，所以还是要看是否有自觉性，没有自觉性就谈不上生命境界。没有自觉性就是你恰好活在哪个阶层你就活在那里，你生在富翁家就每天锦衣玉食，生在穷人家就整天唉声叹气。自觉是看到自己的局限、自己的情性，看到我跟外物的关系，这个时候无论他是流浪汉还是富翁，都可能有生命境界的扩充。

徐：我自己在生活中常常喜欢预设一个境界对比现在的生活，于是就没有办法好好享受当下。比如我三十几岁工作超级忙碌的时候，偶尔就会觉得这样的生活不是我想要的，能有闲暇时光享受生命才是我想要的生活，于是常常自怨自艾或有逃避心理。我记得当时一个朋友跟我分享过他的想法：我们的人生就像一条河流，年轻时急流勇进，年老时静水深流，能尽情迸发的时光可能就十几二十年，我们既不要在该迸发时抱怨无法享有宁静，也不要在该平静时留恋当初的繁华。所以，对生命有观照与活在当下该如何平衡呢？当我们预设了“诗和远方”，我们又该如何在当下的生命里获得安顿呢？

林：无论什么时候你对于一件事物的取舍都要有观照作为根本，不是预设一个什么样的生活好或不好，而是全然地了知这个生活跟你当下生命之间的关联，这样就容易把事物放在该有的位置，就知道哪时该深入，哪时该转换，真修行，这些是自然而来的。佛陀的教法最根本是缘起法，任何的事物都只有它阶段性的意义，所以当一个阶段的东西消失时，你也不要急，你明明白白地知道它的意义消失了，于是迎接另一个东西的到来，在迎拒之间就不再关注事件中的成败得失了。我每次人生的大转折，都是在打坐时“一念初动”而决定的，回到镜体，就能如此。“诗和远方”与“当下”不是互斥的两极，是由“当下”自然地走向“诗和远方”。相反地，没有观照你就会陷入情绪的取舍，永无了时。

徐：是，经常陷在情绪的摇摆纠结中，有时候积极进取，有时候又不想做事情，但又不得不做。

林：真习禅，境界来时，心情是处在两刃相交之际，怎么会不想做事呢？真不想做事，是这事已成套路，这时不是它要转，就是你要转，没观照到此，一味烦躁，一样为境所缚。

回过头来说，你刚才在这些提问上总想马上得到答案，以解决其中的“矛盾”，但事实上，人生的许多问题是没法马上得到答案的，它永远像济颠和尚所说的“六十年来狼藉，东壁打倒西壁”。人修行都是很狼藉的，一下用东边打倒西边，一下用西边打倒东边，总是在这里取舍，不会马上得到超越，但是在这打的过程中就有观照，就有觉察，于是有一天啪的就跳过去了。所以我为什么某种程度上会去批判新兴宗教或心灵导师，就因为他们用了一个错误的方法——常就很直接地喂给信众答案。人生的问题是没有固定答案的，所有的答案都是需要自己体践而得的。我只能告诉你一个坐标，然后你自己去寻找。我们现在都太愿意给答案，包含你们做媒体的，因为读者也有这需求，于是总在喂饱他们答案，今天这个答案明天那个答案，搞不好最后他也就错乱了。

徐：佛教常常让我们“放下”，除了靠时间靠不断的观照去解决，就像您说的是一个过程，我还看到一本修行的书上说：放下不是什么都不做，是放下心，而不是放下事。这样的理解对吗？

林：究竟的放下，是超越二元分割的世界；相对的放下，是生命阶段的转换。所以我们还是回到之前提到的“生命空间”来。从修行的角度来讲，如果生命是一场功课，功课要做好就是把发生的事情都能作为生命空间扩充的资粮，观照这件事情对于自己生命空间的扩充是正向还是负向。譬如说你到时尚圈工作，从正向来看，你可以接触各类人，可以看到各类现象，你过一个月等于别人过三年，这是好处，让你一下子眼界和心胸扩大，不会拿个铂金包就自以为了不得。但你整天置身其中也会有这一行的迷失，譬如不断的应酬不断的比较，到后来会形成你的困扰，所以到该走的那一天你也就走了。

观照，就是你在这其中会更加看清楚事情的长短利弊，更加知道它跟你生命的关系，药毒同性，原来这一行对你是药，过了临界点就变成毒，是毒的时候你就应该离开了，而不是任何一点就执着到底。所以你从职场下来变成整天吃饭睡觉也是对的，哪一天不想只吃饭睡觉再出去做事也是对的，关键还是你自觉不自觉的问题。

3

承认现实，但相信超越

徐：您曾说过，“有境界才有境界”，不境界现前就无以勘验自己的生命境界。你是否觉得当人抛弃一切外在的身份（职务、金钱、地位等）后，才真正面临一个自我的开启？当去除了一切标签的时候，你是谁？

林：是如此。我这一辈子从来没印过名片，除了因为不用做生意去应酬以外，更因为我不想把外在身份附加在自己身上，因为这些都是随时会从生命剥离的。我曾任“总统府”的“国策顾问”，有这身份去到台湾任何“驻外”单位都会有官员来接、来帮你安排，但我从来也没用过这个待遇，而且当了一年就请辞了。大家觉得这个身份像回事，但对我来讲，哪一天这个名号不见了我是谁呢？你不能迷惑于这些外加的东西。

前面提过，《岩流岛后的宫本武藏》一书作者小山胜清在谈到宫本武藏为什么要追求剑道时说，习剑，让武藏回到了生命最深的如实。你跟人家论剑，不能说：不行，我是某某人的儿子，你不能杀我。这时候凭的就是剑下的功夫，回到作为剑客最真实的状况。所以当我们离开职场、去除一切标签时，人也才真正了知自己是处在一个怎样的状况，是不是真能做到宠辱不惊、顺逆一如。

徐：能达到这种境界的是不是永远是少数人？普通人可能没有经过那么多历练，一些秀异人士又往往太执着于功名利禄，缺少观照？

林：这本来就是光谱的一条线，每一个人处在不同的位置上，但只要我们心中有生命空间、生命境界的观照，我们今天就会比过去更好，我们面对生命的各种状况就会更了然、更自觉、更能超越得失。当然，儒释道都有自己标举的境界，但也不要一下子就把它放到自己头上，你就先看看自己今天是不是比昨天更好。

徐：您书里有一句话：承认现实，但相信超越。我很喜欢这句话，因为一讨论类似“生命境界”这样的话题，经常会听到一些人的讥笑，觉得你这是无病呻吟，人的一生都是在吃喝拉撒睡中度过，平平淡淡是最真，什么境界，什么超越不超越的，都是矫情。

林：谈生命境界有可能矫情，谈平平淡淡最真也可能是另一种矫情。这些都是外相，关键是你有没有自觉。没有自觉就不可能有生命的扩充。你不要告诉我那个乞丐过的是悠游自在、平平淡淡最真的生活，乞丐也可能会为了抢一个罐头去杀人。其实，自觉的本身已隐含了超越。能自觉，谈生命境界也对，就平平淡淡也对。当然，真正的自觉，是要经过锻炼的。

徐：是需要锻炼，因为我们经常在忙忙碌碌、柴米油盐中就耽溺或忘却了。

林：如果说生命是一场修行，世尊在《阿含经》里说过：修行如调弦，弦紧则断，弦松则不成调。所以不能过紧也不能过松，也不是说一定有一个中间度，其实是时松时紧，就不能失掉观照之心。在此时时拈提，就是一种锻炼。如此，你才不会往一边不自觉地一直走下去，有一天想回头都难。

徐：您曾经说过，识得时间的奥秘就是大悟的人。境界的前提，时间是不是一个很重要的参考系数呢?

林：那当然。很多东西必须经过锻炼而来，必须有它的成熟度。也许当某些状况来的时候，你当时的想法不是这样子的，但是经过时间的沉淀就会不一样。

时间很重要：一是很多东西你必须要有一个距离才能看清它对你生命的真实意义；二是我们的生命本身就是一个时间的连续体，我们是有了前面的经验才构建出后面的东西来。你没有一日的领略就不会有十年的风光，是一日一日积累来的。

徐：境界是否可以提前达到？有一句流行语叫“明白要趁早”。比如我们当初做女性媒体的时候经常跟年轻人谈论爱情、婚姻、幸福的真谛，但是往往发现很多所谓过来人的道理年轻人是听不进去的。不过，如果所有的事情都要自己撞了南墙头破血流之后才去领悟，似乎代价又太大了些。

林：当然，尽管许多东西都有它的时间性，但谈禅一定要注意每个人的生命情性是不一样的，一定都是很个案的，我们只能给对方一些基底的坐标，提醒他自觉性地去观照。

举个例子，像我习禅就很特殊，我是6岁有感于死生，但到了初中二年级才发觉原来有用功学习这件事，因为小时候我就是整天玩，放牛啊打架啊。跟别人不同，我是先对出世间法有领悟，然后再到世间法中锻炼。所以我只能提醒大家很多事情需要时间、需要因缘的汇聚，每一个人的状况也都不一样，虽然有统计学的众趋多数，但不要过于武断。就好像一般出家我都会告诉对方要历经世事，到一定程度再出家，但我也不会说没有童贞出家的人，因为每一个人的情性是不同的。

在这里，早熟有早熟的好，晚熟有晚熟的好，许多事情需要时间，但也不要就把时间固化了。

徐：关于生命境界还有一个坐标就是，人的生命境界分为物质生活、精神生活、灵魂生活，您怎么看待这种分法？

林：这种排序也不能说错，因为我们最容易为外在物质的世界所牵引，回到灵性的世界，一个内在可以完全自觉扩充的世界，也就更能自主，更能不为外境所牵。但非常多人的精神生活和物质生活并不是这种层次递进的关系，只是面相的不同而已，譬如有些艺术家美感非常敏锐，但是生活乱到极点或人格龌龊到极点都有可能，所以不能说谁在物质、谁在灵性这样绝对化地来论列高低。

我讲个故事，1998年我跟台湾后来当过"教育部长"的一个很有名的心理学家曾志朗做过一次跨界的大师对谈。曾志朗是台湾认知心理学的大家，他制作了精彩的PPT，从实验的角度跟大家分享了人认知产生的过程：胚胎如何形成，如何发展而有神经中枢、脑干……最终产生自我意识。讲得特别好。轮到我讲，我说曾教授谈的是科学的逻辑，我今天跟你们谈谈宗教修行的逻辑。顺向的逻辑是人类的演化先出现消化系统，再循环系统，然后又构建了神经系统，神经系统又构建了脑干，脑干产生意识……这是演化论的想法，但我们宗教修行却不是这样的。

修行者认为我们那个神识（类如科学所谓的意识）原来就在，但在我们这个生命层次，神识无法单独起作用，所以必须透过脑干来发挥作用，而要支撑这个脑干存在，就必须有全身的神经系统、循环系统、消化系统……这些都是为了让神识发生作用发展出来的系统，如果哪一天你的神识能够通过锻炼单独起作用，这些外在的系统都可以消掉不要。对于修行人来讲，我们的躯体就像我们要拿一个远处的东西拿不到而需要一根竹竿般，如果你手够长，竹竿也就可以不用了。修行就是把我们的手训练长，竹竿放掉，所以真的修行到后来，我们的身体都可以不要了。修行恰好是科学逻辑的反向逻辑，你们认为人是这样演化而来，而我们认为这些都可以消掉。所谓物质的、精神的、灵魂的生活可以用这宗教性逻辑来说，越后面的生命越自主。而所谓灵魂的生活，在宗教更是有“实然”状态的。

徐：道家有很多这样的修行的故事。

林：道家的仙人是这样的，他可以不要有这个身体，所谓“炁聚成形，炁散成气”。“炁”是指先天之气，道家修行认为我们就是离开了先天，所以生命才需要有这后天的身体来做支撑，而修行就是要修回这先天，有这先天，你就不被后天物质的世界所限，这时就可以自己作主，你可以将炁散了，让生命入于无形，也可以将炁聚了成形，让常人看得到你。道家的神仙变化是有这个论理基础的。而要回到先天，你就得先去掉后天的羁绊。所以他们修行，最先是消掉消化系统，像断食、“炼精化气”，所谓“气满不思食”等等。直到最后我们把呼吸系统停止、神经系统停止，我们超越了，不需要这些东西了。

曾志朗听完后很感慨，说第一次听人这样讲宗教的修行逻辑——我们原来依赖外界而存在，修行到最后我们可以不依赖外界而自主。虽然这种宗教逻辑我们目前还做不到，但世间人一样可以多少有个参考。

徐：总结下来，跟您的对谈剥离了我很多以前对生命境界的错误理解，生命境界是一种自觉和自主，生命境界是自我空间的扩大，生命境界不是由外人来制定标准判定高低的。我以前是媒体人，媒体人总自认为是价值观的引领者，是最愿意制定标准、两厢比较、判定高低的，您对于媒体人有什么建议呢？

林：生命境界是你自己生命的世界，无论是高官富贾，还是平民百姓，没有人能剥夺你这个东西。媒体人在传递价值时，一是不要过度主观化，二是不要过度标准化。中国学问里很强调的一点就是让你去“参”，譬如范仲淹“先天下之忧而忧，后天下之乐而乐”背后就是儒家生命境界的坐标“修身、齐家、治国、平天下”，你参这个，境界就会宽一些，如果你哪天甚至可以为天下苍生不惜自己的性命那就是有大境界。儒家要你参入世，道家要你参大化，佛家要你参万法。秀异人士也该如此，丢个话头让人参，而不是就告诉大家所谓唯一的答案。

总之，关于生命境界你前面所谈的都是科学性的逻辑，我们积聚更多的东西以让我们更加自主自由，但宗教告诉你，只有外境不能拘束你时，才是你真正自主之时。

二 成长与自由

面对欲望你应该穿透它、看破它、消解它，而不是去站在它的对立面

徐：成长是生命永恒的主题，成长就意味着打破某种平衡。《禅者的初心》里面有这样一段话："我们要活在佛性之中，必须让小我一刹那又一刹那的死去，但同时我们又会茁壮成长。任何东西之所以看起来美，就因为它失去了平衡，但其背景却总是呈现完全的平衡。所以受苦本身是我们应有的一种生活方式，是我们可以扩大生命的方式，所以禅有时会正面地肯定生命的失衡性和失序性。"是否可以这么理解，禅并不是我们想象的只是做减法，禅也强调生命的成长性和进取性？

林：如果我们回到一个禅家的核心观照，所谓成长这一类型的念头也都必须放下，或者至少你必须把正负两极二元性的对立念头放下，这样才能够真的契入禅。很多人对禅之所以不能进入或害怕，很可能的一个原因就像你所举的这段话，如果禅会去肯定某些痛苦，你就会想，人生本来已经够痛苦了，我干吗还要去痛苦？但这句话更根柢指的是无论

顺和逆都是生命的境界，欢乐幸福是一种境界，痛苦也是一种境界。

你要习佛法，必须先体得“生即是苦”，生命是直接立于无常、无我、苦、空的，要能领略这个，你才有修行的根本，禅家是从这样的角度来肯定上述话的。所以才说，生命的失衡或不足，是解脱之本。

徐：现在大家都在谈“生命的安顿”，生命的安顿到底是一种什么状态？

林：所谓的安顿，就是你可以在各种变异里自主。首先，生命就是变异的，在时间空间里变异，在因缘里变异，一旦这种变异形成你的困扰你就不能安顿，也就是我们所谓的在现象世界里浮沉。为什么西方哲学要立一个本体世界，就因为生命始终在这现象世界里浮沉，你才会去设想有个安然不动的本体世界。只是相对于哲学，宗教行者就用他的生命做实践，来告诉你说这个境界是可以达到的。而禅宗，则更进一步还勘验你是不是真的达到了。

在禅宗世界里，我们能看到历代禅师的生命风光，尽管在寻常生命的层次不能够完全描摹他们的境界，但他们外现的状态却依然能让我们羡慕。较诸寻常的生命，这里映现的的确是一个安然自主的风光。禅在这个地方有它一个非常客观、实证的存在。因为实证，所以禅者不会把别人的问题就当成自己的问题，不会把别人的成就就当成是必然的成就，也不会把别人描绘的修行世界就当成不须勘验的实然世界。

徐：很多公司老板不喜欢员工追求信仰，寻求什么心灵的安顿。某家公司的老板公开批评一个高管信佛，说一个修行的人跟我们公司的狼性文化是不符合的。对各部门高管们说，你们不要招修佛的人。

林：我刚才讲的安顿，是不为外境所夺，全然地自足自主，你现在谈的安顿则是一种固态的自我管理式的安顿。而说生命动力，就拿日本武士道来说吧！武士道受禅的影响很深，连生命都可以丢开，你说它不积极吗？有什么样的生命像它这样积极？回到日本禅，哪一个人在面对日本禅时说它是消极的？这说明了我们对禅对修行的误解，当然也一定程度说明，禅在宋之后的没落，也就使得我们对中国禅有一种固化的印象。

徐：很多人尤其年轻人觉得好像禅总是强调宁静喜乐，是不是一种非常老人的心态？《禅者的初心》里面也在讲：禅不是让人兴奋的东西，要远离兴奋，让自己保持一种宁静喜乐。所以很多年轻人会说：等我老了再来习禅吧。

林：禅是一个应缘应机的东西，应机有急有缓，有一句话说：禅者就是在最适当的时间做最适当事情的人。这个适当不是说一定就是一个平静的、空灵的状态，在禅教学上，更多时候还是棒喝交加的。禅，从来不谈离开因缘之外的意义。

而说到禅与平静，可以从两方面来看。一个是相对性的，因为世人都处于繁嚣，所以就容易看到禅平静的一面，许多禅艺术体现的就是这一面，它也以此更吸引着你。

当然，这种平静也只是内在境界的一种外现，在禅，平静的更根本意义是你不为外境所牵，不是软绵状态的平平静静，而是即便泰山崩于前你也不为之所动，这才叫平静。所以不要把平静想象成某种色彩，它是像镜面一样能够映照万物而不为万物所染。谈禅的平静，在相对性外，更要能看到这“不与万法为侣”，超越相对世界的平静。

徐：世人所理解的平静确实是一种静止的、不动的、死水微澜的那种状态，所以觉得是一种老人心态。

林：因为不为外界所染，所以才能够照见万物，我过去讲本心讲佛性，总说“能观而不动”，“不动”跟“能观”不是两件事，它们是一体的，因为要“不动”你才“能观”，但要强调“不动”或强调“能观”，就看你从什么向度进入。真“能观”，它就有跃然的生机，禅家的“生杀临时”、禅艺术中的跃动性，都远离于一般人想象中的平静。在禅，并没有一个离开万事万物对应之外的平静，那种平静是个假象。

徐：在今天，不断成长似乎是一个中国人生命的常态。无论是职场还是生活状态，“人要不断打破自己的舒适圈”是我们经常听到的一句口号，似乎人一旦安于一种状态，无论是婚姻还是职业，舒适久了，就会有一种不安全感，觉得好像要被外界的变化所抛弃了。有什么破解之道吗？

林：所有的生命破解之道，都牵涉工夫的锻炼，但在这之前，更需要透彻的见地。禅，相对于一般世间的智慧或格言，最大的差别就在见地上，它回到最根柢的见地。我们现在不是，受到外界影响说要打破自己，觉得这个不对去找另一个，隔一阵子那个不对又再找下一个，所以永远在追逐，永远在不安。刚才不是讲，如果你能观照，那就“有”也有“有”的好，“无”也有“无”的好，而在有与无之间，生命也就“自然地”转换，它们是一条路上的不同风景，不是互斥的两极。

徐：相较于那种不断打破舒适圈、不断拥抱变化的奋斗青年，又出现了另一类所谓“佛系青年”“食草族”，可能是对高压力、高竞争社会的一种绝望和反抗，就像在日本年轻人中普遍出现的“低欲望”现象——没有生活的动力、对外界丧失希望。您对这样的现象怎么看？

林：它还是一个相对性的。相对性如果是应缘的话仍然有它的意义：因为我们过度浮嚣，所以我们选取平静；因为这个世界物欲横流，所以我们减低欲望，都有它的意义在。但如果所谓的物欲横流所谓的过度喧嚣形成你生命的不可承受之重，你这样做，也还是跟修行无关。佛法讲你应该穿透它、看破它、消解它，而不是去站在它的对立面，所有的对立面都会产生另外的问题。你们常说我这个修行人怎么那么有精神，一点都不像“佛系老年”，那是因为我面对万象，接纳万象，更重要的是不以己意在万象上硬做一个二元的分割，重增烦恼。

徐：很多人在生命的前半段，为了未来拥有更多的自由，无论是财务自由还是其他自由，都在更多的“入”，因为前半生必须要先“拿得起”，后半生才能“放得下”。所以这是不是一个生命阶段的问题？

林：我比较不喜欢讲什么事情是“必然的”，但的确，如果你的生命不骤然结束的话，基本上它的轨迹就像个抛物线，前段时期会有比较多的加法，后段时期会有比较多的减法。但首先它不是绝对的，禅在生命智慧上一直提醒你要超越统计、超越群性的归纳。

其次，无论是加是减，加要明白的加，减要明白的减。不明白的加就会出现很多堆叠式的错误；不明白的减就像刚才谈的佛系青年，也有另外的烦恼。

徐：我记得当年自己曾经跟您请教：我每天在职场拼杀，为生活奔波忙碌，觉得禅离自己很远，有没有什么切实可行的方法可以让自己不被这些所裹挟？您当时给我一个建议：人生要时时的回眸一望。

林：回眸一望的意思就是不要被惯性所牵，惯性会变成一个拉力，越到后来无明越大，拉力也越强，你就会不知所以。回眸一望是提醒自己不要就这样被拉力所牵，更深的，是你还能观照这个拉力的来去。

徐：我记得您曾经讲过一个有趣的例子，很多企业家总是跟您请教怎么能够获得禅所达到的那种自由的境界。问来问去，您最后棒喝他们："归根结底如果你连一点世间法都不愿意舍又想奢求生命的安顿，其实也是不可能。"就像有一个学员听到您说"回眸处，满目青山"后问您："如果回眸一望没有满目青山怎么办？"您说："不是为了满目青山才回眸，而是回眸了，才有可能满目青山。"

林：的确。舍世间法可能讲得太严肃，我不是否定世间法，我是说你连你自己的惯性都不肯停一下，你想要安顿是不可能的。惯性是什么？惯性是会一直累积上去的，是个越变越大的无明驱力。为什么禅宗会有那么多公案？公案不是让你有趣，公案当然在锻炼学人，也有少数行者因公案而开悟，但公案对世人最多的作用是让你超越惯性。在惯性里你认为是规律是理所当然的东西，公案就告诉你不见得如此。

比如"南泉斩猫"的公案：师因东西两堂争猫儿，师遇之，白众曰：

“大众道得即救取猫儿，道不得即斩却也。”众无对，师便斩之。在这公案里，修行者为什么能杀生？他怎么敢杀？好的公案就是有好多的向度都可以撩起你的“疑情”。我们寻常人固然在世间法里积累惯性，一个大和尚住在寺院里看上去是做着弘法利生之事，是做出世间法的人，但如果他就一直锁在自己的惯性里，也一样是颠倒，所以就用公案来点醒他。

徐：暂时的打破惯性是容易的，现在很多精英动不动就参加个戈壁挑战赛、来一个禅修、上个佛学课……但是置身在中国这样一个快速发展、世间法兴盛的社会，你只要在职场上打转，各种纷扰在所难免。如果您遇到那些世间法昌盛的所谓精英学生，您会如何做？劝他们吗？

林：我没有特别的方法，但是作为一个老师我从来不急。在禅，是自性自悟的，没有谁能帮你救自己，没有什么了不得的伟大的导师这件事，不会出现一个开悟者就能够让你开悟的这种事，所以我也不会给他们一个非常具体所谓快速的方法。

再有，就是众生都有不同的情性——什么法应对什么人，什么老师教什么学生。我不会认为有一个简单的方法可以适用所有的人，也不会觉得我可以普度所有跟我有缘的人，但我会给学生一些坐标让学生去参。如果你只依循这个老师，依附我这个禅的权威，就像你原来依附某一行的权威，一样也是一种异化。

说坐标，譬如我会告诉大家，“凡夫身大于心，道人心大于身”，如果中年以后你没有渐渐地心大于身，你的生命就会出问题，我有类似这样的一些坐标会给学生。修行是一个漫长的路，但也是一个不必因漫长就加重自己负担的路。他们如果能领略，虽然还时时颠倒，但每次回头时也就能发觉自己跟过去多少已不一样。

徐： 您书里有一句话我印象很深，您说：禅是简单，但这简单必须有跃动的禅机，否则禅就是生命选择退却的借口。这种跃动的禅机是指什么？如何避免禅成为生命退却的借口？

林： 如果你习禅，你的行为没有越来越直接，直下而为，就表示那些禅都是假的。习禅之后你的心会更加清朗，映照任何事物时是直接的，所以禅者的行为必然如电光石火，啪的一下，不是一个东西在镜子里慢慢映现叫“机”，电光石火才能叫“机”，有它一定的跃动性。如果一个人跟你啰里啰唆讲一堆东西让你慢慢清楚也不是坏事，但就跟禅没关系了。禅，“不将不迎”，一个东西现前，我说我不要照，不会的；但东西走了，说要它留下来也是不会的。禅者一定是跟他的因缘有一个“应而不藏”的直接对应。

徐： 一个人一生的成长是在不断打破平衡性中度过的，那么最终他所达到的境界、他所获得的自由是不是也是一个不断变动的过程？

林： 悟在禅家就有大悟小悟，也说明在一辈子打破平衡的过程中都会有阶段性的开启，之后可能又会落到另一个层次，然后再一次开启……累积了很多小悟，也许有一天你忽然间打成一片。所以禅不会告诉你依止一个明师就没事，因为自性还得自悟。禅者的人生鲜明而炽烈，哪样的色彩就应对哪样的事情，但这外表的样态虽不断在改变，也就是外显的一时之相而已，那本心、那镜体才是究竟的。

三　正能量 VS 负能量

什么叫生病复原？不是好起来叫复原，是没有一直坏下去就叫复原

徐：鼓励正能量是当今中国整个社会的一种氛围：老板喜欢招聘正能量的员工，朋友圈里大家也喜欢结交正能量的朋友、转发各种正能量的文章，爱情上大家也觉得找一个有正能量的伴侣很重要……有人把这种现象形容为“鸡血时代”。“鸡血青年”也似乎是一个褒义词。您怎么看待今天中国这种正能量爆棚的现象？

林：中国体量那么大，你要在世间法里出众，必然要参与到无情的竞争中，也就是从世俗角度来说，你必须让生命充满“积极性”，社会也大致就用这样的角度来看正与负。但其实正负的判准在这样一个多元的时代，原就是更多的“此亦一是非，彼亦一是非”。而禅家来看能量的正负，第一点，还是“生命空间”的问题，如果一个事情处理的态度可以使得你的生命越能融入，越跟别人跟外在的世界不对立，这个所谓的正能量就不会反噬自身，但我们现在非常多所谓的正能量最后都变成

生命不堪的负累。

第二点，正负是因人而异的。我们一直强调禅对所有事物都从对应来谈，没有一个价值是能孤立于主体之外来谈它的正负的，对这个人这种观念是正的，对那个人可能就是负的。当我们把芸芸众生都当作一个样子用价值、教条、框架来谈时，就已经远离了实然，也远离了超越的可能。

徐：其实很多我们所谓的正能量，比如“种瓜得瓜种豆得豆”“一分耕耘一分收获”等励志格言有时候反而是一种负能量，因为没有观照到生命的无常。

林：许多话看似有理，却禁不起检验，种瓜得瓜种豆得豆看似有如佛教的因果观念，但佛法更强调的是因缘观，就是说任何事物是和合而成的，所以不会只站在单一视角、单一的因，尤是从自我角度来看待一件事物。我们谈许多事物都是站在自己的角度，别人同样做那件事会不会得到相逆的效果，我们不管，这其实是把生命的多样性给忽视了。更何况，一味谈正能量，当我们把自我无限扩充时，其实跟外在环境、万事万物就采取了对抗性，最后挫折的、焦灼的也还是自己。

徐：以前我做《时尚》杂志的时候，曾经有一个心理专家写过一篇文章《你有生气的权利》，意思是当一个人面对挫折时如果把情绪压抑下去，其实那个负面情绪并不会消失，而是会拐弯抹角伤害自己或者别人。其实一个人身上有正能量和负能量都是一件很正常的事，过分强调正能量反而不利于生命的成长。

林：还是要回到生命修行上面，回到“观照”这最基本的原点。譬如说遇到挫折，如果你是一个修行人，不是不生气，是生气之后怎么办？有人会一直气，气到跑不出来，生气就变成一种恶性循环；而修行人是气过了之后有观照，有反省，气发过后就雨过天晴了。我们不是一直在提，无论是遇到顺境还是逆境，最重要的是可以给予生命做参照，谈所谓顺逆，其实并没多大意义。顺，搞不好是推你到悬崖；逆，搞不好是让你长出来。

徐：可能因为我们太想追求正能量了，当遇到生命逆境的时候我们一定要给自己打鸡血，告诉自己要哪里跌倒哪里爬起来，生命要不断卷土重来，等等。但我曾经看到一篇文章说，当你在生命低谷的时候，不要一味强行逆着势走，要顺着势下一下，允许自己心灵有一个喘息的机会，积攒一下生命的能量。您怎么看？

林：“势”是一个群体的现象，人不可能完全孤立于人群而生活，所以说，谈“势”，你要回到一个原点，就是不能跟外在世界只是一种对抗性的思维——把我、他二元分割，总是站在“我”的利益来看事情，觉得这个时代或这个环境跟你做对；其实，换个角度，也是你跟这个时代在作对，因为时代本身就是这样走着嘛，所以关键是你如何调整自己。调整自己不是说你一定要顺势或逆势，而是你晓得在这样的一个现象里，它跟你生命的关系和对你的意义。

徐：当我们处在所谓负能量的生命低潮的时候，我们要不要设定一个时间点让自己走出来？因为过度地沉浸在一种思维或思绪里面也容易沉沦甚至导致抑郁等疾病。这个时间点会不会又是对生命的一种逼迫呢？

林：一个明确的时间点都是不好的，因为生命是如此的复杂、幽微。我常举一个例子，什么叫生病复原？不是好起来叫复原，是没有一直坏下去就叫复原。所以生病时不要总是逼自己，我怎么还没好起来？没有继续坏下去就是好起来了。当你设定一个时间点，往往就会心急：我怎么还没好起来？反而又加重了自己的心理负担。不如观照自己：有没有继续坏下去？没有继续坏下去其实就是生命已无形中在修补，只是也需要些时间给它补足这修补的能量。

徐：铃木俊隆说过：要解决烦恼，就是要成为烦恼的一部分，与烦恼合二为一。由此我想到我们的很多烦恼是不是恰恰来自于我们要尽快"解决"它？我记得曾经有一个学佛的朋友给我讲了一个故事，她请教一个上师：我离婚了，很焦虑，该如何克服？上师说：这就好像我们身上有一个伤疤，如果你天天盯着它，就会越来越烦恼。

林：当然这是一种修行的方法。禅的方法是观照到更彻底的一个原点：从生命智慧来看，离婚一定要忧虑吗？我们常常把一个现象和一个心情包括成败等不假思索地画上等号。举个例子，日本女性现在流行60岁以后离婚，从中国人的角度来看60岁离婚那不是孤苦伶仃吗？日本人说，熬了30年，好不容易可以找回自我，可以过自己想要的生活了。所以一个现象不一定要用必然的心情、必然的价值来界定。当你解脱了这中间的连接时，生命的可能性也就增加了。

除了上面这种对抗性的思维，我们现在还有太多单一性的连接思维，譬如说有了更多的钱就会更幸福，有了更好的人际关系就会更幸福，搞不好你整天搞那些人际关系就把自己给累死了。我们就是太直接连接了，忘记这些东西跟我们有机生命间其实也都是有机的关系。有机的关系基本上都是要透过自我的观照来完成，是人人不同的。

徐：说到正能量之于交友，我们经常爱说一句话，远离那些负能量的朋友。虽然这样的观点听上去有些势利，我们也承认朋友之间除了要分享快乐也要分担痛苦，所谓患难见真情，但另一方面从自私一点的角度来讲，我们每一个人都不容易，谁有心情去面对一个总是负面情绪的朋友呢?

林：应该这样讲，我们跟人的关系永远是多重、多样的复杂关系。我们在选择朋友时，不会先选择他有正能量或负能量再决定跟不跟他交朋友，往往更多是因为情性相投，何况人还有高潮低潮，还有主体诠释环境的能力。比如孔子讲，“三人行，必有我师焉”，不是表示三人行中每个人都比自己好，是“择其善者而从之，其不善者而改之”，是见贤思齐，见不肖而自省。即便是负能量，你都可以把它化成一个正向的境界勘验。当然我们承认人是环境的动物，你整天都跟一群狐朋狗友在一起，要好起来也不容易，但在红尘中修行就是因为在红尘中可以看到百态，反而更能了解什么叫清净，什么叫出离。

在谈生命问题时，即便我们要给别人建议也要注意这一点，前面说过，我在跟学生交流时总会如此告诉他：这情形是我自己实践过观照过的，对我有效，但不见得对你就有效。更不会就告诉他，这是放之四海而皆准的——生命学问一旦如此，就异化了。

徐：今天的社会有一个现象，就是人人都追求能量一直保持到老。我们经常在朋友圈转发文章，什么 60 岁还在每天健身保持完美身材的女神，70 岁还在世界各地玩极限运动的男神……觉得人生这样才精彩。当然这样来激励自己也没什么不好，但它反映出背后的心理是：我们真的害怕衰老。您今年 70 岁了，您有这种恐惧吗？

林：从佛法来讲，任何的事物都变动不居，哪有不会老去的？是你怎么老法。比如 90 岁还在开车是很好的事，但是你不能说我为了证明我不会老就非要 90 岁开车，所以关键是老的心情如何，老的模式如何，而不是从根柢上逃避老、否定老的存在。像我身体这么好，问答时如此电光石火，但也一样有老化：消化慢了，容易忘记事情，吃饱饭会犯困，晚上不会像以前那么熟睡……但是你看不到我为此焦虑，就是我接受了这个老嘛。其实这个段落的问题问到现在，映现的就是我们大陆民众的主流思维还是个对抗性思维，它看来很强调自我，其实却有很强的依他性。就像做运动保持身材，即使现在你做到了，但因为想要一直拥有它，你也不会打从心里感到真正的快乐。

徐：我们是不是应该承认人的能量天生就有高低？比如我们以前做生活方式杂志经常会探讨此类问题：如何让生命充满激情？激发激情有多少种方式？等等。但其实学了禅之后，我越来越觉得有的人天生就不是一个很有激情的人，怎么激发也激发不出来，而且有激情就一定好吗？这也是要打一个问号的。

林：的确，如果有一种法能够让所有的人都解脱，我就告诉你：那就是魔道，那就是神道设教。有的人就是外放进取的，有的人就是内敛反省的，天生就不一样，先天界定了相当大的部分，后天很难大改，这中间也很难真有好坏高低之分。

徐：因为有了这种认知，所以我们可以对所谓负能量人的认知有所转换？也就是佛教讲的“慈悲心”？

林：是。譬如说我们遇到某些人，奇怪他为什么总跳不出自己那种心理症结时，你就会有一种同情心，你比较不会看到他对你的伤害，反而会看到他的局限，看到他对自己的折磨。这是真正超越所谓负能量的方式，不是你远离负能量，对抗负能量，而是你了解正负之间的那种不自主而生出一种慈悲之心。

四 国际化

1

只有极少数人能够在两个文化里深度地穿梭自在

徐：今天已经是一个全球化的时代，世界就是个地球村，中国也不断走向更深更广的对外开放，跨文化、跨国家、跨地域的全球移动时代给心灵安顿提出了新的课题。我自己身处时尚圈对这一点感触尤深，国际化似乎是一个人的时尚标签：讲着流利的外语、有海外留学经历、就职于国际大公司、工作全球飞来飞去、拥有外籍身份、孩子上国际学校、家里跨语言交流，全世界各地度假……这些标配在中国似乎是成功的标志，因为他们有着让无数人羡慕的生活方式。那么您所在的台湾当年是不是也曾经有过这种现象？这些年又是怎么演变的？

林：大陆的国际化是一个比较跃进的状况，台湾当年相较现在的大陆大概有两个特色，一个就是台湾人在当时的时代变局里有一种恐慌的逃难心理，另外就是台湾人出去主要是以美国为对象。当然，在那个时代，美国几乎就等于全世界，台湾精英人士受美国的影响尤其多。当年的台湾不像现在的大陆，大陆现在的大城市更像个世界村，更全球化。

资讯的发达、交通工具的发达、财富急剧而大量的集中，都使得大陆人主动出国的心理跟台湾被动逃难的心理不一样。在大陆，这群人已经形成了一个跨国阶层，这个阶层以世界话语、全球村作为一个自我的标榜。

徐： 全球化竞争的时代，在职场上你会面对很多国外名校毕业、会讲多国语言、见识广阔的国际型人才，所以很多人因为竞争的恐惧、生存的压力，希望自己也好自己的孩子也好是一个适应国际化竞争的人。您怎么看待这种职场竞争的压力？

林： 尽管大陆有那么多人出国，但因时代的不同，我们现在讲国际视野更就是跟科技连接在一起，毕竟，科技在应用上是近乎无国界的。但我要提醒说，只要事情它是被消费的，是方便的，往往也就是比较缺乏文化深度的，这里面的竞争又非常无情，你要在这里做企业，是只有第一名没有第二名的。所以如果你的视野就只在这个地方，我可以预见你的人生大概就是一个非常忙碌、非常紧张、没有第一名就会有挫折感的人生。而即便你有余力钻研你的专业能力，你也没有时间去观照生命和文化深处的东西。当你认同这一行，知道它有许多副作用，但自认仍能占有竞争优势，你当然还是可以选择这一行，但难道人生再也没有其他可能吗？当一行赢的只有一两个，被淹死的不知道有多少时，你自己若没有一个文化的根、艺术的涵养或价值观的锻炼，被淹死时你怎么办？

如果有两个选择，一个是你不是社会的第一名，可是你有你的文化生活、精神生活，还有一个是随时你要面临挑战，可是能力好运气好的话可以瞬间累积财富。你选择哪一个？我会选择前一个，因为那是我主体可以掌握的。我们太多人天天为不能挤进一个有风险没有回头路的市场而焦躁不安，不是很可笑吗？

徐：随着信息的发达，资本和资讯在全球的大移动，无根化已经是一个全球性的存在。很多人尤其是年轻人会觉得人的适应性很强，中国传统文化讲的“根”对现代人来讲不那么重要了。您觉得根与心灵归属感的关系是一种必然吗？

林：我们都知道儿童期的成长会形成人一辈子的记忆跟影响，你不可能在儿童期就跑遍全世界，总有一个时空一个地缘跟你密切关联，即便你的父母带着你在儿童期跑来跑去，形成你儿童期的文化基因，但这也不代表就没有根，这是另一种全球化的根，是一个跨国界的阶层。但跨国并不代表就能总揽所有的文化，他们只是另一个无国度的国度，他们有他们成长的生命特征和人格特质，而他们的根也就是无根。我们地球如果有197个国家，这个阶层就属于第198国，其他国都有它独特的历史、空间的相依性、时间的纵深性，所以会有根的感觉，而这第198国的特质就是没有根。这个没有根在他们年轻时让他们纵横捭阖、出入自在，在这样一个所谓的全球化信息时代里，更让他们拥有比别人更多的东西，但当他们退出舞台或不能再运用这些资源时，无根，也就让他们的生命变成了浮萍。它不像我们跟一块土地有一个整体的、历史的密切连接，那个根是深扎的。到这时，这第198国的人的生命局限就会被清楚地看到，他们会有你意想不到的彷徨，而这与他们年轻时的成就则是一体两面的。

就像一个人年轻时想过吉卜赛式的生活，他可以告诉你，无根是一种浪漫，无根是一种选择，无根是一个潮流，但最后还是我那句老话：“年轻的流浪叫浪漫，年老的流浪叫不堪。”你年轻的时候一直流浪，你年老的时候就找不到归宿，别人也不认你，这里还是公平的。

徐：我当年采访过在哈佛求学、在剑桥教书、后来回到清华教政治的学者刘瑜，我问了她一个问题：在国外最顶尖的大学教书是很多人的梦想，你为什么会选择回到清华？她说：“原因很多，其中一个原因是有一次英国大选前夕，周围的同事都在那里讨论保守党还是工党谁应该当政，争得不可开交。我突然觉得我一点都不关心，爱谁谁。回到中国，虽然中国也有诸多问题，但是我批评也好骂也好，会觉得跟我有关，年轻的时候不会觉得‘跟我有关’这个事情很重要。”她的回答很触动我，“跟我有关”某种程度上就是我们所说的归属感的一种吧？

林：在这一点上，知识分子更容易出现问题，知识分子总是对自己的行为合理化，更所谓的面向国际，也就往往忘记了他最切身、最及身的东西。年轻时我们都是看着远方，希望出人头地，这种心理难免就掩盖了真实，也许要到有挫折的一天，忽然吃到一块中国豆腐，才发觉：原来家乡就在豆腐里。

徐：您在讲禅与中国文化的时候，谈到生命情性与习禅的关系，由此我想到，生命情性这个点是否也给我们理解心灵归属感一个新的角度？从我自身的感受来讲，中国的诗歌就比外国诗歌更容易入心，西方的交响乐对于我这种没有专业音乐素养的普通人来说会觉得有些曲目那种繁复的结构性很难引起心灵的共鸣。那么，中国人的文化情性是否使得中国人更容易在中国的文化里得到心灵的安顿呢？

林：答案绝对是肯定的。我们在做文化研究包括在做文化的翻译跟交流时，都发觉遇到文化精微的部分就是不能翻译的，像中国的“苍茫”、日本的“物哀”，都是不能翻译的。这种种情怀都只能是浸淫在那样一个文化体里的生命才能领略的。

绝大多数人都在一个文化里有很深的根，生命深层的东西跟那个根是连在一起的，这个东西是在一个浮泛的来去里没办法叩到的。如果原来你有过这种深刻的文化和生命的根，虽然之后做国际人飞来飞去，也许有一天还能落叶归根，就好像我们看到民国时期很多有情怀的人年轻时也很国际化，是不是到晚年也就开始穿唐装、喝茶了？但如果你从一开始小学或初中受的就是刚才讲的第 198 国的教育，你晚年的时候真会有无根的感觉。

徐：大多数人都想在一个新领域里去证明自己，国际化也是这样。我一个建筑师朋友跟我分享过他的故事：他当年留学美国后希望自己彻底融入当地文化，于是不交中国朋友、不看中文电视、不说中文，逼着自己成为一个美国人。然后过了十几年，英文也流利了也算混出点名堂了也扎下根了，有一天晚上走过百货商场的旋转门，突然看到玻璃里自己的样子，黑头发黄皮肤，突然感慨：还是一中国人！

林：我只用一个反问：有多少美国人想忘掉美国所有的一切而融入中国？所以这还是一个自信心的问题。这个自信心当然也有我们一个客观的弱势，所以现在许多人处处要在经济、军事上表现自信，但问题是我们更应该关注一下中国人的文化自信在哪里。

徐：很多人选择出国或者移民是为了逃离：逃离中国的教育制度、

逃离高度竞争的社会环境、逃离……总之中国一有风吹草动，哪怕某一天雾霾都能让“移民”的话题再次成为热点。您怎么看待这种逃离心态?

林: 一个人要逃离是他的选择，人是选择的主体，要尊重，不需要说他逃离我们就给一个否定的结论或者扣上一顶不爱国的帽子，逃离本身没什么错误，只是我们要关注逃离的代价是什么?

逃离通常会形成一种模式，你在这地方会为了一件事情逃离，到另一个地方也会因为另一件事情逃离，你要观照到你要逃离的东西是不是真的已经变成你生命很大的负担，使你非走不可，还是这只是你生命挫折的一个替代物?而对中国人来讲，“出则无敌国外患者，国恒亡”，生命因为忧患才使得我们层次更丰富，不是说你一定要受苦，而是你有忧患的意识才会更细致地观照你生命的处境、你所遇到的境界。无论儒家讲“齐家治国平天下”或佛家讲“生命无常”，虽然都须透过主体观照而有，但也常因对应环境的压力而起。所以不要想象有个无菌室，有个没有压力的快乐天堂，却能有丰富的生命。

徐: 当我们讨论国际化、移民这些话题的时候，经常听到一句评论:有钱闹的。想想确实是这样，一方面有经济基础了，选择多了，人反而会无所适从，更容易追随潮流;另一方面，当人有了一点钱、有了一点见识、自我感觉良好的时候，容易丧失平常心，总觉得好不容易熬出头了，不能再像老百姓一样活着，一定要向更高阶层迈进。

林: 我记得1991年我去美国演出时，在纽约非常诧异的一件事是:我遇到的，无论是我看过他的书或我实际认识而从台湾来的知识精英，大都过的就是这样的生活:每天早上去图书馆看十几份中文的报纸，然后写写专栏文章，下午也就打打麻将，他在他的专栏里批评国事，看起来好像怀抱天下，但你看他的生活就是一个糟老头的生活。所以他写的东西其实没有什么客观性，只是以此刷得自己的存在感，因为他进不了美国社会，尽管英文很好、学问很好，但无法在人家的社会里出入自如。

所以说，有钱要干吗？有钱是带来更丰富的生活，而不是让我们去追寻一个即便好即便住豪宅也无法真正自在、真正丰富的生活。我再举个例子，因为政治的原因，宋美龄多年幽居纽约，她的英文有多好，人多美国！但你去看她的晚年，她的美国朋友有多少？她虽然讲英文，但还不是跟中国人在那里混最快乐。所以出国是为什么？你有钱是为了要什么？把这个东西想清楚，出国或不出国都是对的。

徐：人在年轻的时候都会觉得什么归属感、心灵安顿不重要，我要的是看世界，实现人生梦想，成为一个国际人。结果发现在一个成熟的、阶层固化的异国他乡要混出头更难，于是很多人不得不放弃了自己的梦想，放弃了自己的专业改学好找工作的专业，成了一个安分守己的中产：一栋洋房、一条狗、守着孩子老婆过日子。当年教我们托福的新东方老师就曾经开玩笑说，这不就是“三十亩地一头牛，老婆孩子热炕头”中国农民梦的美国中产版吗？

林：其实不要相信有一个地方是没国界的，你在本国本地会受限，在异乡异地一样也会受限。就好像学音乐只有极少数人能够接受两种不同乐律的音阶般，在文化研究上，只有极少数人能够在两种文化里深度地穿梭自在，这种人都是非常特殊的案例。

母体的存在跟你的成长是一直深度关联的。即使你全世界到处跑，你比别人优越，但并不表示有一种人真可以变成地球人、世界人。这就好像过去联合国曾经要发展世界语一样，邀请了一些语言学家来做世界语，结果失败了。因为深层的情绪、深层的观点很多都是不能被翻译的，即使有世界语它也只能做非常表层的沟通，深层的文化交流牵涉到深刻精微的政经社会背景以及后面的哲思理念，那都是没有办法靠世界语来作辨析领会的。

一种语言，包括其中寄寓的情感、思维的概念都是长期发展的结果。我拿语言做例子是说，这种所谓的第198国的生命必然有他的浅薄性，因为他们可以沟通的部分只是适合翻译的，所以他们的生命是浅土层的，一旦面临枯萎，要抓牢自己，要定根时，就显得苍白无力。你看到过去在封闭社会里长大的农民，当他面临生命挫折时，就因他跟土地、跟家族的连接如此之深，反而就显出生命的强韧来。

徐：很多选择让孩子读国际学校的家长在孩子的语言教育上会面临一个困难的选择，让孩子的语言根基是英语还是中文？语言对人的思维模式、心灵的归属会有很大影响吗？

林：影响太大了，可以举出太多的例子。最近有一个研究结果表明：声调性语言跟节奏性语言刺激脑的部位是不一样的。声调性语言就像我们汉语，靠着声调、靠着弹性音可以有不同的意义，不像英文就只轻重音但多音节，它们刺激脑的部位是不一样的。再譬如说汉字是方块结构，是意象性的，拼音文字则是时间性的。还有更上层比如说因为文化而来的词语不同，这些绝对会形塑当事人心灵、人格上的一些特质。

2

关于国际化，中国人比较的都是很现实的东西：空气好、环境好、生活好、福利好……这种吸引对一般人我还可以理解，怎么对一个知识分子会那么重要呢？

徐：如您所说深入到一个生命的质地和厚度，国际人就显露出局限性。我们时尚圈有很多 ABC，你会发现虽然他们也是黑头发黄皮肤，但是你跟他们的沟通就只能停留在非常浅层的交流。

林：我虽然是一个英语很烂的人，但国际触角还是蛮多的，跟很多早年到台湾学中国文化的包括那些国际汉学家也都有接触。老实说多数汉学家讲得都浅，很难跟他谈我生命深层里的中国感触，但他们却是一辈子研究中国文化的人。

我们真要深入对方的心灵就要下很大的工夫，要怀着很深的谦卑。在谈外国文化时，这谦卑的态度是永远要在的。我不敢轻侮日本，不敢轻侮印度，因为要进入他们的心灵，进入他们根的深处，来自另一个文化的我是有根柢局限的。

20 世纪 60 年代我在读人类学时，人类学都谈所谓族外的客观观察。

我年轻时也怀过这样的梦想：大学毕业后要去美国哥伦比亚大学读人类学，再到巴西亚马孙河做15年的实地研究工作，然后再从单一的族群研究归纳出一些原理成为21世纪的人类学理论大家。但到了20世纪70年代以后，连人类学界都有许多人质疑起人类学的这种方法论，因为你强调客观性的族外观察，不涉及太多的情绪，可文化研究必然牵涉到太多价值观与生命情怀这种心理机制，你只在外面观察，就永远没有办法真正理解对方。后来的人类学也因此更重视族内观察的研究，中国人研究中国人，只是提醒你要客观，或者在族内观察之外再加上文化的比较研究，这样才可以有更全面而深刻的了解。

学问研究上如此，文化的归属也是这样，文化的深刻性决定你的归属，也决定你研究学问的局限。我就曾经遇到一个为研究经费去香港跟同样是华人的音乐学教授做博士后研究的内地学者，他上课时与他的指导教授谈中国音乐学，用的却是英文，你可以想象他们能讨论到多深，像讨论到音乐作品的意境时，他怎么描述？这真是一个荒谬的存在，但被美其名为学术与国际接轨，这跟我们一些人想象的“世界化中的生命归属感”是一样的。

徐：实际上对于一个复杂的灵魂来讲，因为他想要的深层次的、精神层面的东西更多更广，可能在国外找到归属感更不容易，这与一个人移民国外只追求好空气、好风景、度度假、喝喝葡萄酒这些衣食住行生活层面的满足感是不一样的。

林：当然。如果这个人活在哪里都一样，对生活生命也没有什么深刻的要求，那就不需要讨论这个话题。

徐：今天谈这个话题我自己也很感慨，人的一生真的充满了特别多的偶然性。在国际化这条路上，小学的时候如果父母替我选择了国际学校；大学时如果抱着“世界是一本书我想去看看”的目的选择出国留学；工作瓶颈、爱情挫折时如果想逃离中国换一个环境；中年时如果随大流选择移民……也许从此就选择了一条完全不同的人生之路。虽然每一条路都无所谓对错，都会有不同的体验，但是相对于长长的人生，如何在自己还不太清楚要什么的时候做出最适合自己的选择，无论留在国内还是出国，确实有一些观念需要想清楚。您认为人们在做这种跨文化选择的时候，有什么基准点是需要把握的？

林：我只能从文化层面来谈，如果面对完全没有文化情怀的人，我们给他的建议就是无效的，对他来讲就只有现实的选择。但如果面对还有一点文化修养文化情怀的国人，我就想说一点：如果一个比较封闭落后的中国跟一个进步开放的美国让我选择的话，我会选择中国，因为在这里有我情怀之所系，我所做的事、所遇的人就可以跟我读的历史连接在一起，可以跟我的祖先、我的朋友、我的亲人连接在一起，它有意义！中国从民国以来，太多人包括知识分子都认为这里不好我可以选择别的地方，大家以为这种心理是世界性的，其实不然。除了因战争而逃难外，坦白讲，这种心理的出现是属于中国的一个比较特殊的现象。日本人在最困厄的时候也不会像中国这样一批一批离开不回来，印度人也一样。

这种特殊现象当然你可以找出它的历史近因，但更根柢的，恐怕跟中国文化的人间性、务实性有关，我们比较少有一种高于现实、高于此岸的原则理想或抽象寄托，让我们觉得我们要为此付出，中国人比较的东西常都是很现实的东西。我很难相信一个印度的知识分子很容易就觉得美国比他们进步然后就觉得美国多好，在想到信仰或宇宙观时，他可能会觉得我们印度虽然有很多不好的地方，但还是有很多东西是无可替代的。这一点，我所了解的日本也是如此，即便日本自己有计划地移民，但移民的日本文化属性都是一再地被强调与护持。而中国知识分子在谈这个话题时却常就显示出他们的现实性来：那里生活比较好、那里有好的空气、那里有宽广的原野……这种吸引对一般人我还可以理解，怎么对一个知识分子会那么重要呢？

徐：其实这里面除了国人人间性的一面，还涉及到对中国未来的信心问题。很多选择中国的人也是似乎在押一个赌注：未来的中国会崛起，中国的机会更多，中国文化会领先于世界。您怎么看待这种心理？

林：这样的想法就决定了不可能有那一天，因为我们永远处在被压迫、被剥削的角度看待一个事情，所以我们要扬眉吐气要如何如何的。真正的世界精彩其实就是你美国人过美国人的生活，日本人过日本人的生活，中国人过中国人的生活，我们彼此欣赏、学习、尊重，但是没有忘记自己原来的根。

近代的文化理论大多受生物学影响，跟物种一样，这个世界会精彩就因为有文化的多样性，而在文化的多样性上做一种横向简单的比较其实是没有意义的，文化，只能看它对应环境时所呈现出的有效性如何。所以当我们把环境因素去掉而讲中国文化好还是西方文化好，都是没意义的。

我们都属于世界大基因库的一环，我们当然认同我们的文化，我们也觉得中国作为一个大文明有它了不得的地方，但我们也晓得它有它的局限，也晓得在世界变动中优劣会易势会互换位置。而现在很多中国民众包括知识分子总是充满这样的遐想：哪一天我们能站到世界的顶端，哪一天我们能……不是这样，是哪一天我们更能平实、如实地看待自己的文化跟其他不同的文化，这时你的格局就大了。比如说，你今天讲西方文化如何优秀，对我这样一个研究中国文化的人来讲，我永远只是欣赏、尊重，对我构不成深度的诱因，我对文化有我自己的理解，有自己的连接，我晓得自己的定位在哪里。

徐：我知道您虽然没有留过学或者长期在国外生活过，但是您也去过很多国家，您旅行的时候有没有这样的时刻发出这样的感慨：山水这么美，空气这么好，人这么少，环境这么安静，人们的生活如此闲适，不像在中国如此嘈杂、高竞争、高压力，我想留在这里……

林：我有一次到美国当年爆发南北战争的一个小镇去旅行，那里也是绿草如茵，在小镇里他们一直演着南北战争的故事，把当年的战役重演一遍，变成一个观光热点，我看了，但看完之后完全没感觉。回头说中国历史，像李益的诗《受降城》：“回乐峰前沙似雪，受降城外月如霜。不知何处吹芦管，一夜征人尽望乡。”你能在美国看南北战争演出时升起这样的感觉吗？我有一次去新疆途经一片荒漠，寸草不生，想起小时候读的唐诗：“岁岁金河复玉关，朝朝马策与刀环。三春白雪归青冢，万里黄河绕黑山。”在这不毛之地反而感慨遂深，而在美国绿草如茵下我则毫无感觉，因为它说的是别人家的事。即便到了我最喜欢去也最常去的日本，很多人问我是否愿意定居日本，我说一点都不想，因为我晓得他们有些幽微的心灵我进不去，他们有些习惯我融不进去。

所以，你如果只是在吃住上比较，地球对你当然就是世界村，看哪里行就往那里跑好了，但你只要触及文化的深处就会有归属感的问题，而生命也只有这样才有深度，就好像你懂得什么叫苍茫，懂得什么叫“不知何处吹芦管，一夜征人尽望乡”。

五 时尚

1

禅家对时尚的态度：你是主还是奴？

徐：我们谈“禅在红尘”，时尚是一个避不开的议题，不仅以奢侈品为代表的时尚产业成为今天世界经济的一个重要组成部分，成为全世界人尤其是年轻人广泛关注的话题，而且广义的“时尚”的概念已经无孔不入渗入全球经济的方方面面。可以说“时尚”从诞生以来从来没像今天这样引起如此大的关注和争议，尤其是在经济高速发展、奢侈品行业爆发式增长的中国，时尚更是一个毁誉参半的现象级话题。说到个人与时尚的关系，通过这些年来对您的观察——您作为禅者的身份，您一年四季固定不变的白色着装，您所讲授的禅的理念……我很长一段时间认为您是跟时尚完全无关的人，甚至想象中您应该是排斥、抵制时尚的。直到有一天我看到您戴着一副炫酷的蓝色镜面雷朋（Ray-Ban）眼镜，说实话觉得还是挺新鲜挺穿越的感觉，但与您一身棉布白衣相配倒是有一种反差的美感。先问您个私人的问题，您买名牌吗？您还有其他奢侈品吗？

林：名牌跟我无关，一个当然是我买不起，但从外界来看禅者的一个特征也的确就是不从众，当然，不从众是因超越了个人与“众”的分别，并非将自己与“众”做必然二元的分割。禅不排斥任何东西，对禅者，生命与外境永远是对应的关系，只看那个东西是不是跟他有关。从众他可以接受，不从众他也可以接受，只谈对应。所以，也不能说禅者不从众，对的东西为什么不从？对的东西是因为对，我去，恰好大家都在那里，不是因为从。我恰好要买太阳镜，恰好看上了那副，恰好买得起，就买了。

徐：我自己从事时尚媒体行业20年，但入这行之前我曾经跟时尚是对抗的，因为对时尚所倡导的名牌消费、奢侈品文化包括紧追流行的理念我个人是很抗拒的。等我阴差阳错入了这行做了差不多20年的《时尚》杂志后，我的切身感受是对于时尚真的要用禅家药毒同性的观点来看。客观上时尚所倡导的奢侈品文化确实带来了炫富、浮夸、虚荣、攀比、过度消费等很多副作用，但另一方面时尚无论对于社会思潮的影响还是个人审美的提升也是有很多正面意义的。我个人非常喜欢德国哲学家乔治·西美尔《时尚的哲学》一书中的观点：“与时尚对抗未必是个人有力量的标志，一个真正有力量的人能把包括时尚在内的所有元素拿来为我所用。而大多数人对时尚的态度常常走极端：要么对抗，要么紧跟。”您对时尚的态度是什么？

林：对时尚我不特别有感觉，因为禅家是超越时尚这个概念的，甚至超越刚才那个哲学家所讲的有能量活出你自己的概念的。这里面根柢的解套仍然是，事物是否能为你所用，是主还是奴的问题。时尚变成一个产业之后固然有着无明的力量，但因为每一个专业人都在这里探索，也会出现你刚才所讲的，时尚会让你的感官敏锐，会提升你的衣着审美品位这样的作用，但时尚的副作用还是值得我们警觉。因为时尚人士在以资本为主导的社会里是一个经济的精英，会辐射出很多不同的标签粘贴，最后形成一个阶层，这个阶层一方面可能会瞧不起别人，一方面又自我异化，总会出现一定的副作用。

当然，你身处这个行业也可美其名曰探索，但时尚是跟资本逻辑密切结合在一起的，尤其网络时代，它更是完全由主流所形塑，想进入这一行的人面对的是更大的吸力，也就更加的不自主。虽然我们每年都追求新的时尚，虽然美学的系统不可能只有一种，但今天我们在评论时尚时，如果能有具参照性的美学基底在，其流窜至少就不会那么盲目，丰厚度也就增加。即便对于精英、富豪这些较自以为是的阶层，内容的丰厚也就使得他们不至于变成另一类型的土豪组合。所以核心的问题不在于有没有时尚，而是时尚的内容是什么。

徐：以名牌消费、奢侈品为核心的时尚产业在中国是一个舶来品，也因此受到了更多的批判，除了您以上列举的、时尚确实存在的一些副作用外，是不是也是中国经济高速成长期一种仇富心理、不公心理的折射？

林：我觉得把时尚当成品位就可以了，特殊的品位关联于特殊的产业，它就不是一种罪过。过去明代的文人，“人不嫌其美，事不嫌其细，物不嫌其精”，其实也是一种时尚，只是过度以后就会出现怡情悦性以外的玩物丧志。如果把时尚当成品位，异化的副作用就不会那么大，因为品位需要厚积，他就不会以钱直接骄傲于人。

徐：品位是我们时尚媒体讨论最多的一个话题，我们之前的对话中也讨论过这个话题。跟您学习禅之后，对于这个话题我也有了一些新的理解。相较于品位，我其实更愿意用“品味”二字，人与物件是一种很私人很私密的关系，你是否能够享受到物件给你带来的愉悦与美感是最重要的，而不是说比如你这个衣服是穿给别人看的，以此彰显你穿的品牌和品位。而关于“品位”大众也有这样的观点，服装品位无所谓高低，喜欢的就是最好的。我对此不认同，禅家讲“了了分明”，穿衣品位确实存在高低之分，同样一件衣服，搭配的不同、配色的差异、与身材的契合，呈现出的是完全不同的审美效果。但是您作为禅家一直在提醒我们，不要被品位束缚，更不要把品位绝对化作为评判别人、瞧不起别人的标准，就像茶是用来喝的，衣服归根结底是用来穿的，时尚只是附加值。

林：台湾只说“品味”，并不用“品位”一词。当然，美学是有位阶的，读中国诗，李白、杜甫、王维这些人就是高峰，会这样，是诗的内在规则决定的。只是在不同美学系统间，你就较难率意地去论列彼此的高低。而从禅来看，对错、位阶更都是应缘的，都要有对象才称得上。就像去敦煌旅行吃他们当地的西北饭菜最到位，你在那里非要名流云集、红酒牛排，弄个四不像反而代表你没有品味，因为你没能跟整个氛围对接。如果时尚媒体能够发出有更多积淀的声音，那以后在这一行里出现的人物也一定有比较丰富的人文基底，也不会就以自己所得骄傲于人。只可惜，现在的时尚发表，更多的还是经济消费的导向。

在大陆我现在最怕碰到那些全身白色汉服，再绣上几个“禅”字的人跟我照相，我都笑说他们是“妖道”。中国服装是半剪裁的，不会量身定做，穿半剪裁衣服是“人撑衣”。西装是全剪裁衣服，是“衣撑人”。人撑衣里最难的就是全身白色。所以你动不动就这样穿反而就自暴其短，就像原先是即兴的、自发的肢体律动，你非要叫它“禅舞”，反而就对照出一种对禅的曲解。如果我们在时尚里永远有“人撑衣”这样一个基底观照在，你就晓得那些流行的元素都是使得你的内在可以更加外显的东西，而不是靠那个东西来撑自己，否则你就只是徒有其表而已。

徐：狭义时尚产业的核心是以奢侈品为代表的品牌文化，对名牌的态度是其中的一个焦点话题。很多人把消费名牌的人各种符号化、标签化、妖魔化：买名牌就说明你虚荣、拜金、从众……其实这也是另一种以貌取人。

林：符号化跟我们这个社会的一元化有关，虽然在任何一个社会都难免会出现位阶高低上的从众，但符号化在我们大陆更加明显的原因在于我们价值观的一元性，从众心理既特别强，反弹心理也就更大，所以会出现两极化的现象。如果在一个更成熟的社会，你穿你的我穿我的，一个全身名牌的人可以穿得很有品位，一个浑身没有名牌的人也可以穿得很有品位，当然，这是种理想状态，可至少不会那么一元，也就不会掉在这样的一个抗争中。而尽管这种抗争有大的社会原因，但这种现象既然存在，一行就有一行的责任，时尚圈本身就要使自己丰富化来改变别人的印象，改变的基点还是在自己，需要时尚人自己更努力。

2

一个真正有品位的人怎么会是如此的“被决定”呢?

徐: 禅是做减法，而时尚某种程度上是做加法，每半年发布流行趋势，告诉你新的流行来了，应该把过时的东西换掉。虽然我们主张不要完全被流行裹挟，要穿出自己的风格，但都是在不脱离主流趋势的前提下玩的一种游戏。

林: 我对你们时尚界人士不排斥，因为你们在那方面有比别人更敏锐的觉知，但是如果今天穿什么衣服就是由巴黎来决定的，你跟别人又有什么差别？你必须穿出个性来，把自己穿出时尚感来，这才表示你比我们这方面敏锐许多。

徐: 时尚某种程度上是通过发布流行（IN & OUT）制造一种虚荣感：我拥有奢侈品你没有，我拥有最新一季的、限量版的产品，你有的已经过时了。而奢侈品最早诞生的时候被叫作“timeless”（永不过时的）

的产品，是没有时间限制、可以传承的。

林：虽然我不太懂时尚，但原来时尚应该是跟贵族有关系的，贵族的品位不会一季一换，有它生命和文化的深厚基底，是耐看的，是怎样都不过时的。现在因为商业需要，也就如此。

徐：有一本书《永恒的奢侈——从圣物岁月到品牌时代》讲的就是奢侈品的演变历史。比如我们参观过爱马仕的工厂，它会给你讲很多传承的故事：爱马仕的一个马鞍经过了多少道工艺，耗费了一个工人多少小时的手工劳作,然后爷爷传给爸爸再传给孙子,坏了还可以来修补……这样的传承故事很多奢侈品牌都会讲，这才是最早诞生的真正奢侈品的概念。但是随着时代的演变，奢侈品的内涵也不断与时俱进，尤其近三四十年随着资本的大规模介入，虽然那些传承的故事还在，但整个奢侈品行业彻彻底底变成了一门生意，一个资本逐鹿的血腥战场。

林：大家都说大陆没贵族，因为很多东西你是被牵着走的，而贵族有他自己的生活方式。举个极端的例子，20世纪80年代末90年代初，台湾流行“雅皮”，而且居然出现了一个《雅皮手册》，这就比较可笑了，一个真正生活有品位的人怎么会是如此的“被决定”呢？非怎么样才能叫作雅皮？所以雅皮这个词的出现跟奢侈品一样，其实已离真正的意义远了。

徐：求新求变是时尚的本质。一件物品从功能性来讲应该是使用时间越长越好，而时尚通过一种“有计划的过时制”，告诉你这件东西不时髦了，要换新的了，可以说创新是时尚的DNA，尤其在今天各行各业都在无所不用其极地追求创意。您在《十年去来》这本书里曾经谈道：今天创意真的已经成为一个“创意教”，似乎有创意就是最好的。您大学的专业是人类学，您曾经做过一个很有趣的对比，文化学的一些概念来自于生物学，生物学谈基因突变，其实如同文化的变异一样，生物学的基因突变99%是对生命不利的。那么创新是否也是如此呢？您怎么看待大陆目前“创意至死”的现象？

林：文化的研究永远关注这个主题——变与不变：哪些东西是一个文化的基础核心，哪些东西是它的外延；哪些东西是一个文化的稳定性，哪些东西是它的变异性。如果只有稳定性的话，就注定被淘汰的命运，因为它无法适应环境的变化，即便环境稳定，它也有可能走向一种基因流动上的极端性，也会出现问题；但过度变异也就形成失序，你的生命就会惶惶不安，没有落点，无法深化。所以我们每次谈文化都会谈到文化的稳定跟文化的变迁。

同样，我们谈创意也是如此。没创意，就死寂，何况时尚；但天天谈创意，就没积淀，就让人累得要死，为求与人不同，也就剑走偏锋，新设计的寿命越来越短，与人之间无论是舒适或美的关系也就越离越远。

如你所说，时尚是资本的一环，资本就是要不断创造需要，需要就是变异，所以我们可能很难要求在资本逻辑里的时尚产业是能够积淀的，这像资本主义的巨轮般，几乎是不归路，但个人在跟时尚的对应里却依然可以积淀出自己的风格，一旦你能如此，其实也就超越了从众的时尚，这种人多了，也就多少可以中和一些创意的盲动。

徐：在这样一个品牌时代，尤其在巨变的中国，每一个人都在被定义也定义着别人。在欧美发达国家，大多数人属于“我是什么阶层，我的经济能力、生活方式是怎样的，我就消费什么样的品牌”，而在中国因为阶层还没有那么固化，大多数人是“我想成为什么样的人，我就买什么样的品牌来武装自己”。所以奢侈品在今天的中国承载着标榜身份的作用，也就是很多时尚评论人所说的“炫耀式消费”。

林：这是中国的现实，可以理解。但我会比较着重或者坚持两点。第一，从外部来讲，是文化的位阶。多数人追逐品牌，多数人被定义、被决定“你该怎么做”，但那些不被决定的人有没有在文化体里拥有更高的位阶？有些人有些事是必须放在更长远的时空轴上才能看到他的价值，我们要如何看待这些？

第二，从内部来讲，在这样的一个品牌世界里是就只有完全的人为操作空间，还是像我们对艺术一样，能有真正评论乃至美学系统的存在？对于时尚、流行的事物，我们要承认它的存在、承认它的价值，但也要注意它的副作用。譬如说，如果你从事时尚行业，你就得了解自己这一行的局限，就须对某些更深远的价值有一个基础的尊重。你做时尚杂志的主编，你这主编总要带出一点文化来，即便不能在杂志里占有主流位置，也必须这样做，这才能代表我们这一行业还有一个厚度在。

3

我们的所谓“多元”是从原来一个“封闭的一元”走向一个“外表开放的一元”

徐：我对您《十年去来》这本书里面的一段话非常有感触，您说大陆改革开放30年看似价值观越来越多元，其实不尽然。“社会开放对应的多元并非相对多元的外部世界，而是从当年的集体主义价值转向个人价值，虽然是社会发展的能量，但是这个能量在禅家看来还是一切在往加法上做，直接体现的就是世间法里对金钱、权力，包括对流行、名牌所有这些事情的追逐，所以我们的所谓多元是从原来一个封闭的一元走向一个外表开放的一元。”我以前觉得中国表面上看确实是在越来越多元化，但是您这个观点给了我另一个观照，在这种表面的多元化下，其实“成者王侯败者寇”这种一元价值观并没有被打破。

林：台湾这几年从政治到文化最时兴的一个口号就是多元，包含族群的多元、政治的多元、文化的多元等等，但我也写过文章谈到台湾的多元其实是用多元这个名词显现一元的垄断，除了仅仅有“多元”这个声音，再也没有其他声音，背后有它的一元化，例如这些年在台湾公开弘扬中华文化就被一定程度地抑制。

人类学后期发展出一种学派叫“结构人类学”，它在探讨诸多外相变化中那内在不变的本质，我看事物大概也容易看到这点。一味的加法是大陆最大的问题，因为我们拥有最多的人口，当这样的人口只往一个出口去的时候，任何的建构都无法让他安顿下来。所以我常讲：如果人生是个竞技场，无论你跑 100 米、500 米、1600 米、5000 米、10000 米，乃至马拉松，跑完时优胜者也就只有一个，其他人都叫挫败者，而这场的优胜者还不见得就在下一场优胜，所以他也依然惶惶不安。为什么我们的人生不能像登山一样？山有千万座，或巍峨或秀丽；即便同一座山，也可以横看成岭侧成峰；即便同一个登山口同一个登山道，也不是只有登顶才叫成功；你走在山道上，凉风徐来，往树下大石上一坐，回眸一望，一样可以满目青山。多元必须是实质的多元，实质生命观的多元、价值观的多元。

在此，也就谈下目前的中华文化复兴，坦白讲，若这复兴只聚焦于儒家文化，中国恐怕只会更加一元化，因为儒家是个加法的文化。所以谈文化复兴，必须和道法自然的道家哲学、空无超越的佛家哲学一起谈才行。只谈儒家，反而会形成另外一个自外于外在世界的封闭一元化系统，跟全盘西化的一元化其实是一样的，而其中许多人还带有强烈民族主义的傲慢，我在许多号称国学家的人身上就看到了这一点。

徐：这种强大的一元价值观的形成有多种因素，我觉得某种程度上跟今天媒体的发展、互联网时代的特点也有一定的关联。就拿时尚产业来讲，今天整个时尚产业是被资本垄断的，大的奢侈品财团垄断了所有的传播渠道，再加上互联网的普及和传播的迅速，使得大品牌的流行趋势透过媒体第一时间、铺天盖地地覆盖到各个角落，主宰了流行，而那些没有被大集团收购的小品牌、独立设计师，发声越来越难，也越来越难被大众认知。

林：的确如此，这是这个时代的一个现象，许多产业只有第一名没有第二名，所以强者恒强弱者恒弱，目前我们也不晓得怎样能有效缓解这种现象。但回过头来，既然这是一个禅的问答，禅，还是强调一个社会若自觉的人多了，多少就可以不是所有人都被绑在里面。

婴儿潮时代的人成长在战后困苦的社会条件下，所以对下一代有补偿心理，提供了太多的资源给下一代用，我们现在许多商业机制之所以专攻下一代就是因为此。但下一代成长起来，他会不会如此供应给下下代还要打个大问号。所以互联网这样一个极致性的、把大家的消费都往下拉的现象是不是也会一直持续下去，我其实心中也有个问号。孔子曾说："弃老取幼，家之不祥也。"海峡两岸现在基本上都在"弃老取幼"，把老人当成过时的人而一味填补年轻人的需要。

老，不是一种过时，我们这个时代非常怕老，如果说我现在讲课大家还会觉得有感染力，常常不是因为我的内容，而是因为有一个这么乐于老的老人，他们就觉得生命真好。老，可以就是智慧，你如果没有那么多亲身体验，你得来的东西跟你生命的关联性也就不会那么强。

徐：我们之前谈到的话题里，您常常提到一个词"异化"，名牌、奢侈品可以说是最容易让人异化的。有很多人批判现在的年轻人吃着方便面买着LV，过着一种超乎自己消费水平的奢侈生活，但是这就叫异化吗？就跟以前一个农民当他有点钱之后买walkman（随身听）一样，人们对美好生活的向往是一种很正常的心理吧？我们总谈异化，那么我们该从哪个角度观照是否被异化了呢？

林：异化其实很简单，就是“不自主”，不自主就让你陷在里面。举个例子来讲，你现在追逐这个东西，十年之后是不是还在追逐这个东西？我们为什么讲“春花、夏鸟、秋枫、冬雪”，就是在某一些时刻会有某一种模式是人之常情，但是你过了一个阶段以后要转入另一个对应，如果一直僵在那里，生命就出现问题了。

4

中国的时尚在哪里？文化自信是关键

徐： 时尚产业在中国蓬勃发展的这30年，中国的时尚界尤其是中国的时尚媒体一直在呼唤中国何时能够产生影响世界的世界级品牌，但我记得当年我就这个话题采访第一个去巴黎时装周做时装秀的中国服装设计师谢峰的时候，他的回答是：伟大的品牌产生于伟大的消费者。举一个最直白的例子，欧洲的奢侈品消费一直在萎缩，但是走在巴黎、伦敦、米兰的街头，你会看到非常多穿得很有风格很有品位的人，他们并不是浑身名牌，但是常年积淀的服饰审美品位、文化气质让你觉得他们的穿着非常赏心悦目。而走在中国的街头，即使在北京、上海这样的大都市，放眼望去我们的服饰搭配大多数是非常粗陋的。今天中国时尚产业落后的原因很多，有经济、社会大背景的原因，但更重要的是背后审美和文化的缺失。

林： 这就是我们每次在谈文化建设时候要谈的“国民美学”。正如唐代的歌伎唱的都是当时诗人的诗作般，有这样一种民间文化积淀所绽放出来的时代风华当然不一样，我们现在就少了这样的一种积淀，没有国民美学。

国民美学往深讲，就得提到文化美学。每个文化都有它不同的审美观，依于这样的审美观就能够连接于背后的历史和哲思，这个时候时尚才可能成为一个丰富的东西，因为它对应的就不只是一个图像，不只是一个表面上夺你眼目的东西，背后还有它的生命观、宇宙观。就好像中国艺术特别强调“意境”这两个字，“意境”成为中国核心的美学概念，不是形象美学，不是康德说的理性的纯粹形式美学，谈意境，就一定跟生命境界有关，这个东西之所以比那个好是因为它呈现了中国人某种对生命境界的追求。如果有这种对生命美学的要求，那么中国的时尚就不会只出现炫奇斗异，因为炫奇斗异在文人美学里其实是最低的。文人讲什么？“宁拙毋巧，宁丑毋媚，宁支离毋轻滑，宁真率毋安排”。

文化美学是贯穿于所有阶层的，只是它在平民跟在知识分子、文人中映现的样貌不太一样，这个是我们审美的基准，跟文化跟历史连接着。而有这，时尚就不会都是样本式的复制，就不会只是一个物欲或形象的追求。我们可以看到日本人设计东西跟别人不一样，日本人在文化美学上的观照就比我们更深更根本，在中国只要一提到文化美学就止于某些符号性的图像，这远远不够，因为那跟生命境界无关。

徐：无论现在很热的文创产品也好，时尚产品也好，对传统文化的创意提炼与设计都是至关重要的，一方面需要深刻的而不是表象的对传统文化的理解，另一方面需要用现代的眼光、时尚创新的设计去激活那些传统元素，让它跟现代生活方式发生关联，而不是简单地复制和拷贝，但设计的背后正如您所说关联到一个民族的“文化美学”“生命态度”。

林：现在大陆与台湾的文创产品大概第一步是稍微做到了——某种精致性和提炼性，尤其在形象色彩方面，但精神面还不够。精神面也不是那么抽象、那么难懂，正如我们上面所说艺术是有“境界”高下之分的，如果有人跟你讲“艺术是主观的”，就表示那个人是外行。艺术在不同的文化美学系统里固然有一定的主观性，但在同样的文化系统里就是位阶历然。为什么我常说民国以来画坛立于峰顶的首推两人——张大千跟齐白石，这就好像在诗歌领域里，也许某一个诗人会有单一作品比李杜的同类诗写得好，但也只有李白、杜甫被称为“诗仙”“诗圣”，这都是艺术作品本身内在的力量决定的。所以当你知道境界有高下时，你自然会把产品的境界往上提升，出来的东西民族特质很强，生命观照也深，更是不可复制的。

缺乏内涵的世界性都不真是世界性，因为它一下子就被取代了，所以针对台湾这些年的“去中国化”，我一直在文章中提出警告：“稀释中国就是在消亡自己。”

徐：无论是时尚产业这样的舶来品，还是中国文化产业的其他方面，其背后都涉及到一个“文化自信”的问题。中国虽然目前是西方时尚产业最大的消费国，但距离在世界时尚产业中发出真正的声音还有很远的路要走。

林：1996 年《文明的冲突与世界秩序的重建》这本书出版之后有记者访问我，我说“世界”这个词的意涵已经被颠覆了。过去 500 年，西方就叫世界，所以美洲印第安人虽然在一万多年甚至更早之前就进入北美，500 年前哥伦布还可以宣称人类发现了新大陆。西方人接受这种说法好像也说得过去，但我们东方的课本也在说“人类发现新大陆”，那就不对，确切地讲，应该是说“西洋人哥伦布发现新大陆”。过去西方就是世界，但现在呢？由于伊斯兰文明跟基督教文明的差异，情形已然不同，基督教所讲的伊斯兰不见得认可，他说“我们有我们的文明，不是你就代表着全世界”。所以当时在访问里我提到，未来所谓的世界可能是由几个大板块来决定的：中国板块、印度板块、伊斯兰板块、北美板块、欧洲板块、东南亚板块、日本次板块等，如果你没有在板块发声的能量，也就不可能有对全世界发声的能量。

现在我们讲时尚的世界性，是因为 500 年来西方是这世界的主宰，日本的品牌搞了一两百年还是不如法国品牌，真的是因为它比较难用吗？恐怕不是，主要差别在法国品牌有长远的历史文化做积淀，有几百年来形成的论述正当性在支撑，但未来这个支撑应该会缩小。

徐：中国有着几千年的文明积淀，应该说有对世界发声的底蕴和机会。

林：按理说，如果我们有厚积的文明，我们有真正的自信，我们应该可以发展出超越狭义民族主义的文化主权。现在大家强调的仍是带有浓厚民族主义的文化主权，但尽管我们已船坚炮利，弄出来的东西却还是粗陋的，在世界文化舞台上还是不能跟人家站在一起，只是因为有经济力在支撑。

谈真正的文化主权，譬如说日本在世界文化里的分量和发言权就比我们大许多，那不是船坚炮利来的，是真正文化内涵的驱动，有它的厚积性。再看印度，印度宝莱坞的电影蛮好看的，呈现了跟好莱坞不一样的风貌，也渐渐有它的自信出来。那中国的自信在什么地方？你把时尚当成一个文化，就要问：时尚的中国在哪里？这才是一个真的要建构的问题。

徐：现代时尚产业诞生于西方，已经成为全球时尚界主流的声音，中国在发展自己的时尚产业、时尚品牌的时候，固然要有您刚才强调的文化自信，但另一方面，世界已经是一个地球村，服装又是一种世界通行的符号和语言，西方时尚名牌从品牌的设计、传播、打造、积淀都有很多值得我们借鉴的东西，我们一定要抱着开放、学习的心态了解西方时尚产业运作的规律，而不是故步自封、夜郎自大，把中国服饰文化简单地复制和符号化。比如我们经常看到很多中国设计师一说到中国设计就把符号化的民族元素比如龙凤、云纹、青花瓷等简单地堆砌，我就曾经亲眼见过服装设计系的学生让模特披着鞭炮、剪纸走秀，既不注重设计与版型，也不讲究面料与做工，更谈不到审美和文化内涵，这样的所谓中国设计当然得不到消费者的共鸣。

林：这里牵涉到传统与创新、积淀与发展的文化问题，而首先有一个原则：在仪式性的场合选择服装必须凸显文化的特质，非仪式性的场合就应该有更多样性的开发。我们却常常把它们混在一起。

为什么日本人穿和服我们不会觉得奇怪？日本人也不是没事就穿和服的，一些重要的场合比如“三五七节”父母带着小孩子去神社参拜就一定要穿和服。日本的服饰文化一直保存得很好，所以他们今天直接穿和服你就不会觉得奇怪。中国人的服饰文化保存得很差，所以你穿唐装就会给人一种复古的感觉。再比如，日本是万世一系，幕府虽一直更迭，但对天皇的信仰还一直存在，所以对日本人来讲，比较不会有历朝衣服的问题。而中国朝代更迭频繁，更迭之后还常抹掉前朝记忆，服装变迁因此很大，你如果直接就拿其中任何一朝的服饰就当作“汉服”，跟我们的文化是不吻合的。正因这多样性，中国传统服饰并无法像和服般具备那么强烈的文化指涉意味。但从另一个角度来看，也因这多样性，中国的服装设计乃可以不像日本那样有它的包袱在，也更可能开展出它的未来性来。

谈到更好创发。为什么我一定要提文化美学，就是中国那一把尺还是得在，那一把尺不是硬邦邦的，是刚才我们讲的对境界的要求。你深入之后即便看来你设计的服装外表没有这些符号，还是能够引起消费者的共鸣。

徐：我很赞同您的说法，中国设计不是简单的符号化的堆砌，中国设计也许是一种底蕴，一种东方式内敛、含蓄的风格与现代设计、剪裁、做工的完美结合，是用现代时尚理念激活传统之后的产物，只有这样的中国设计才是真正有生命力的。

林：的确，有文化底蕴，形式就不是太大的负担，就能挥洒，就能对接于当代。

六 科技

1

在盲目信仰科技的时代，对科技保持戒慎之心是需要的

徐： 科学技术的发展是社会发展的根本动力，而今天这个时代与以往不同的，是科技的发展从来没有像现在一样渗入普通人生活的方方面面，尤其互联网与智能手机的广泛应用极大地颠覆了我们的生活样态。您作为一个年届七十的修行人，科技在您的生活中是不是扮演的角色没有那么重要？

林： 当然不是，我当兵退伍回来后有三年的时间还在看数学的书，后来虽然放弃了，但对科普的东西还是始终保持着接触。

在禅来讲，所谓“实际理地，不受一尘；万行门中，不舍一法”，一个禅家不可能对科技对世间法就只有排斥的心理。正如《维摩诘经》所说，尽管“说身有苦”，但不说“乐于涅槃”，虽然世间法是有起落的，但它不会告诉你要完全舍离这世间法，来求得一个跟这世间法无关的解脱。不只对科技，禅在应对万法时，它的基点永远是药毒同性，就

看你怎么用。你要能用它，也要能放下它，再好的事物你不能自主就是“魔”，再烂的事物你能自主就是“法”。我们活在当代社会里怎能没有科技，就像我们用手机一样，是要以“用”来显“体”，科技也是这样，科技是中性的，关键是你怎么用它。

徐：您说的一些人的排斥心理我特别理解，尤其是一些学文学、艺术这些艺文学科的人会本能地排斥科技，我本人就是这样。虽然身在时尚圈，又是做媒体的，但我用智能手机算比较晚的，微博、微信这些社交媒体我也是开得比较晚的，好像对科技的反应很多时候都慢半拍，而且内心里有一种隐隐的排斥。

林：我们对科技有这样一种态度也是很正常的事，只要你没先验性地觉得它比你低下就好。因为你世事经历多了，自然会对从众的事物保持一定的距离，这也是一个知识分子该有的态度，只要不直接就认为科技是负面的也就可以了。

徐：但是当你拥抱科技的时候，你确实会不自主地被科技所裹挟，比如现在很多人都有这种感受，刷微信、微博、抖音等各种社交媒体包括淘宝、京东等各类电商购物应用占据了我们大量的时间，虽然想克制但常常身不由己。

林：谈到这里，就看到禅的价值：你的自主性在哪里。比如我们有一些人如果对方没有马上回微信就焦虑，这就是你已经被它牵着走。传统社会因为传播不是那么快，很多事物是透过风俗习惯、透过当时社会的主流概念慢慢地裹挟着你。现在不同，这个时代是个逃避自由的时代，我们号称生在有史以来最自由的时代，实际上，科技让我们轻易能在从众的网络联结中获得所谓的安全感，多数人反而就在这里选择了逃避自由。

徐： 尤其当你置身在中国的职场，拥抱科技似乎成为一个不容置疑的正向态度：比特币、人工智能、VR 技术、区块链……似乎不谈这些你就落伍于这个时代了。

林： 还是一个主客、体用的问题。所有的科技都不是创造出来而是发掘出来的，因为原来的法就在那里，从这样一个角度讲，人还是主体，是我们去发掘的。但现在许多人一味地以为科学万能，你的“主”就不见了。我这个年纪是经历过东西方冷战的，即便在核武竞赛的时代我都不觉得人类会毁灭，但就像霍金提醒的那样，我现在都觉得 AI 人工智能可能带来人类的毁灭，因为我们对宇宙事物的了解太少，却又太盲动了。

西方哲学里有一种“突创进化论”的说法，举一个最浅显的例子，氢加氧会变成水，但水的属性在单纯的氢与氧里是看不到的。而我们的意识也是突创进化的结果。因此一旦有个新东西加进来，它会突创进化成什么样子，在我们这个阶段也就是无法预知的。对现在的人工智能而言，我们当然可以就从过去的科学理论来讲，既然科学都是运算出来的，因此只要严格控制就没问题。但问题是，我们的确不晓得生命是如何来的、意识是如何来的，会不会我们以为看来无机的东西有一天会变成有机？一个看来只是运算出来的结果类似 AlphaGo 有一天就会跟你一样有思维了？这都有可能。正因为这样，人类在这个时候就要有更多的反思，要有更多的戒慎恐惧之心。

徐：一味地拥抱科技可能会带来灾难性的后果。

林：我在《十年去来：一个台湾文化人眼中的大陆》一书中提到，对社会，知识分子就是个拉车与刹车的角色。当我们处在一个封闭的、对科技无端排斥的时代，我们就要拉车，让科技成为打开视野的工具；但当我们处在一个盲目信仰科技的时代，尤其在资本社会有太多的利益在其间运作时，我们知识分子就要懂得刹车。

对于我们没遇到外星智慧生命，过去的讲法是说因为宇宙太浩瀚，适合生物居住的星球又太少，所以我们看不到外星生物；但现在有个说法比较带有哲学意味，大意是：人类从有文字到现在可以自我毁灭，基本只需 1 万年时间，1 万年的时间在宇宙就是一瞬，连电光石火都不如，你要在这无垠的太空里遇到一个瞬间就不见的文明，其可能性就等于零。这个讲法提醒我们，人类这个物种从进入文明到毁灭也就是一刹那之事，所以，作为一个知识分子，对于改变人类命运的科技有一个时时的提醒与反思还是必要的。

科技原来在古典西方或早期中国，核心是一个探究宇宙的学问，但现在跟我们的关系主要是一种应用性的存在，它跟经济密切结合，科技发展因此也被锁入资本运作的模式里，对此，我们要有一种警觉性在。

2

触欲最深，未来最重要的价值是亲身体验

徐： 除了科技对人类文明带来的影响，关于科技之于个人您在课堂上曾经说过一个观点：科技越发达，人反而越来越封闭——生命体验的封闭性。生命体验的封闭性具体是指什么？它的危害又是什么？

林： 首先科技发展带给我们一个假象，我们把虚拟实境就真的当实境了，我们以为坐拥天下就真的拥有天下了。过去说人要“读万卷书，行万里路”，其实现在的科技就是过去的读万卷书，只是过去的读万卷书是从文字来的，现在有各种的影像让你仿佛身历其境，但这终究还是不能替代行万里路，行万里路才是真正的亲临实境。

徐： 您说过，未来最重要的价值是亲身体验，尤其相较于视觉，“触欲”是我们探索世界、探索自我的一个很核心的观照。为什么这么说呢？

林： “触欲最深”是一个我们修行上很需要有的身心观照。为什么

说“触欲”最深，就因为尽管很难由触欲形塑出什么哲理或深的思维，但它往往能够直接提醒你：什么跟你是最亲近的，什么才是你身心最放不下的。比如你到一个地方开学术研讨会，人再精彩，论文再精彩，只要吃的睡的东西不对，水土不服，第一个想到的就是回家。许多时候，人尝到食物常常比看到高端的艺术品有更直接的触动，尽管艺术品里有更深的情感、更深的审美、更深的人生感悟。

在我们的六根中，心当然是最终的统摄，而眼耳鼻舌身中最容易在文明里铺衍、最终让我们延伸到一个广阔世界的，首推眼根。如果没有眼睛，我们跟世界的主要连接好像就中断了，我们得承认，对于生命开阔、生命延伸而言，视觉是最重要的一种感官。但另一方面，视觉跟我们心理的取舍、好恶的关系，却不那么直接、那么绝对。在生命中，往往越有延伸性的东西反而跟生命本源性的牵扯越少，这是佛法的观照。有一次，台湾的一位建筑学者在台北街头跟我讲台北建筑的天际线有多丑，讲到愤怒不堪，虽然他讲的有道理，但后来因为听太久太烦了，我就回了他一句：房子是用来住的，又不是让你看的。我是故意提醒他这个原点。让你看不舒服而难过，还是让你住不舒服而难过，两者你就比一比嘛，答案当然是后者。就比如某个学生请我吃饭，他说：老师，我请你去吃好吃的意大利菜好不好？我通常就是双手合十：拜托你饶了我吧，因为我不觉得好吃。

我们对味道的感觉是一种生命很深的黏着。触觉更是这样，性欲其实就是一种触觉，触觉从佛法来讲是一种更深的黏着，如果你能够在这黏着上自主，能够束缚你的东西就少。黏着，从某种角度来看是一个负面的东西，但药毒同性，一旦你能够在这个地方跳出或能够在这里观照，它对生命的改造也最大。

徐：说到触欲，我想起自己的一个亲身体验。那一年我到俄罗斯黑海边的城市索契看冬奥会，闲时和朋友们在黑海边散步。那天阳光很好，很多人面朝大海躺在沙滩上，一副很享受的样子，我提议我们也应该躺下来待一会儿，朋友说，不行啊，还有好多事儿，散散步就可以了。都走过去好远了，我还是觉得不应该辜负这么好的阳光、大海，于是真的躺下来，闭上眼睛。我现在都记得当时的感受：感觉好久都没有体会这种纯粹的、身体接触沙子时麻麻的触感，鼻尖拂过海风的气息和空气里腥腥的味道，面颊被阳光晒得暖暖的……以前我在海边度假，通常都是像您说的发挥眼根，目不暇接地拍照片拍到审美疲劳，要不然就是坐在泳池边的躺椅上拿本书带个耳机听音乐……但是我后来发现，当你面对美景闭上双眼，你的其他感官才真正开启，当你的整个身心沉浸在其中，你的感觉才是更加深层次的，那种感觉是视觉无法替代的。

林：而且这个记忆是比较不会磨灭的。就我亲身的体验来说，我的外祖母跟我的关系非常亲，她肺积水过世后是我抱着她入殓的，而她当时身体的那个余温那个触感，我现在跟你讲这事时，它还会“如实”升起，所以触欲是最真最深的。

讲个题外话，我为什么觉得音乐对我的影响非常大，尤其在我解读文化、解读人性上，因为当我们听到音乐有一种莫名的感动时，它就非常类似触觉这一类型的经验，但音乐又有某种延伸性，在思维和感受的延伸上又有点类似视觉，所以你如果真懂音乐，它就是开启人性、理解文明的一把钥匙。外界评价我对艺术文化的解读常能更直接、更深一层乃至一语中的，其原因，主要可能不来自于学问，而是跟我的音乐经验有关，在解读文化、生命时，也就比较能两者得兼。

徐：从这样的角度来看的话，每一种感官跟我们的生命体验都有很深的关系，那么是不是每一种感官都有它的所长和局限？

林：当然是，尤其从事不同艺术的人更应该知道自己的所长与局限。比如做视觉艺术的人就要了解自己虽然洋洋洒洒看到那么广阔的世界，但不见得会真沁入人心。跟味觉、嗅觉打交道的人如美食家，他们只要谈到美食的延伸感受就是入口即化啊，弹牙啊，但既找不出几个名词来，也就说明在这里我们有个根深蒂固的黏着，一旦陷在里面就越不容易拔出来。从修行观照来讲，要一个人从自己的生命境地做延伸最难的也就是美食家，因为他基本上是从最根柢的感官去做连接的。正如同有一部法国电影里面讲到香水，虽然某种程度是把香水神化了，但它其实是触动到了原点：有时候你喜欢一个人，不是他伟大的情怀伟大的人格，坦白讲就是他的味道，那是不自觉的，你不自觉地被吸引，就像我们讲荷尔蒙分泌一样。

徐：谈到香水和爱情，我想起读过的一篇文章里说：有人说爱情是社会学，讲究门当户对；有人说爱情是经济学，如何找一个多金的潜力股；但其实爱情更多是化学，你在他身边的时候你的身体有感觉。当时觉得这个比喻很有趣，但从另一方面是不是也说明触欲是最无明的？

林：佛家讲无明，不像基督教讲“罪”。“罪”是一种价值判断，是上帝定的，而无明则是生命的实然状态。无明，是说这个地方是你最起不了观照的。在视觉的世界，我们“明”看来比较多；在嗅觉触觉，尤其是触觉，“明”就少，是生命最无明之地。而修行则是对无明的攻坚，让我们在无明里多少有点“明”，就如此，我才写《一个禅者眼中的男女》。

徐： 关于触欲，我的另一个感受是今天很多人生命触欲的体验是缺失的。心理学家李子勋写过一本孩子教育的书《家庭成就孩子》，他的一个观点给我印象很深。他说，7 岁之前是人主导情绪、情感的右脑形成的时期，父母这个时期不应该让孩子过早读书识字开发左脑，比如不应该让孩子看苹果的图片告诉他这是苹果，甚至教他识字拼音，以为这样是开发智力，而应该让他去触摸真实的苹果、品尝苹果的味道。他认为孩子 7 岁前就应该玩耍，去触摸去感知，而不是背书识字，因为他认为现代人情感和幸福感的缺失跟我们从小过度开发左脑有关。那么在您看来，生命的触欲是否有一些方法去焕发呢？

林： 现在许多的儿童教育其实都在强调体验式教学，就是让我们更宽广地开发多重感官，里面也包含触觉的开发，例如肢体的接触、探索与表现等等，以此而让生命不至于就锁在单一的向度上。而当一个人在教育的初期有多样连接，他在单一面相上的陷入性也就会比较低，除了未来在接触世界时有他的开阔性外，从生命的自主来看，单一黏着性不强，超越也就愈有可能。社会上在单一领域里非常有成就的秀异分子，常就是修行最有难度的人，越是单一，黏着性越强。

徐： 科技在某种程度上确实拓宽了我们能够触及的世界，但另一方面又局限了我们。我有一段时间非常喜欢摄影，到一个地方最先想到的是举起相机，之后还要录像，一边录还要一边解说，把自己忙得不亦乐乎，回来之后也以看照片去回忆那个地方……慢慢地我觉得自己好像在被镜头牵着走，只顾拍照片都忘记了去看、去听、去感受。后来我就告别摄影了，只是偶尔用相机拍几张，因为我觉得当我用这些机器的时候，它们在某种程度上限制了我对这个地方真实的感受。

林：有一个滤镜在前面，你看到的世界已经不是跟你直接相关的世界了。

3

过度追求有机、非转基因、零添加……其实是徒增烦恼

徐：除了科技对我们生命触感的异化，我觉得科技今天的大发展给大多数普通人带来生活便利的同时也带来了各种不安全感：转基因食品、添加剂泛滥、高科技污染……在中国还有关于这些的大论战。作为普通人，我们常常因无法判断真伪而陷入恐惧，觉得所吃、所用的东西都不安全，您有这种焦虑吗？

林：完全没有。我跟许多修行人最大的不同有一点是，我绝对不在一个烦恼上又加一个烦恼。我们已经烦恼身体不好了，又开始烦恼食物不安全了，接下来又开始烦恼人性的险恶什么的……我不这样，禅家就是该截断的时候就断了。

我们之前提到过：世间的智慧是一种临界点的智慧。临界点就是能够观照这个东西跟你的关系，过分了就不好，不足也不足以发挥作用，在临界——得失之间、长短之间、利弊之间的抉择才真叫智慧。从这一

点来看，你说的转基因啊添加剂啊这些东西只要不过分，就不用在意。我常讲哪有一个东西是没有毒的？有个朋友告诉我，北京三家大医院的三个副院长聊天时说：“现在病太多，就是因为检查太细。”检查，到一定程度就好了，其他你本来就会有嘛，绝大多数人过了年龄都有“三高”中的一二，所以“三高”就不算病，是一个老化的必然，只要不过分。吃食物也是，我也吃垃圾食物，当然我不会每天买麦当劳，但我去看电影时，也会买个爆米花，喝个冰可乐，像年轻人一样享受那两小时的时光，只要不是天天吃那个东西就好了。

当然，一个社会对食品安全有警觉是对的，因为有时候它是一个普遍性的不道德、不自觉乃至于犯罪行为。但是作为个人不需要如此。一相处就开始防人，最后人家没害你，你倒把自己给害死了。

徐：同样我们很多人追求有机食物，到最后越来越焦虑：养殖方式是有机的，但土壤是有机的吗？空气污染了没？到最后发现“有机”其实也是一个伪命题。

林：我举一个例子，我们台湾有个茶人的茶卖得很贵，他一斤茶就是我三个月的教授薪水。他那茶的生产方式是野放，茶山上生杂草他也不管，能采多少就采多少，到底野放有多好喝有多纯净也是另一种神话，可我就提醒他：野放是你的选择，你说野放茶更好喝或许也不错，但是你选择野放能喝得起的人就永远那么少，茶，归根结底就是一种饮料，你不能够瞧不起那些做一般常人喝得起的茶的茶农，没有他们我们连茶都没得喝。我们对有机的信仰也是如此，常常过度。

徐：过度追求就会陷入另一个误区。比如以前时尚人士很迷恋各种有机的化妆品：有机护肤品、有机洗发水、有机肥皂……似乎只要有人工化学添加就是不好的。后来慢慢发现有些有机产品真的很难用，而经过实验室高科技研发和测试的所谓人工合成的护肤品实际上很好用。美食也是这样，我也曾经很长一段时间极其担心食品安全问题，于是就请教周围的美食、营养专家，你们做菜都用什么油？什么酱油？哪个牌子好？一个专家的回答很搞笑但也很有道理：你就各种油掺和着用，这样即使中毒也不会太深，各种毒都中一点。

林：从某种角度来说，我们既是通过五官开拓生命经验的世界，那么孩子的体验教育是一种开拓，垃圾食物也可以是一种开拓。当你能够把你的生命不是放在无菌室里，只要不过分，你的生命反而是健康的。举个例子，我见过的两岸茶人就没有几个身体健康的，很少有身体比我好的。什么茶有多好，什么茶能治百病，其实喝多了就不好，但茶人一坐下来就一直喝，水喝那么多，身体怎么可能会好？你把一个东西神圣化，就容易不自觉地，甚至自以为是地过了那个临界点而不自知。

4

科技就像西西弗斯的石头，上帝可以决定让石头滚下来，我可以决定我下一次还推不推

徐：科技除了给人的生活带来不安全感之外，科技给人类尤其是职业人士带来的最大焦虑是：恐惧自己所从事的职业被科技所替代，丧失了谋生的本领。有很多科学家预测，未来随着人工智能的发展，会有大量职业被机器人取代，意味着未来会有越来越多的人失业。对于这种被替代的焦虑您怎么看？

林：先从大文明来看，当资本主义被启动之后，至少到目前为止，我们不晓得怎么反转，我们只能添加其他的因子进去，好让它速度减慢或副作用减少，它就好像一个门开了以后关不起来的“潘多拉盒子”，科技也是如此。回到存在主义西西弗斯的故事，上帝命定你推这块石头上山最后一定力所不及，这个石头还是会滚下来，但上帝可以决定石头滚下来，我却可以决定下一次我还推不推，这是上帝唯一不能控制的。当一个资本主义的逻辑、科技的逻辑这样下去时，我们虽然没有办法反

转，但我们可不可以体现西西弗斯这样的一种意志尊严？在这里，我们要有更多知识分子的反省、执政者的反省乃至科学家本身的反省，应该想到当一个东西被发明、被应用之后，是不是就成为停不下来、碾压一切的巨轮？

徐：我们常常会说这是科技进步必然带来的代价。

林：这点我特别感慨，拿台湾来说，因为台湾很小，它要发展下去一定要贸易自由化，贸易自由化一定会牺牲社会最底层的人，人类社会如果是一个人道的、有生命尊严的、懂得反思的社会，就不应该如此。对比日本，大家都吃过日本米，日本米多贵，日本对农民有一个绝对的保护，不会因为我要跟你做生意而置底层大众利益于不顾。我就从贸易上出现的问题来谈科技，我们执政者、科学家，包括科技公司，有没有这种伦理？我们现在的科技公司无论是产业型或创造型的都应该好好上这个课。

科学的哲学包含两个部分，一个是论理的，一个是伦理的——科学伦理学。我们对于科学伦理学的关注太少了。科学家单纯搞创发，他认为他可以不计后果只要发挥出他的创造性，我们搞经济搞产业的也只关注科技能否在最快时间里发挥最大效益，如果这些变成我们基底的科学伦理，这个社会就将不知伊于胡底。

在这里，我就先带出一两个问题来：我们大陆以无钞化自诩，但日本、德国为什么对网络支付并不热衷？从技术上，这些先进的科学大国要做一点都没问题，但为什么不做？而为什么在实体店一间间倒下时，日本的实体商店还保有一定的竞争力，使人还能体验逛街这亲身接触的乐趣？这些恐怕都值得我们好好思考。

徐：对，专业伦理之前能否出现一个普遍伦理、普世伦理。

林：对，任何一个行业不能够逾越这个规范。譬如说律师的专业伦理就是帮委托人打赢官司，但如果你明明知道他有罪，你要不要帮他打成无罪？台湾的“法律”教育这点是失败的，律师都好战性很强，他唯一的目的就是官司要打赢。但如果有普遍性伦理的存在，你就可以选择，譬如说有些案子你不能接，有些案子接了之后你只能打到量刑之轻重而不是去打赢。因为宗教心，我常想到这基底伦理的问题，我们不应该让世间法中居高位者就以他的“专业”把低位者牺牲掉。

回到科技这个话题，提到 AI、提到任何的科技自动化，它都是一个不可逆的过程，因为它跟资本逻辑合在一起，能够减少成本，最大化利润，但有没有相应的平衡措施，譬如说从这里得到利润的人能不能回馈一点给最底层的人？当然这是一个很粗陋的想法，也许会有更好的机制，但这种回馈必须成为一个普遍的伦理，至少是那一行里领军者的一种自我期许。

徐：我曾经看过李开复在 TED 上关于人工智能的一个演讲，他的公司投了很多人工智能的项目，他就说未来所有重复性的工作都会被替代，但是一些复杂性的、一些他称之为“关爱性”的工作可能会产生。比如说当 AlphaGo 打败柯洁的时候，虽然柯洁因为失败而哭泣，但是他仍然爱着围棋，而 AlphaGo 并不会感受到赢的快乐，它也不会拥抱身边的人。所以李开复预言未来当这种机械性的工作被替代，可能会产生更多的社会福利工作者，比如提供看护的社工人员、心理辅导老师等类似的职业。就像计算机、互联网的诞生在替代很多职业的同时，也会产生很多新的职业比如码农、博主、电商等等。所以对科技的发展，除了您之前谈到的社会层面的观照，科技之于个人，我们是不是可以用一种禅家的思考方式，采取“兵来将挡、水来土掩”这样一种物来则应的态度而不是一味地焦虑和恐惧？

林：个人其实只要有一点禅的领略，包括佛法说的无常迅速，那下一刻既都不知道在哪，干吗要为多少年之后的东西去焦虑呢？若因此给自己的身心带来伤害更是大可不必。我们谈人类可能会自我毁灭，即便有点苍茫，也不是来自对自身存在的焦虑，它就是个感叹。在个人的解脱上，还是我那句话“魔焰炽盛，亦可全真”。

徐：面对科技的发展，我们在做未来规划的时候都会想到：我是不是应该提前卡位？我亲耳听到一个企业家朋友给他儿子设计的大学教育之路是：本科学计算机，硕士读金融。因为他认为未来懂技术又懂投资的人才能赚大钱。我们听后一乐，但也觉得似乎挺有道理。“学什么专业才不会被替代”确实是今天年轻人包括很多家长的普遍焦虑。

林：因为都会被替代所以反而不需要准备，这是我另外的一个逻辑。我因为在大学当教授所以遇到的学者特别多，学者有一个毛病，由于一门专精，很自然地会扩大强调这一门的重要性，可我从不这样。我觉得不学艺术也可以，没有艺术搞不好世界更好。我用这种话来让大家反思：从来没有一个时代像目前这样，学院里的东西是如此不管用的，你学完，它就落伍了。所以真要学东西，比如说你学科学，更重要的是学科学的态度、科学的逻辑；你学人文不是只在哪一个方面专精，而是学基本的人文精神与素养，以此来应对未来的各种可能，即便各种可能都超越你原来的意料，你也还有个自身的安身立命之所，这个才最重要，而不是你去设想未来。

尤其现在这个时代，人类最不能设想未来。智能手机出现的时候谁能想到它会影响这么大功能承载这么多？我记得在看《碟中谍》时看到男主角在办公室里展现的高科技办公场景，好像应该是50年后的事，哪里想到现在就出现了。我们过去在一个框架里对世界的想象是有局限性的，刚才李开复所提到的那些新职业，坦白讲也是从过去的经验来谈未来的经验，是不是一定能替代也不一定，虽然服务性的工作多了，但谁来为服务性的工作付钱？当然你也可以设想这些钱都来自于政府与大企业，但这是一个很大的系统工程，即便转换成功也一定有很大的阵痛，因为这个经验是超越人类过去经验的。就因为超越过去，我们一方面须谦卑，一方面又可以大胆想象。只看前者，恐怕落于太戒慎恐惧；只有后者，就是盲动。谦卑是原点，在这原点上想象，对科技的态度必须如此。

徐：面对科技的发展，虽然我们应该对大趋势保持一种开放而不是拒绝的态度，但另一方面对于一些科技工具的副作用我们也要有勇气去适当拒绝。比如在孩子的教育上，有的家长说：科技在改变人跟人的关系，周围小朋友都打游戏，你的孩子不会打游戏就没法跟人交流。但是我和我先生都比较反对，所以从小限制孩子打游戏，如今儿子14岁了，对游戏也没什么兴趣，但他也没觉得因此和同学交流有问题。再举一个例子，我一个很爱看书的朋友只用微信跟朋友简单通话，从来不发也不看朋友圈，他说：这是我保护自己的一种方式，我并没有因此而损失什么。据说乔布斯在孩子13岁之前都不给他儿子用智能手机，虽然不知道这个传说是真是假，但我觉得现代人面对科技真的越来越不能自控，生怕不拥抱就被边缘化，所以学会拒绝实际上是一个人很重要的定力。您怎么看？

林：生命一定要有一些逆向的观照，如果顺着你的本能走那就变成自我的放纵，甚至变成被别人控制的工具。20年来我写了不少文章提到一个观点：面对包含科技在内的诸多社会问题，最根柢的还是个人的自觉。当一个社会自觉的人多了，我们刚才所提到的副作用就会得到某种根本性的缓冲或节制；如果没有个人的自觉，单靠制度是没办法的。很多谈制度的人会觉得林谷芳你又唯心了，不是，是因为我觉得用我们有限的制度去规范新生而复杂的东西，其实有它的难度，不是说它不重要，但还得加上人的自觉才行。

制度，是个骨架，没它，社会撑不起来；人的自觉，则是血肉，有它，社会才真能合理运作，否则，制度也可能只是强者凌越弱者的工具。最近有些研究谈到，就政治架构而言，美国的总统制其实是有许多不足之处的，正如此，直接移植这种制度的国家几乎都失败了，但为什么美国自身却运行无碍？原因是有许多宪政惯例填补了这些漏洞，而能有这些惯例则要归功于美国早期开国先贤如华盛顿、杰弗逊等人的识见与胸襟。在过去稳定的社会尚且如此，在新生事物不断出现的现在，这种人的自觉更不可少。从个人来讲，它是使得你生命能自主的一个基点；从社会来说，个体的自觉在观照及填补制度的局限上，永远是不可或缺的一环。

七 貧富

1

钱不是万能的，但没有钱是万万不能的？
禅提醒你：钱要多少？能是什么？

徐：谈到禅在红尘，有一个避不开的话题就是贫富差距。中国经济高增长和随之带来的收入差距的急剧加大，无论是高收入者还是低收入者，人们的心理都在不同程度地失衡。贫富差距是一个大的话题，涉及的层面很多，我们今天不从政治、经济或者社会这些宏观的层面来探讨，仅从个人观照这个角度来讲。从我跟您接触这几年的时间里，我发现您在不同的场合多次提到自己“出身寒微”，与那些成名之后抹去自己的过去、为自己编造一个高大上履历的人很不同，您为什么从不避讳这一点？

林：有两点，一点是禅家的如实，何况，我们说一个谎就得用一千个谎来圆。

另一点是，虽然今天的贫富差距比历史中任何时期都来得大来得快速，但还得说，这并不表示我们面对它只能是完全被主宰的。贫富差距从量上来看是一个客观的事实，我们对财富的观念、对人生的观念、对生命存在的观念却是一个质地的问题。人生可以有很多的向度，生命可以有很多的价值，你选择怎样的向度、怎样的价值，就决定了贫富差距问题在你生命中的比重。我也许因为从小入道，我的向度跟追求金钱的人不一样，金钱只是在一个可控的范围之内我才会跟它产生一种关联性，我的朋友无论有多大财富，我也没什么感觉，因为每一个人有每一个人的路，佛家有句话："自家因果自家担。"

徐：您认为很多人面对贫富差距心理失衡最根柢的原因是什么？

林：大陆的问题就是我们一直提到的，社会价值一元化的问题，我们一元化到甚至可以有一个所谓成功的客观标准，这标准还是可以量化的，而一旦可以量化，所有东西就都被化约成一组数字，并由此来判定一个人的成就，这样，不只是大家的生命是扁平的，我们对待别人也会是粗暴的。我们就会很自然地用那一个量化数字去判定要看得起或看不起一个人，是这个态度出了问题。这个态度衍生了很多影响社会的副作用，比如仇富。如果你的价值判准不只是这一条，你就不见得会在这地方那么敏感，你也就更能够看到有钱人的因果。

你们常说像我这种人一转身就是一个身影，感觉我利落洒脱，其实也因为客观上我比较能够无牵无挂，不像企业家一个企业就要靠他运转。任何人都有他的长短，但过度单一化你就看不到这点。所以我们在前面提到，人生要像登山一样，你尽可选一而登，不一定大家同登一座山峰，而且不一定登顶才叫成功。

徐：您自己曾经去过几十次日本，日本的工匠精神在今天被全世界推崇，很多人安于做一个手作职人，这背后是不是就有您说的价值多元化的原因？

林：日本当然也有贫富差距，但日本有很多匠人还会甘愿守着一个小店传上几代。日本匠人的手作无论单一作品价值有多高，基本也就可以算出他一生能赚多少，但他们不去无谓地追求财富的无限膨胀，这个原因值得我们深思。

我们常常说当下安顿，每一个人的安顿点可以是不一样的，当一个社会有了多元的生命价值观，从社会面来看，就可以缓解贫富差距带来的尖锐对立；从个人来讲，你就可以从这里真正解套。比如你当一个好的学者就不可能像在电视节目上“忽悠”的学术明星那样钱赚得那么多，但你的著作是在对一个更根柢的价值做更本质的追寻，你就能像太史公所讲的“藏诸名山，传之其人”，在时间轴上你选取的不是一瞬间的利益，你选取的是长远的价值。

我们社会如果连知识分子都缺乏这样的多元价值观就很堪忧了，百姓的一窝蜂还可以理解，但知识分子就应该有更多元的价值，我们现在却看到很多知识分子一直在鼓励单一价值，他们就从一个社会精英的角度，甚至是一种得胜者的角度来告诉你应该怎么做。路其实有很多，能从本质上去考量它的价值、它跟人生的关系，你就能在其中解套。

徐：曾经有一个大陆学生写了一篇作文叫《感谢贫穷》，这个话题在朋友圈里引起很大争论，尤其很多经历过贫穷的人都不约而同有一个观点：贫穷不值得感谢。以您的经历来讲，您觉得贫穷值得感谢吗？贫穷会给我们生命的成长带来哪些好的或者坏的影响呢?

林:如果作者是一个贫穷者,我觉得就要从一个正面的角度来看待这个话题;如果是个像晋惠帝一样“何不食肉糜”的人,感谢贫穷就是在作秀。

他如果是贫穷出身,就好像我们说“生于忧患,死于安乐”般,也许真有感而发。人生并不就只有客观的成败,有时更重要的是你走过的足迹,所以当你从无到有慢慢积累,过程既步履斑斑、历历如绘,里面积淀的东西也就有它的层次性,回想起来,竟升起感激,也就是自然之事。

佛法也讲,“人身难得,中土难生”,“中土”指的是有佛法的地方,那什么叫“人身难得”?在佛教“十法界”四圣六凡的生命状态里,人在六凡——天、人、阿修罗、地狱、饿鬼、畜生中,排名第二,如果真以能力来讲,它还排第三,因为阿修罗都有大能,能变化万千。但为什么讲人身难得呢?佛法称我们这个世界叫“娑婆世界”,“娑婆”是音译,意译是“堪忍”,“堪忍”就是它恰好能被忍受:它有苦痛,随时告诉你生即是苦,万法无常,不会就让你在快乐里而缺乏觉察,但也不是苦到无法忍受没法修行。同样,贫穷是有很多层次的,假如你苦到像大山里的小孩上个学都要走五六小时,那种苦要你升起一种殊胜之心就比较难。正如同到了地狱饿鬼畜生的层次,生命就过度苦了,但我们人就恰好苦乐参半,也就更好修行。从这个角度来讲,我们谈贫穷,它就不应是个跟富贵固化对立的名词,两者只是光谱中的不同部位,而这光谱与生命间还不是一种平面的关系,它跟生命间其实是有机的,会因人而出现各种样态,你不能把它概念化,将生命简单地分成一个贫穷、一个富贵。

徐：这就是您常说的我们总是犯“二元对立”的错误。

林：我在《归零》一书里曾提到，我是出身寒微而欣赏世家，因为寒微有寒微的好，世家有世家的好。世家从小冠盖云集，往来无白丁，好处是他所识层面宽广，看人看事视野格局就大，不会为小枝小节在那里计较。我有个老朋友做过台湾“文建会”的副主委，他当了14年的二把手，如果是别人就会憋一肚子气。有一次我问他，他很看得开，他爸爸曾是“考试院”的院长，蒋经国过年都要到他家去拜年，可以说往来无白丁，他就觉得“文建会”副主委就是芝麻绿豆的小官，怎么有些人还那么在乎呢？因为出身世家所以他心胸宽广，如果一个寒微出身的人好不容易熬到二把手，看到上面一把手一直在换却轮不到自己，搞不好就会愤世嫉俗、怨天尤人。

当然，世家也有世家的不足，因为他不是从底层干起，有些东西得来容易，也就容易飘浮，有时不知人间疾苦，很多东西也就不会烙印在心。出身寒微则恰好相反，寒微的好处是每一步都步履斑斑，但也许因为过去你见识的人少，难免有时候会眼界狭隘，会比较以自我为中心而井蛙窥天。

所以说，出身世家的要能敬重寒微，因为人家是这样一路打拼过来的；出身寒微的要能欣赏世家，因为人家看过的场面是那么多。如果能这样，寒微跟世家就可以互补，哪里一定是对抗的？

徐：您刚才谈到的话题我自己挺有感触的，尤其是关于贫穷。虽然贫穷能够让我们更多体会到生命苦乐参半的成长滋味，但另一方面贫穷也容易让人心理扭曲，比如自卑、仇富以及匮乏的心理。我也遇到过这样的同学或朋友，他们来自中国小城市甚至特别偏远的山区，接触下来的感受是虽然他们有非常质朴的一面，但另一方面能感觉到因为内心承受了很多贫穷给他们的压力所以有一定的扭曲。面对贫穷给人带来的心理的异化，我们应该观照哪些方面？

林：我先说另一个看似无关的问题。我们在日本旅行时看到日本的小孩从幼稚园开始就穿制服，而台湾在所谓的自由化过程中，却把制服当成威权时代的象征给去掉，我不赞成，这种不赞成在台湾很容易就被打成保守派，但我有我的理由。我曾经说过，义务教育有两个重要的功能：一个是把社会主流的价值系统与知识系统有效地传衍给下一代，以保证社会的稳定发展；另一个，就是要平衡先天的不平等。所以今天无论是名门世家的孩子还是出身寒微的孩子，大家都穿制服上学，就是表明社会要有一些制度，制度的本质就在告诉你，有钱不是一切。在孩子成长的初期，穿制服能让大家更可以平等相见，那种起跑点上的不平等对人的压力也就不会太大。我们社会这方面的关注与作为若能多些，贫穷孩子的压力也就会少些。

再回答如何跳出的问题，当你对人生每一种价值的苦乐都能有所观照，你就会有你自己的选择，就不会从众，也就不会被钱绑住。尤其有些话看来像人生的智慧，你更要能穿透它看到它的局限。比如有一句流行语：钱不是万能的，但没有钱是万万不能的。这句话看来像格言一样很有道理，但也出现了一个问题：钱要多少？能是什么？我们往往不去想这些东西，只是把它极端化、固化，心理就容易产生偏差。

2

富人对因缘应有这样的领略：余何德何能，以至于斯

徐：我们这些“70年代父母”，自己的成长背景在起点上可能不像现在贫富差距这么大，等到我们做了家长之后，面对贫富差距加剧的社会，我们特别担心自己的孩子未来面对这个社会越来越多的富二代有匮乏的心理，所以现在流行一种教育观念：“富养闺女穷养儿”。意思是女儿要富养，这样她未来就不那么容易被诱惑。即使对儿子的教育也是这样。我一个朋友就给我讲了一个教育儿子的真实故事：儿子找她要礼物，她说，这个太贵了，妈妈买不起。她的意图是让孩子知道赚钱不容易，但是有教育专家说，你这样说会让孩子有匮乏心理，这种匮乏心理会持续。您怎么看待这种观点？

林：这永远是父母跟孩子个案的问题，不足以出现一个准则，就像我们刚才讲世家和寒微各有各的好坏一样，教育方法也是相对的，你富养女儿最后她也许变成娇生惯养、爱慕虚荣，我们其实也看到很多富养

失败的例子。

在一个人成长的过程中，作为家长不用单一的向度、单一的说法给孩子，我觉得是最重要的。随着岁月的积淀、你自己的成长、孩子的成长，都会出现对待生命的不同态度，但我们现在大陆很多人是这样的，面对多变的社会总想用单一的答案打到底。人生是富裕好还是贫穷好？教育是富养好还是穷养好？并没有单一答案。所以我们为什么讲人要有一种生命观，这样你对环境的诠释就更加主体、更加有机，当你有了这样的生命观照，环境的好坏，对你也就无绝对客观的意义了。

徐：如何面对起点的不平等可能是中国家长和孩子共同的功课。网上甚至有年轻人说“努力到绝望”，尤其在中国北上广深这些一线城市奋斗的“漂一代”，面对高房价高竞争的压力，觉得再怎么努力似乎也无法实现自己的梦想。

林：还是选择哪条路的问题。譬如说，如果现在老师还想成为有钱人我也绝望了。如果全社会的家长都对孩子从小灌输人生只有一条路，也就无解了。日本社会能安定，除了原来有其社会秩序性比如阶层的存在以外，也更因为他们选的路不像我们那么单一，一个小摊子也可以过一辈子，是不是？

徐：也有人说“不安于现状”恰恰是中国的活力所在，因为一切皆有可能，有阶层穿越的可能。每一个人都不会安于自己所处的阶层，都可以有向上发展的空间，这也是今天中国之所以能高速发展最令人兴奋的地方。

林：当然也可以这样看，但你如果肯定中国这样是合理的，大家都希望活在一个竞争激烈的社会里，也就不要有挫折感了。我们不可能两者得兼，但这两个方面也不是完全对立的，还是一个程度的问题。

我们现在谈中国的问题是说它过度偏向，也就是这个社会是有活力，问题是这活力是以多少人为牺牲的？这是不是值得？过度偏向以钱衡量一切，就会出现许多怪现象。

徐：中国现在另一个很敏感的话题就是“阶层固化”，虽然现在中国的阶层固化比原来要严重，但是比起欧美日等发达国家，中国应该说还是有更多跨越阶层的可能的。您怎么看待阶层固化问题？

林：我们谈中国音乐，会提到中国音乐里有四个阶层，一个是宫廷，一个是文人，一个是民间，一个是宗教，这四种音乐在不同社会阶层里担负了不同的功能，显现了不同的艺术样貌，你要从各自的长短来看待它们，社会阶层也是如此。有阶层是正常的，但如果社会多元，就不会有一个阶层在任何地方都是绝对的高阶层，而另一个是绝对的低阶层。如果价值观单一，你再怎么流动，就只是你个人在阶层间的穿越。说到底，价值一元才是真正的阶层固化，越高阶层就越拥有一切，大家也就只好尽一切努力“往上爬”。

徐：今天很多年轻人来到中国一线大城市打拼，像打鸡血一样不顾一切地去出人头地，无论为了温饱或者拥有更优渥的生活，我完全能够理解他们的心理，这后面背负着个人乃至一个家族改变命运的梦想。但是另一方面，这种高强度的工作和生活压力也让他们丧失了某种对生命细微的感知和观照，面对这种一定要功成名就的鸡血文化，感觉我们今天谈的关于贫富的多元化问题似乎离他们很遥远。

林：我们在谈这些问题时，一定要把两个层次分开来谈：一个是制度，我们在制度的设计上是否能让阶层不那么固化，不让强者越强弱者越弱，这是可以设计的，这也是一个制度的正当性、道德性之所在。

第二个是在制度下，人“及身而没”的价值要放在什么地方？及身而没就是没有人能代你生、代你死、代你苦、代你乐。传统的儒家过度把个人埋没在制度里来谈价值，但禅家永远告诉你，即便在制度困扰你的时候，人一样可以在这里面活出自己来，“一灯照隅”，一个人绝对有他的自由度，除非他被逼到悬崖。当一个社会自觉的人多了，“万灯照国”，它的可能性也就更多了。何况在当代，因为科技的各种发展使人类的行为一直在改变，所以我们制度有时而穷，制度永远赶不及人类行为的改变，你怎么能求取一个百分百的制度改革或制度的变更，然后再来求取自己生命的安然呢？你自己，才是解困的主体。

徐：您在书里面提到自己有时候自称为“贫道”，以您的身份地位人脉赚取一定的财富也不是件难事，您这么称呼自己是有意为之还是自然而然的一个过程？

林：是一个自然的过程，跟生命情性有关，就像有些人搞艺术就忘了赚钱，因为这不是他生命的关注点，而一般人所以为的正向成就，对修行人来说更可能就变成陷阱，出名就是这样。我四十几岁在台湾比较叱咤风云时，我是如此警觉的，虽然过去讲“三代以下惟恐不好名”，但历史上从来没有这样一个时期像现在，出名就可以拥有一切，就因为我看到太多出名者的异化，也就不把自己陷到里面，也就不将我的文化之名直接转换成金钱。

当然，这里还牵涉更根柢的“禅穷密富”，穷是香严智闲所说的，“去年贫，未是贫；今年贫，始是贫。去年贫，犹有卓锥之地；今年贫，锥也无”，禅是生命的减法，以贫道称禅者是最恰当不过了。

徐：对于那些获得了一定财富的人，您对他们有什么建议吗？

林：我们的成功永远有不可思议的因缘在里面。人一降生为什么我的条件就比你好？为什么我偏偏生在富人家而你生在穷人家？都说时势造英雄，其实时势还不足以解释因缘的那种细微和复杂。一个人如果过了中年还觉得我努力所以我就成功，因为我比别人智慧我才成功，那就是一个生命最大的异化。如果那些有成就的人能感受到因缘生灭上的复杂乃至不可思议，对自己所拥有的就不会觉得理所当然，就会谦卑，一旦觉得理所当然，你就会挥霍自己，甚至还觉得拥有得不够。很多人都是这样异化乃至丧身失命的。

如果有不可思议因缘的领略，你就会有一种回馈之心。有些宗教行者还会由此生出一种心理，好像自己就盗袭了别人的福——本来我们应该平等的，但是你的被我拿到了，所以你才比我差那么多。就像老师跟你们上课，我不会站在一个高处觉得你们的生命层次不够，我对因缘最深的感触常常是：“余何德何能，以至于斯？”

你有这个感慨你做什么都对，无论你是做慈善还是做别的，如果你没有这种心，没有这样对因缘的领受，你所做的东西都会有一种交换、回报的心理：我做了那么多慈善为什么没有回报、别人会不会感激我、我会不会因此成为一个社会公认的慈善家……这些东西都会产生。基于对因缘的领略而感恩地付出，你就无怨无悔。

徐：富人对穷人到底什么样的帮助最有益也经常会引起很多社会话题，甚至有一些负面报道出来，比如有些富人对穷困之人资助反而不被感恩，一些富豪做慈善也被质疑捐得太少，等等。于是很多富人也会失望，少做少错。怎么能形成一个良性的互动呢？

林：先不讲良性互动，我先直接讲我们主体的心态。有学生问我：当不能判别对面这个乞丐是真是假的时候怎么办？我的回答是：给了就给了，不给就不给，因为你对他的感觉是那一刹那的，那一刹那你的发心是纯的就好了，我们没有那么多时间，也没有那么多精力去辨别一个人的真假。同样，当你选择了帮助一个人，也许后来他反咬你一口，那么你也可以有生命的另外领略：原来人也是会变的，原来帮助一个人不是花钱就了事的。这都是生命可以有的领略，而不是我们在这个地方有一个全然的标准，没有的。

八 结束篇

十字路口跟孤峰顶上是同一件事

徐：跟您学习的这 4 年是我收获非常大的 4 年，破除了非常多我对宗教、对禅、对修行的误解，在书的最后，我想再总结回顾一下。误解之一就是：我曾经认为我们是为了修得一个更好的果报而信仰宗教。那么，禅作为佛教的一宗，相不相信因果轮回？

林：从宗教修行来看，无论是缘于我们心理的驱使或宗教选择的实证，一个教徒当然是相信生命不灭的，你要相信断灭也就不会有宗教。

其实，人一旦相信生命断灭，就非常容易流于虚无主义、享乐主义。所以生命不灭尽管是聚焦于宗教上面，但它其实是我们人类心底一个最根柢的遗传。想想！如果生命就是一堆物理化学的组合，那我们就干脆享乐主义、现实主义、强者为王好了，也不须有什么道德文章了，因为最后一切也都是物理化学的由聚到散而已。人活着，除非你是愤世嫉俗到极点要毁灭自己，要不然心底其实也都是相信生命不灭的，有了这个假设点，我们才好活下去。只不过宗教在生命不灭问题上有更深更主体的观照，更就聚焦在死生问题上，自许对生命不灭作印证。而其中，佛教就是从轮回来谈生命不灭的。

佛教虽然讲因果，有这种因就会有这种果，看起来像宿命，其实不是。佛家跟宿命论者最大的不同是观照到，无论如何的罪孽深重，你只要有一颗离苦之心，就代表反转的开始，它是菩提的映现，而有这，就让你冲破了原来轮转的锁链，有一天也就能跳出。

禅，作为佛教的一宗，当然是接受轮回的，但接受轮回并不表示我们整天谈的都是死后的世界，整天就拿一个你目前尚无法亲证的东西来谈你该如何。禅，不会用轮回这种基本不能在人与人间“现量”传递的生命经验作为核心教义来架构人的行为。在禅，解脱不是一定就要从此岸到彼岸，它更强调“此岸当下的解脱”，你能无隔无别，就“直指人心，见性成佛”。在禅，即使因果、轮回是佛教的根本教法，你也要不被它所缚，生命才能真无罣碍。

徐：我以前把“因果”简单地等同于“因果报应”，认为善业可以代替恶业，所以我们去做功德去积累福报，去帮助人削减自己的恶业。善业可以代替恶业吗？

林：你如果有因果报应的想法就会有一种所谓的“交换的信仰观”，只要有交换就不可能平静。至于善业能否代替恶业，应该这么讲，所有的业力都在的，它不是一个消融，真正的消融是你心的消融，就像世尊仍有背痛，业力仍在，但却能不为它所苦，这就是自主，而不是痛这客观的业力不存在。这就是我这个禅者为什么不谈《易经》的原因，我们总希望天道照我们的想法去走，想在这里学得一些方法，哪些东西把它转一下就会不见，但其实不会不见的，佛法讲因果是你在接受过去的果时，你往后“不受后有”，不因这个再起心动念，你就当下解脱了。

徐：关于因果，您曾经讲过一个“百丈野狐”的公案给我印象很深。大意是，百丈禅师说法之时，一位老人留下问禅师说：我不是人，我是野狐，曾在此山修行，因在回答“大修行人是否落于因果”时，回答“不落因果”而被500年堕为野狐身，我想以同样的问题转问禅师，令我脱野狐之身，大修行人还落因果吗？百丈禅师答：是“不昧因果”。老人言下大悟。不落因果，意为否定因果之理；不昧因果，意为对因果不糊涂，有正确的认知。但我更喜欢后世的点评：既然不昧因果，做500年狐狸又如何？禅家的态度是即使因果轮回是佛教的根本法，但你也要破掉它，生命才能真无罣碍，全然接受全然放下。您总结的那两句话我到今天都记得：“割舍即是智慧，荷担就是解脱。”

林：其实有观照为本，割舍、荷担都对，也都能作为你修行的琢磨；没有观照为本，割舍、荷担都错，也都在分别。所以基点还是观照，而且是能回到本心的观照，到时你该选择哪条路，就会有“自然的接引”，所谓的荷担跟割舍，也就只是在“相”上别人观察到的。你有了观照，回到所谓的“契于法性、感物遂通”这样的一种生命状态时，你选择什么都是对的，或者那也不叫选择；你结缘什么都很自然，人家说这叫承担，这叫放下，也只是个外相而已。

徐：误解之二就是我曾经认为“修行是为了追求快乐”。

林：当然不是。宗教修行，不是为了快乐而修行，是为了离苦而修行，你感受到了苦，你想要离苦而修，但这不等于就为了更快乐而修。为了更快乐来修行则往往是头上安头，你其实已经可以自足了，你还要更快乐，反而就痛苦了。

为离苦而修有时候是苦的直接消解，有时候是打破苦乐的二元对立观念。从禅来讲，人所有的苦恼都来自一个二元概念的分割，苦与乐、生与死、有与无、富与贫……因此真正的解脱其实是离于这两端，还不是离苦得乐。

我们世人往往想追逐欢乐幸福舍掉痛苦，但对禅者来讲，它们都是生命中的如实，是锻炼你心性的境界。禅有一句话叫"道在日常功用间"，就因此我们这本《禅在红尘》才有它根柢的意义在。如果今天告诉大家如何来禅修，如何清静无为，如何超越一般人而且树立一个可见的超越世界，在禅也只是一种阶段性的说法。真正的禅家要说：十字路口跟孤峰顶上原就是同一件事。

徐：我还曾经认为修行就是"求得内心的平静和喜乐"。

林：没有离开当下的解脱，禅最重要的提醒是"境界现前时，如何"，不是把你放在单一的环境里平静就叫修行，核心是要能锻炼到"用心若镜"，但这锻炼也仍须在红尘中琢磨勘验，你才知自己真是如何。没有红尘的锻炼还称不上完整的修行。

徐：我刚刚跟您学禅的时候很担心自己习禅之后变得越来越消极虚无"放下一切、四大皆空"。

林：“至人之用心若镜”，你是放下那颗纷乱的心，放下二元分割的惯性，而不是放下手边的事情。有了这心镜，在处理事情中也就契入当下的安然，所以“胜物而不伤”，这胜物，是使得万物，应得万境，所以，“禅，无事不涉！”。

徐：对您来说，您觉得《禅在红尘》这本书最大的意义在哪里？

林：我不是佛陀，“佛以一音演说法，众生随类而得解”，我没有去想象这个可能性，我只想在芸芸众生里，总有人会被这样的东西触发，而能被触发的也就是一个反思的心灵，这样的反思心灵，将来也就会起它的社会作用。无论红尘如何，我永远相信：人的自觉是一切的关键。有此自觉，在个人，“千年闇室，一灯即明”；在社会，“一灯照隅，万灯照国”。自觉的人多了，也许有一天，灯灯相连，就连成了一片光明。

后记 一本书之步履斑斑

徐巍

南怀瑾有个学生曾经问林老师：林老师，您一生修行最大的得力处是什么？林老师说："一生习禅，从来没有做彻底透脱的打算，唯愿永远走在道的路上。"

很庆幸在我人生最低谷的时候，在寻求道的路上遇到林老师。

《禅在红尘》这本书可以说如实记载了我和我的同学们四年求学问禅路上的点点滴滴：在杭州吾舍书院历时两年的课堂学习与问答，两年中国、日本各地禅寺的游学与体践。多少次围坐小院内、木屋里，灯光下茶禅对话；几多回聚首星空下、露台边，月色里把酒闲谈。一次次的叩问，一次次的回应，《禅在红尘》就诞生在这样的叩问与回应中。

这一次次的提问是为了什么？

曾经认为是为了增长智慧，给人生最优的选择，但渐渐才明白：智慧不是定法，智慧是应缘，一件事物离开了因缘是没有"孤立的"好坏可言的。

曾经喜欢禅是因为喜欢它的极简美学和言语机锋，学习了才恍然大悟：习禅是剑刃上事，生命两刃相交之际，无可闪躲。

曾经纠结修行问道是不是会让自己心如死水、脱离红尘，慢慢才懂得：观照就是出离的开始。修行不是修到没有感觉，而是有了感觉怎么办，如何在诸境中自主。

曾经觉得道就是终极真理，得道就是得到了一切，后来才体会出：得道不是在现世找一个依附，或者寻求彼岸的解脱，禅是不离人间而行超越，只要如实地走在道的路上，尽管没有到达究竟之地，但一日有一日的领略，十年有十年的风光。

…………

不禁想起林老师一直强调的那句话：修行是个人的事，修行不是成功学，不会保证你在这一世一定成就，修行更没有各种对未来的保障，修行就是可以看到自己的步履斑斑。

喜欢“步履斑斑”四字，仿佛看到那一路走来的风光和留下的足印。

也正因为如此，在成书的时候，我没有去掉那些在现在的自己看来幼稚的提问，因为做编辑记者20年我的体会是：好的提问是提出大多数人纠结困惑、引起共鸣的问题，哪怕它是幼稚可笑的，更何况当初跟林老师学习的自己就是这样的啊。

我也没有回避贯穿全书的二元对立的提问语境，因为二元对立是世人如此顽固的思维定式，我们太喜欢把生命的事情抽象化、概念化、数字化、理论化，活在一个二元对立的世界里，分清正邪，分清彼此，如此我们才能找到一个清晰的依靠。所以禅才提出“不二”，禅者一次次的棒喝就是为了打破我们惯性习气的世界。而这惯性是如此顽固，所以就有了具体问题上一次次的叩问，也就有了林老师序言所说：人既习于在两端中摆荡，百问也就有百问的价值，百答也就有百答的必要。其实想想人生很多根柢的智慧都是简单而朴素的，差别只在于我们做不做得到而已，而修行的意义就在于“化抽象的哲理为具体的证悟”。

整本书的提问脉络也是一路走来一路观察，及之于身察之于人的一些纠结困惑所在，但红尘之大又怎能一应俱全呢？好在我们还在红尘里，还走在道的路上，只要我们不失掉观照之心，也就有了继续提问继续追寻的可能，连林老师也说自己：虽然身为禅者，我自己也还在困惑中，只不过我清楚观照到自己的还在困惑，这也是我不异化的一个根源。

一本书之成书是步履斑斑，人的一生又何尝不是如此呢？在写书的这四年中，我的职业生涯遇到了重大的挫折，其间有委屈、有伤心、有愤怒、有不甘、有迷茫……所以这本书与其说是写给他人的，不如说是写给红尘中的自己的：人生无常，疾病、死亡、失业、婚变……无法预期的各种生命的困顿常常让我们猝不及防、沮丧彷徨。于是我们挣扎，我们学习，我们求仙问道，我们寻求信仰……总是想探求最低成本最少弯路的选择之道，割舍掉不要的，寻找到想要的，试图让生命回归正轨，让无常不再降临。殊不知人生最终的安然是全然接受，全然放下，“割舍即是智慧，荷担就是解脱”。

至今还记得林老师讲解的这个公案——

僧问云门：树凋叶落时如何？

云门答：体露金风（就让身体暴露在金色的秋风中吧）。

那一刻，潸然泪下。

图书在版编目（CIP）数据

禅在红尘：时尚主编问禅家 / 林谷芳，徐巍著．-- 桂林：漓江出版社，2022.3
ISBN 978-7-5407-9025-7

Ⅰ．①禅… Ⅱ．①林… ②徐… Ⅲ．①禅宗—人生哲学—通俗读物
Ⅳ．① B946.5-49

中国版本图书馆 CIP 数据核字 (2021) 第 049477 号

禅在红尘——时尚主编问禅家
CHAN ZAI HONGCHEN——SHISHANG ZHUBIAN WEN CHANJIA

作　　者　林谷芳　徐巍

出 版 人　刘迪才
策划编辑　符红霞
责任编辑　符红霞　赵卫平
封面设计　page11
内文设计　柒拾叁号
责任监印　黄菲菲

出版发行　漓江出版社有限公司
社　　址　广西桂林市南环路 22 号
邮　　编　541002
发行电话　010-65699511　0773-2583322
传　　真　010-85891290　0773-2582200
邮购热线　0773-2582200
网　　址　www.lijiangbooks.com
微信公众号　lijiangpress

印　　制　香河县闻泰印刷包装有限公司
开　　本　710 mm × 1000 mm　1/16
印　　张　23.25
字　　数　260 千字
版　　次　2022 年 3 月第 1 版
印　　次　2022 年 3 月第 1 次印刷
书　　号　ISBN 978-7-5407-9025-7
定　　价　68.00 元